Gätjen
Das geniale Familien-Kochbuch

Edith Gätjen weiß als berufstätige Mutter von 4 Kindern, wie knapp die Zeit fürs tägliche Kochen ist – noch dazu, wenn alles frisch und ohne Fertigprodukte auf den Tisch kommen soll. Doch die Erfahrung zeigt ihr: *„Mit der richtigen Planung und ein bisschen Küchenmanagement klappt die gesunde Familienernährung auch in einem großen Haushalt."* Als Oecotrophologin und UGB-Gesundheitstrainerin berät sie Familien in Sachen Ernährung und bildet Ernährungsfachkräfte, Krankenschwestern und Hebammen in Ernährungsfragen aus. Sie lebt mit ihrer Familie in der Nähe von Köln.

Für Lennart, Justus, Frieder, Philine und Bram Gätjen.

Edith Gätjen

Das geniale
Familien-
Kochbuch

Mein saisonaler Wochenplaner für
entspanntes Kochen und vergnügliches Essen

Inhalt

Frühling 72

Sommer   116

Herbst

Wann hat eigentlich Schokolade Saison???

... das war die Frage von unserer Tochter Philine, als sie mit 3 ½ Jahren einen Weg suchte, ein Stück Schokolade zu bekommen... Zu ihrem Erstaunen und ihrer großen Freude antwortete ich: Jetzt sofort! 3 Stunden vorher hatten wir noch über das weihnachtliche Erdbeerangebot diskutiert.

Heute, als Schulkind, regt sie sich darüber auf, dass es beim Schulessen im Winter schon wieder Gurkensalat gibt: Wissen die eigentlich nicht, dass Gurken jetzt keine Saison haben?

In diesem Buch möchte ich Ihnen tatsächlich den „saisonalen" Gedanken in der Ernährung nahebringen. Erdbeeren schmecken zu Weihnachten nicht, Grünkohl im Sommer kaum – aber Erdbeeren schmecken in der Erdbeerzeit hervorragend, sind preisgünstig, müssen nicht im Flugzeug über weite Strecken transportiert werden, und wir können sie sogar, wenn wir es darauf anlegen, mit den Kindern auf dem Feld oder im Garten selbst ernten. Unsere tägliche gehetzte Schnellküche ist sicherlich von der mediterranen Küche stark beeinflusst – schnell einmal Nudeln in den Topf gegeben, Tomatensauce aus dem Glas drüber, mit Parmesan verfeinert, oder die Tiefkühlpizza in den Ofen geworfen. Kann das auf Dauer gut sein? Schmeckt die industriell gefertigte Pizza wirklich auch nur annähernd so gut wie die frisch zubereitete Pizza beim Italiener aus dem Steinofen?

Nehmen Sie sich den Mut, die Verantwortung für die Familienernährung wieder selbst in die Hand zu nehmen, auszuprobieren, ob es nicht auch einen anderen Weg gibt, für die Familie und mit der Familie eine wirklich schmackhafte, abwechslungsreiche, zeitsparende und dazu auch noch ausgewogene und gesunde Ernährung zu schaffen. Durch eine gute Küchenorganisation und über einen mutigen und kreativen Zugang zu – vielleicht in der häuslichen Küche schon längst vergessenen – Lebensmitteln ist es auch in einer Familie, in der beide Elternteile arbeiten, möglich, einmal auf die eintönige Pizza- und Pasta-Küche zu verzichten und die abwechslungsreiche Vielfalt der regionalen und saisonalen Lebensmittel zu genießen ohne auf die mediterrane Geschmacksvielfalt verzichten zu müssen.

Lassen Sie sich aber Zeit, überfordern Sie weder Gaumen noch Herz Ihrer Familie, nur so können Sie eine nachhaltige Umstellung zu einer gesünderen und damit auch besseren Familienernährung erreichen. Wenn Ihnen anfangs zwei oder drei Gerichte pro Woche zusagen, sodass noch genügend Raum für die bewährten Lieblingsgerichte bleibt, dann haben Sie schon einen vielversprechenden ersten Schritt getan.

Ich möchte meiner Familie Dank sagen für die ermutigende Unterstützung und die Geduld während der Arbeit an dem Manuskript. Lennart danke ich dafür, dass er das Manuskript in den Computer übertragen hat, Justus und Frieder dafür, dass sie sich besonders als Testesser bewährt haben und der ganzen Familie dafür, dass sie sich über einen langen Zeitraum daran beteiligt hat, die Rezepte zu bewerten und gegebenenfalls zu verbessern. Philine danke ich dafür, dass sie es mir noch einmal erlaubt hat, dieses Buch zu schreiben und sich auch für das Buch hat fotografieren lassen.

Viele Fotos in diesem Buch sind in gemeinsamen kreativen und inspirierenden Sitzungen mit der Fotografin Karin Engels entstanden, der ich für ihren unermüdlichen Einsatz und für ihren sicheren Blick für das Detail sowie Licht und Schatten danke.

Viel Spaß und einen guten Appetit!

Im Frühjahr 2009   Edith Gätjen

Die Familienküche –
so werden alle satt und glücklich

Mit diesem Kochbuch kommen Sie satt und glücklich durch das ganze Jahr. Erfahren Sie, wie Sie jede Woche optimal planen, saisonal essen und dabei auch noch jede Menge Zeit sparen. Viel Spaß beim Kochen!

Wie dieses Kochbuch funktioniert

Die Idee dieses Buches ist, Sie und Ihre Familie genussvoll und gesund, mit leicht umsetzbaren köstlichen Rezepten und saisonalen Produkten durch das Jahr zu begleiten. Das Besondere ist, dass jede einzelne Woche im Jahr vom Einkauf über den Vorrat bis hin zu möglichen Beilagen für Sie geplant ist. Dennoch bleibt genügend Raum für Ihre eigenen bewährten Lieblingsrezepte.

▌ Für jeden Monat des Jahres finden Sie vier Wochenpläne.

▌ Jede einzelne Woche steht unter einem Motto, ein gerade aktuelles besonderes Gemüse, um dessen Verwendung sich die Rezepte ranken.

▌ Zu diesem Gemüse finden Sie einen Steckbrief, der Sie über Herkunft, Inhaltsstoffe, Frischemerkmale und Lagerung informiert.

▌ Dieses Gemüse findet in der Regel in 2 Rezepten der Woche Verwendung. So essen Sie zwar saisonal, Sie bekommen das jeweilige Gemüse oder Obst am Ende der Woche aber nicht über. Denn wer mag schon 1 ganze Woche lang täglich Kürbis essen?

▌ Praktische Kombirezepte: Die Rezepte einer Woche sind so aufeinander abgestimmt, dass Sie oft an einem Tag bereits etwas für den nächsten vorbereiten können. Das spart kostbare Zeit.

Die Wochenpläne bieten Ihnen die tägliche warme Mahlzeit – ganz egal, ob Sie diese mittags oder am Abend essen. Für Frühstück, die kalte Mahlzeit (fürs Büro oder auch als Abendessen) und die Getränke finden Sie viele Anregungen im vorderen Teil des Buches (ab S. 23). Spezielle Themenseiten mit vielen Rezepten gibt es auch zu Gemüse- und Obst-Highlights, wie z. B. Erdbeeren, Spargel und Kürbis. Auch zu Festen, wie Weihnachten und Ostern, oder Anregungen für einen Brunch und ein Grillfest finden Sie im Rezeptteil Sonderseiten.

Hilfreiche Einkaufslisten

Am Anfang einer Woche finden Sie eine 3-geteilte Einkaufsliste für diese Woche.

Frisch dazukaufen

- beinhaltet all die Zutaten der Woche, die Sie frisch einkaufen müssen: Obst, Gemüse, Kräuter, Milch und Milchprodukte, Fleisch, Fisch und Eier, oder die nicht selbstverständlich jeder in seiner Küche in ausreichendem Maße vorrätig hat, wie z. B. Canelloni oder Zahnstocher.

Aus dem Vorrat

- listet diejenigen Zutaten auf, die sich gut bevorraten lassen und die Sie normalerweise in Ihrer Vorratskammer stets vorrätig haben, die Sie aber gegebenenfalls ergänzen sollten.

Mögliche Beilagen

- fasst die Lebensmittel zusammen, die Sie benötigen, wenn Sie den Empfehlungen für die Beilagen folgen möchten. Sie sind bewusst nicht mit Mengenangaben versehen – kaufen Sie einfach die Mengen ein, die Sie in Ihrer Familie benötigen.

Die Rezepte sind für 4 Personen berechnet: 2 Erwachsene und 2 – 3 Kinder. Die Rezepte sind in einer Woche so untereinander abgestimmt, dass sie den Empfehlungen für eine gesunde Ernährung entsprechen.

Sie werden Fertigprodukte in den Zutatenlisten vergeblich suchen. Lediglich im Winter greife ich gelegentlich auf getrocknete Tomaten, geschälte Tomaten aus dem Glas, Tomatenmark oder auf Tomatenpassata zurück – dieses gibt sowohl geschmacklich als auch farblich einen Akzent in der Winterküche.

Zeit sparen und Resteverwertung

Zeit sparen

Unterhalb der Rezepte finden Sie häufig diesen Organisationstipp, da sich manche Arbeitsabläufe in der Küche zusammenfassen, zeitlich optimieren lassen, ohne dass die Qualität darunter leidet. Der am Tag des Einkaufs fertig geputzte Salat, aufbewahrt in der Frischhaltedose, ist nach einem anstrengenden Tag mit der für die ganze Woche zubereiteten Salatsauce schnell gemacht. 40 Minuten Kochzeit für einen Vollkornreis lassen sich leicht aufteilen in 20 Minuten Kochen während des Frühstücks und ein Ausquellen lassen bis zum Mittag- oder Abendessen. Auch macht es Sinn, am Montag eine doppelte Portion Pellkartoffeln zu kochen: Eine Portion verwenden Sie direkt, die zweite Portion gibt es am Mittwoch als Kartoffelauflauf.

Kleinigkeit

In jeder Woche finden Sie eine Kleinigkeit, ein Rezept, dessen Basis ein Rest (Fetasoufflé aus einem übriggebliebenen Eiweiß oder ein Linsenaufstrich, gezaubert aus einer Linsensuppe) ist, eine mögliche Anregung für eine effektive Resteverwertung.

Vollwerternährung: zeitgemäß, nachhaltig, genussvoll

Vollwerternährung ist keine Erfindung des letzten Jahrhunderts, sondern schon eine seit der Antike bekannte und bewährte Ernährungsform, angepasst an den geänderten Bedarf der Bevölkerung, d. h. geringer Energiegehalt, hoher Vitamin- und Mineralstoffgehalt, die die speziellen Anforderungen der heutigen multikulturellen Gesellschaft berücksichtigt. Vollwerternährung ist per Definition „eine überwiegend pflanzliche Ernährungsweise, bei der gering verarbeitete Lebensmittel bevorzugt werden. Gesundheitlich wertvolle, frische Lebensmittel werden zu genussvollen und bekömmlichen Speisen zubereitet."

Im Zuge der Industrialisierung ist die Vollwerternährung verdrängt worden. „Wertvoll gemachte" Lebensmittel hielten ihren Einzug in unsere Küche. „Wertvoll gemacht" – was heißt das? Das sind industriell bearbeitete Lebensmittel, die angereichert werden mit Vitaminen und/oder Mineralstoffen, oder Lebensmittel, bei denen mit sehr hohem Arbeits- und Energieaufwand Fett durch Wasser ersetzt wird, diese fallen dann in die Kategorie der sog. Lightprodukte. In den letzten Jahren sind dann noch die funktionellen Lebensmittel hinzugekommen, die sich durch einen Zusatznutzen auszeichnen, wie z. B. die probiotischen Milchprodukte, die einen positiven

Effekt auf die Darmflora versprechen. Alle diese Lebensmittel werden während ihrer Ver- und Bearbeitung in Einzelbausteine zerlegt, nach einem ernährungsphysiologisch nicht nachvollziehbaren Prinzip wieder zusammengesetzt, was zur Folge hat, dass teilweise sehr wertvolle Bestandteile auf der Strecke bleiben. Bei der Herstellung von Weißmehl aus Getreide gehen beispielsweise Vitamine und Mineral- und Ballaststoffe verloren.

Vollwerternährung versteht sich ganzheitlich

In der Vollwerternährung werden vollwertige Lebensmittel empfohlen, die von sich aus ihren vollen Wert haben, sie müssen nicht gesund gemacht werden. Vollwertige Lebensmittel enthalten keine zugesetzten Aromen, Farbstoffe, Konservierungsmittel oder andere Zusatzstoffe und sind idealer-

weise naturbelassen und höchstens gering verarbeitet.

Das Konzept besteht darin, die Natürlichkeit der Lebensmittel nicht nur im Bezug auf die Gesunderhaltung der Menschen zu sehen, sondern auch den Bezug zur Umwelt-, Wirtschafts- und Sozialverträglichkeit zu betrachten. Lebensmittel sollten demnach möglichst aus kontrolliert biologischem Anbau bzw. artgerechter Tierhaltung kommen, regional und saisonal, umweltverträglich verpackt und wenn möglich aus fairem Handel bezogen werden.

Was heißt umweltverträglich bzw. ökologisch?

Über die Empfehlungen in der Vollwerternährung, Lebensmittel aus kontrolliert biologischem Anbau bzw. artgerechter Tierhaltung zu bevorzugen, kann jeder von uns über den bewussten Einkauf von umweltfreundlich erzeugter, verarbeiteter, verpackter und vermarkteter Lebensmittel zur Schonung der Umwelt beitragen. Die Grundsätze des ökologischen Landbaus sind:

▌ Verzicht auf chemisch-synthetische Pflanzenschutz- und Düngemittel,
▌ Erhalt und Steigerung der Bodenfruchtbarkeit,
▌ artgerechte Tierhaltung.

Weiterhin werden nach wie vor kontrovers diskutierte Verfahren wie z.B. Gentechnik und Bestrahlung abgelehnt.

Bio ist nicht unbedingt Öko

Bio-Importe, wie z.B. Kürbis aus Argentinien und Weihnachtserdbeeren aus Israel machen es uns Verbrauchern

nicht leicht, zu sehen, dass „Bio" nicht gleichzusetzen ist mit ökologisch. Ökologisch richtig eingekauft heißt: Regionales und Saisonales Obst und Gemüse zu bevorzugen. Diese Produkte unterstützen die heimische Landwirtschaft und bieten eine hohe Qualität, Frische und einen ausgereiften typischen Geschmack bei gleichzeitigem Erhalt unserer Kulturlandschaften und der Infrastruktur im ländlichen Raum. Es gibt allerdings auch Ausnahmen. Produkte wie Kaffee, Schokolade, Apfelsinen, Bananen und Ananas – fair gehandelt – unterstützen sinnvoll die Landwirtschaft in fernen Ländern und bereichern durchaus unseren Speiseplan. Da sie mit dem Schiff vergleichsweise umweltfreundlich zu uns transportiert werden und wir sie gemäß den Empfehlungen der Vollwerternährung nur sparsam einsetzen, schaden sie (bei Kaffee, Tee, Schokolade) weder der Gesundheit noch dem Ökosystem. Dennoch gilt: Wenn wir unseren Obstbedarf im Winter hauptsächlich durch heimische Äpfel und Birnen decken, können wir unseren Obstsalat hin und wieder durch Apfelsinen und Bananen bereichern.

Lange Wege erzeugen große Mengen CO_2

Um Erdbeeren im Dezember aus Israel oder von noch weiter weg frisch auf den Tisch zu bringen, müssen diese per Flugzeug transportiert werden. Dabei werden pro Kilo Erdbeeren 1,3 Liter Kerosin verbraucht und 3,2 kg CO_2 gebildet. Transportmittel wie moderne LKWs oder die Eisenbahn produzieren deutlich weniger CO_2, sind aber für den Transport leicht verderblicher Waren aus großer Entfernung nicht geeignet.

Der Transport vom Einkaufsort nach Hause spielt umwelttechnisch gesehen auch eine wichtige Rolle. Kleine Mengen mit dem Auto eingekauft machen den Vorzug des regionalen Einkaufs wieder zunichte. Lieber große Mengen zu Fuß oder mit dem Rad einkaufen, dadurch geht der ökologische Aspekt des Bio-Apfels nicht verloren: 1 kg Bio-Äpfel in 5 km Entfernung mit dem Auto besorgt, verbraucht genauso viel Energie wie der Transport dieser Äpfel aus Neuseeland zu uns.

Achten wir beim Einkauf unserer Lebensmittel konsequent auf den saisonalen Aspekt, haben wir den Vorteil, dass wir Lebensmittel essen, die nicht mit hohem Energieaufwand in Treibhäusern gezogen wurden, die keinen hohen Transportaufwand erfordern, die optimal unter natürlichen Bedingungen gereift sind und durch die natürliche Sonneneinstrahlung einen hohen Gehalt an sekundären Pflanzenstoffen haben – verantwortlich für Aroma und Farbe. So schmecken sie nicht nur perfekt sondern schonen gleichzeitig Umwelt und Portemonnaie.

Verarbeitung und Verpackung beeinflussen die Ökobilanz

Unser Essverhalten spielt eine fast noch größere Rolle. Jeder Einzelne ist hier verantwortlich, denn dieses belastet unser Klima noch mehr als die Kilometer, die ein Lebensmittel zurücklegt. Jeder kann durch Vollwerternährung zum Klimaschutz beitragen:

▌ sparsamer Einsatz tierischer Produkte aus artgerechter Tierhaltung und
▌ die Bevorzugung regionaler und saisonaler Lebensmittel

erzeugen unterm Strich 60 Prozent weniger Treibhausgase als die Lebensmittel für einen sich konventionell ernährenden Mischköstler.

Auch bei der Verarbeitung der Lebensmittel ist Bio nicht gleich Öko. Bio-Supermärkte boomen und bieten mittlerweile ein gleich großes Spektrum verarbeiteter und nicht verarbeiteter Lebensmittel wie die normalen Supermärkte. Aber auch hier gilt: Frische Lebensmittel sind industriell verarbeiteten Lebensmitten vorzuziehen. Auch bei Tütensuppen und Tiefkühlmenüs schlägt die CO_2-Bilanz ordentlich zu Buche. 1 kg Pommes frites aus der Tiefkühltheke verursacht 20-mal mehr CO_2 als 1 kg Pellkartoffeln. Auch über die Verpackung unserer Lebensmittel können wir dazu beitragen, dass der

Verbrauch an Energie und Rohstoffen reduziert wird. Hier gilt die Regel:
▌ unverpackt vor verpackt,
▌ Mehrweg vor Einweg,
▌ umweltfreundliche Einwegverpackung vor umweltbelastender Einwegverpackung.

Vollwerternährung motiviert kritische Verbraucherinnen und Verbraucher qualitäts-, gesundheits- und umweltbewusst zu handeln. Vollwertig denken, einkaufen und essen ist eine Lebensaufgabe, die es lohnt anzupacken – Ziel ist höchste Lebensqualität für die ganze Familie. Dieses Buch wird Sie in jeder Hinsicht unterstützen, es bietet Ihnen ein ganzheitlich durchdachtes Konzept mit genügend Freiraum für vertraute Genüsse und für die schrittweise Umstellung hin zu einer gesunden Familienernährung.

Wo Bio draufsteht, muss auch Bio drin sein

Bio, Öko oder ähnliche Begriffe sind im Lebensmittelbereich durch die Öko-Verordnung der EU gesetzlich geschützt. Ein eindeutiges Erkennungsmerkmal ist die Codenummer (DE-0?? Öko-Kontrollstelle) auf dem Bio-Etikett. Oft finden Sie dort auch das Bio-Siegel oder das Warenzeichen eines Anbauverbandes. Unter www.bioc.info können Sie überprüfen, ob ein Betrieb auf der Grundlage der EG-Öko-Verordnung arbeitet. Sie müssen nur entweder Namen oder Postleitzahl des Bio-Betriebes kennen.

Logos und Gütesiegel

Bioland-Siegel	Demeter	Naturland	Bio-Siegel
Bioland ÖKOLOGISCHER LANDBAU	demeter	Naturland	BiO nach EG-Öko-Verordnung
Fairtrade	Gepa	Emission free	Ökolog. Fischfang
FAIRTRADE	GEPA® THE FAIR TRADE COMPANY	Stop Climate Change climate neutral Stoppt den Klimawandel	MARINE STEWARDSHIP COUNCIL

Von Weißbrot zu Vollkornbrot – Tipps zur Umstellung

Geben Sie sich und Ihrer Familie ganz viel Zeit, um sich auf eine gesündere Ernährungsweise umzustellen. Der Darm, der Gaumen und all die im Herzen lieb gewonnenen Gewohnheiten brauchen ihre Zeit, um sich auf das umzustellen, was der Kopf gelesen und entschieden hat (besonders, wenn es ein elterlicher Kopf ist). Besser essen und trinken zu lernen ist ein Prozess, der nicht nur im Kopf stattfindet, sondern beim Einkaufen, beim Kochen und beim gemeinsamen Essen.

Würde man seine Ernährung von heute auf morgen umstellen, würde das einer Diät gleichen, die ja in der Regel nur eine gewisse Zeit dauert. Bei der Umstellung auf eine gesündere Ernährung geht es aber darum, dauerhaft den Gaumen und das Herz mit neuen gesünderen Alternativen zu erfreuen. Wenig gesundheitsverträgliche Ernährungsgewohnheiten sollten zugunsten neuer Geschmackserlebnisse seltener werden.

Wie kann das im Einzelnen aussehen?

Getränke:
- immer mehr Wasser und weniger Saft oder Limonade in das Glas füllen
- tagsüber nur Wasser, abends Schorle
- in der Woche nur Wasser, am Wochenende Schorle

Obst und Gemüse:
- Dosenobst und -gemüse durch unangemachte Tiefkühlware ersetzen
- tiefgekühltes Gemüse immer mehr durch frisches Obst und Gemüse ersetzen
- Obst nur noch frisch kaufen
- zu jeder Mahlzeit etwas frisches Obst und Gemüse essen

Getreide:
- morgens Vollkornbrot, abends Weißbrot
- in der Woche Vollkornbrot, am Wochenende Weißbrot
- Vollkornreis und weißen Reis zu buntem Reis mischen
- Vollkornreis für Aufläufe verwenden
- Hefeteig, Quark-Öl-Teig, Mürbeteig mit Vollkornmehl backen
- Rührteig zur Hälfte mit Vollkornmehl und Weißmehl backen

Milch und Milchprodukte:
- in der Woche Milch, am Wochenende Kakao trinken
- Fruchtjoghurt mit Naturjoghurt mischen
- Naturjoghurt mit frischen Früchten mischen

Fleisch, Fisch und Eier:
- Portionen immer kleiner werden lassen
- Fleisch kleinschneiden und mit viel Gemüse und Sauce anbieten
- Fisch ohne Panade
- Hefeteig häufiger als Rührteig zubereiten, um Eier und Fett zu sparen

Süßes und Fettiges:
- Obst-Hefeteig-Kuchen, Früchtequark und Trockenfrüchte in der Woche, Kuchen und Pudding am Wochenende
- mehr Sesambrezeln als Chips
- Fruchteis anstelle von Schokoladeneis

Inhaltsstoffe unserer Nahrung

Die Lebensmittel, die wir aufnehmen, unterscheidet man in Nahrungs- und Genussmittel. Die Nahrungsmittel wiederum teilen wir in pflanzlich und tierisch und in roh bzw. verarbeitet ein. Zu den Bestandteilen der Nahrungsmittel zählen Eiweißstoffe, Kohlenhydrate, Fette, Mineralstoffe, Vitamine und das Wasser. Diese Bestandteile erfüllen unterschiedliche Aufgaben in unserem Körper.

- **Als Baustoffe:** Sie dienen dem Körper zum Aufbau und zur Erhaltung der Zellen – Eiweiße, Wasser, Mineralstoffe.
- **Als Brennstoffe:** Sie liefern dem Körper Energie (Bewegung und Wärme) – Fette, Kohlenhydrate.
- **Als Wirkstoffe bzw. Schutzstoffe:** Sie regeln die Körpervorgänge und schützen vor Krankheiten – Vitamine, Mineralstoffe.

Außerdem nehmen wir mit der Nahrung auf:

- **Ballaststoffe:** Sie regen die Darmtätigkeit an, regulieren den Blutglukosespiegel, sind aber für den Körper nicht verwertbar und sind für die Zahngesundheit unerlässlich – Zellulose, Pektine.
- **Begleitstoffe:** Sie regen den Appetit an – Farbstoffe, Duftstoffe, Geschmacksstoffe.

Kohlenhydrate

Kohlenhydrate gehören zu den 3 Hauptnährstoffen, wie auch Fett und Eiweiß. Die Kohlenhydrate bestehen aus Zuckermolekülen. Abhängig von der Anzahl der Zuckermoleküle unterscheidet man Einfachzucker (z. B. Trauben- und Fruchtzucker), Zweifachzucker (z. B. Haushalts- und Milchzucker), Mehrfachzucker (z. B. Maltodextrin) oder Vielfachzucker (z. B. Stärke aus Getreide, Hülsenfrüchten, Kartoffeln, Gemüse und Obst).

Wofür brauchen wir Kohlenhydrate?

Kohlenhydrate sind unsere Energiequelle. Zucker und Süßwaren enthalten Einfach- oder Zweifachzucker. Diese Zuckerart liefert sehr schnell Energie, da sie direkt in das Blut geht, hält aber nur sehr kurz vor. Getreide oder Kartoffeln enthalten komplexere Vielfachzucker, die langsam vom Körper verdaut und an das Blut abgegeben werden. Das hält uns lange satt. In Obst, Gemüse und Getreide, die zu einem großen Teil aus komplexen Kohlenhydraten bestehen, stecken automatisch viele wichtige Begleitstoffe wie Vitamine, Mineralstoffe und die für den Körper so wichtigen Ballaststoffe. Im Vergleich dazu spricht man auch bei stark gezuckerten Lebensmitteln, wie Limonade oder Schokolade, von leeren Kalorien, d. h. reine Energie ohne positive Begleitstoffe!

Ballaststoffe sind unverdauliche Pflanzenbestandteile. Sie sättigen prima, regen die Verdauung an und sorgen für eine intakte Darmflora. Die Grundvoraussetzung für ein gutes Immunsystem. Außerdem kaut man an Ballaststoffen länger, das ist gut für die Zähne.

Eiweiß

Eiweiß benötigt der Körper als Baustoff. Für den Aufbau von Muskeln, Blutzellen, Hormonen und Enzymen sind Proteine, wie Eiweiß auch genannt wird, unersetzlich. Eiweiß liefert genauso viel Energie wie Kohlenhydrate

Wofür brauchen wir Eiweiß?

Eiweiß, auch Protein genannt, setzt sich aus Aminosäuren zusammen. Davon sind einige essenziell, d. h. der Körper kann sie nicht selbst herstellen und muss sie mit der Nahrung zuführen. Man unterscheidet pflanzliche und tierische Eiweiße, Letztere kann der Körper besonders gut verwerten. Pflanzliche Eiweiße sollten untereinander kombiniert werden, um eine ideale Versorgung zu garantieren. Solche Kombinationen können sein:

- Hülsenfrüchte mit Kartoffeln
- Getreide mit Hülsenfrüchten
- pflanzliches mit tierischem Eiweiß, z. B. Pellkartoffeln mit Ei oder Quark

Fett

Zum einen teilt man Fette in sichtbare (z. B. Butter, Öl) und versteckte (z. B. das Fett in Wurst, Schokolade, Fleisch, Fertiggerichten) Fette ein. Darüber hinaus gibt es pflanzliche Fette, wie z. B. Olivenöl, und tierische, wie z. B. Butter. Die letzte Unterscheidungsmöglichkeit bezieht sich auf die Länge der einzelnen Fettsäuren und ob sie gesättigt oder mehrfach ungesättigt vorliegen.

Gesättigte Fettsäuren stammen eher vom Tier: Man findet sie in Butter, Käse, Fleisch und Wurst. Sie sind chemisch unseren körpereigenen Fettdepots sehr ähnlich. Sie erhöhen den Blutcholesterinspiegel und füllen die Körperfettzellen auf.
Einfach oder mehrfach ungesättigte Fettsäuren nehmen wir über pflanzliche Öle, Nüsse, Saaten, Avocado und Fisch auf. Sie sind wichtig für die Nerven- und Gehirnfunktionen, halten die Arterien elastisch, verbessern die Cholesterinwerte und sind an wichtigen Körpervorgängen beteiligt.

Wofür brauchen wir Fette?

Fette liefern doppelt so viel Energie wie Eiweiß und Kohlenhydrate und sind ein wichtiger Brennstoff für unseren Körper. Der Körper braucht Fett, um die fettlöslichen Vitamine A, D, E und K zu verwerten, außerdem benötigen wir Fette für den Aufbau von Zellwänden, für die Bereitstellung von Hormonen, zur Herstellung von Gallensäure und zur körpereigenen Vitamin-D-Bildung.

Vitamine

Vitamine sind lebenswichtig, da sie der Körper nicht selbst herstellen kann. Die Vitamine, die wir über die Nahrung aufnehmen, unterscheiden sich in fettlösliche Vitamine (A, D, E und K), der Körper kann sie eine Zeit lang speichern, und in wasserlösliche Vitamine (B_1, B_2, B_6, B_{12}, C, Pantothensäure, Biotin und Folsäure), die der Körper allenfalls nur kurz speichert bzw. ausscheidet. Vitamine schützen unseren Körper: Sie stärken das Immunsystem und unterstützen die schnelle Bildung von roten Blutkörperchen oder dass Nahrung in Energie umgewandelt wird.

Mineralstoffe

Mineralstoffe sind Elemente, die sich im Laufe der Jahre aus Mineralien und Steinen gelöst haben. Pflanzen nehmen sie über die Wurzeln aus der Erde auf und bauen sie in ihre Zellstruktur ein. Wir kommen an sie übers Trinkwasser, über Pflanzen oder indirekt über tierische Produkte.

Mineralstoffe arbeiten als Wirkstoffe für unseren Körper. Sie sind unentbehrlich für den reibungslosen Ablauf zahlreicher Stoffwechselvorgänge wie z. B. für die Reizübertragung im Nervensystem, das Aktivieren von Enzymen, den Aufbau von Knochen und Zähnen und die Regulierung des Wasserhaushaltes. Man teilt sie ein in Mengenelemente wie Natrium, Kalzium, Kalium, Phosphor, Magnesium und Chlorid, sie werden vom Körper täglich in Gramm-Mengen benötigt. Spurenelemente wie Eisen, Zink, Jod, Fluor, Mangan, Kupfer und Selen werden hingegen nur in sehr niedrigen Dosen gebraucht.

Sekundäre Pflanzenstoffe

Sekundäre Pflanzenstoffe sind bioaktive Substanzen, die wir über Obst, Gemüse, Kartoffeln, Getreide und Hülsenfrüchte aufnehmen. Man kann sie riechen, schmecken und sehen. Einige sind schon sehr gut in ihrer chemischen Struktur und Wirkung auf unseren Körper erforscht. Lycopin, enthalten in Tomaten, schützt gegen Krebs, das weiß man inzwischen. Sekundäre Pflanzenstoffe wirken schon in geringsten Mengen. Sie gehören zu den Begleitstoffen in unserer Nahrung und regen Appetit und Verdauungssäfte an. Weiterhin senken sie den Blutdruck, wirken entzündungshemmend und schützen vor freien Radikalen (aggressive Stoffwechselprodukte).

Was und wie viel von welcher Lebensmittelgruppe?

Obst und Gemüse: mit der Hand gemessen

Obst und Gemüse liefern in frischer und roher, bzw. schonend gegarter Form eine Fülle von Vitaminen, Mineralstoffen und Ballaststoffen und zugleich wenig Energie. Zusätzlich enthält Obst und Gemüse einen großen Anteil Wasser. Wie viel sollte es denn sein? Die 5-mal-am-Tag-Regel gilt für Kinder jeden Alters und auch für Erwachsene, das heißt 5-mal am Tag eine Portion frisches Obst, bzw. Gemüse. Eine Portion ist die Menge, die in die jeweilige Hand des „Essers" hineinpasst. Kinder essen dementsprechend auch Kinderhandportionen. Erwachsene nehmen ihre Erwachsenenhand.

5-mal am Tag: Zum Frühstück gibt es 1 Apfel, zum zweiten Frühstück etwas rohes Gemüse. Beim Mittagessen gibt es Frischkostsalate, Apfel-Möhren- oder Blumenkohlfrischkost. Am Nachmittag dann ein paar Erdbeeren oder 1 Mandarine, je nach Saison, und zum Abendessen Tomaten, Gurkenscheiben auf dem Brot oder Gemüsesticks mit Dip. Ein Glas frisch gepresster Obst- oder Gemüsesaft ist auch eine willkommene Abwechslung. Einigen Kindern kann man auch mit einer Fruchtmilch eine Freude machen. Das rohe Gemüse ersetzt aber nicht die schonend gegarte Gemüseportion zum Mittagessen. Einige Vitamine, und besonders die **Mineralstoffe,** werden nur durch schonend gegartes Gemüse gut aufgenommen.

Bei Obst und Gemüse gibt es keinerlei Einschränkungen bzgl. der Sorten. Was schmeckt und vertragen wird, darf gegessen werden. Kohl oder Hülsenfrüchte richtig gegart machen auch keinen unruhigen Bauch, liefern aber sehr wertvolle Nährstoffe.

So viel Obst und Gemüse pro Tag
- 5-mal am Tag 1 Portion (1 Portion = 1 Hand voll)
- 4 bis 6 Jahre: 500–550 g pro Tag + 130 g Kartoffeln
- 7 bis 12 Jahre: 600–650 g pro Tag + 170 g Kartoffeln
- Erwachsene: 700–750 g pro Tag + 250 g Kartoffeln

Welche Sorten und wie zubereitet?
- saisonal, regional, reif und frisch, möglichst aus kontrolliert biologischem Anbau
- Obst immer roh
- Gemüse zur Hälfte roh, zur Hälfte schonend gegart
- 1-mal pro Woche Hülsenfrüchte

Wasser, Tee und Schorle: reichlich
Die empfohlenen Mengen liegen für 4- bis 6-Jährige bei ca. 800 ml, für 7- bis 12-Jährige bei ca. 1100 ml und für Erwachsene bei ca. 1,5–2 l pro Tag. Gibt es mittags Suppe, können Sie die Menge abziehen. Für die Praxis bedeutet das: Ihr Kind trinkt so viel, wie es trinkt. Keinen Stress und keinen Druck ausüben, sondern das gute Gefühl, etwas getrunken zu haben, betonen! Sie bieten ihm ein Getränk und trinken selber mit, fertig. Bei größeren Kindern macht es Sinn, das Getränk so zu positionieren, dass das Kind sich selbst bedienen kann (S. 27).

Achtung: Starker Durst signalisiert, dass dem Körper Flüssigkeit fehlt. Bleiben Sie bei Wasser und/oder ungesüßtem Tee. Saftschorlen gibt's, wenn Besuch kommt. Milch wird übrigens nicht als Getränk angerechnet, sondern zählt zu den Lebensmitteln. Vielleicht kennen Sie von Ihren Eltern die Regel, dass bei Tisch nichts getrunken wird. Vergessen Sie das! Weder der Magensaft wird verdünnt, noch wird die Verdauung gestört. Das Einzige, worauf Sie achten sollten, ist, dass Ihr Kind nicht das angekaute Essen hinunterspült!

Wie viel trinken?
- 4 bis 6 Jahre: 800 ml pro Tag
- 7 bis 12 Jahre: 1100 ml pro Tag
- Erwachsene: 1,5–2 l pro Tag
- Achtung: im Hochsommer und nach sportlichen Aktivitäten oder nach dem Toben erhöht sich der Bedarf unter Umständen auf das Doppelte!

Welche Getränke?
- Wasser
- ungesüßte Tees, wie z. B. Hagebutte, Hibiskus, Apfelschalen oder Kräuterteemischungen
- verdünnte Säfte mit Wasser oder Tee im Verhältnis 1 : 3–4

Brot, Nudeln und Flocken: zum Sattessen

Getreide und Getreideprodukte aus dem vollen Korn versorgen uns mit vielen Kohlenhydraten, die wichtigste Energiequelle für unseren Körper. Vollkornprodukte sind reich an Ballaststoffen, B-Vitaminen, Mineralstoffen, Stärke und mehrfach ungesättigten Fettsäuren. Die wertvollsten Nährstoffe befinden sich im Keim und in den Randschichten des Getreidekorns, welche nur in 100-prozentigen Vollkornprodukten enthalten sind. Es gibt keinen Grund, ein Kleinkind erst an Weißmehlbrot und -brötchen zu gewöhnen, denn es verträgt ohne Probleme auch Vollkornbrot. Wenn es schon früh Gebäck und Brot aus dem vollen Korn kennenlernt, wird es sie auch anstandslos akzeptieren. Hierbei geht es nicht nur um den Geschmack, sondern auch darum, dass das Verdauungssystem auf komplexere Nahrungsbestandteile vorbereitet wird.

Ob Sie sich für Dinkel, Weizen oder Roggen, Sauerteigbrot oder Hefebrot entscheiden, Sie werden schnell herauskriegen, welche Sorten Sie und Ihre Familie bevorzugen. Brote mit einem hohen Anteil (mehr als 20 Prozent) an ganzen Körnern oder Saaten sind eine Frage des Geschmacks und nur wenn gut gekaut wird, werden ihre wertvollen Inhaltsstoffe auch genutzt. Vollkornbrote regen wegen ihres hohen Ballaststoffgehalts zum intensiven Kauen an, was die Entwicklung des Kiefers fördert und gut ist für die Zähne. Nicht zu unterschätzen ist auch, dass ein hoher Anteil an Ballaststoffen wirksam der Verstopfung vorbeugt.

Was kommt aufs Brot?

Kinder lieben Frischkäse oder Schnittkäse wie beispielsweise Gouda oder Bergkäse. Auch vegetarische Gemüseaufstriche, magerer Bratenaufschnitt und selbst gemachte Fruchtaufstriche essen viele Kinder und Erwachsene gerne. Nussmuse, die es im Bioladen im Glas zu kaufen gibt, sind besonders empfehlenswert, aber auch selbst gemachte Getreide- oder Kartoffelaufstriche (S. 29). Auch Bananenscheiben, zerdrückte Avocado oder Tomatenwürfel bieten eine gute Abwechslung, bestimmt auch für die ganze Familie!

Müsli und Vollkornpasta

Essen Sie morgens gerne Müsli, werden Sie sicherlich auch Ihre Familie davon begeistern können. Haferflocken, Mandeln und Rosinen schmecken schön mild und lassen sich prima mit Milch, Joghurt oder Dickmilch kombinieren. Wenn noch klein geschnittene Früchte oder auch Obstmus dabei sind, umso besser.

Vollkornnudeln, Vollkornreis oder auch andere Getreide wie Hirse und Polenta haben ihren Auftritt dann beim Mittagessen. Mit einer gut gewürzten und kunterbunten Gemüsesauce serviert, finden sich sicherlich einige Abnehmer.

Wie viel Getreide pro Tag?

- 4 bis 6 Jahre: 170 g
- 7 bis 12 Jahre: 230 g pro Tag
- Erwachsene: 350 g pro Tag

Welche Getreideprodukte?

- Brot und Backwaren aus 100 Prozent Vollkornmehl
- Brote aus fein gemahlenem Mehl
- Vollkornreis
- Vollkornnudeln (aus Hartweizen schmecken sie besonders gut)
- ungesüßte Vollkornflocken

Milch und Milchprodukte: maßvoll genießen

400 bis 500 ml Milch und Milchprodukte decken den größten Teil des Tagesbedarfs an Kalzium bei Kindern und Erwachsenen. Kalzium ist durch nichts zu ersetzen und sehr wichtig für das Wachstum eines Kindes, also für den Aufbau und Erhalt der Knochen und der Zähne. Es gibt auch andere natürliche Kalziumquellen, wie z. B. Mandeln, Sesam oder Fenchel. Sesam und Mandeln eignen sich aber nicht dazu, in großen Mengen verzehrt zu werden, da sie viel Fett enthalten.

Milch liefert auch Jod, Vitamin B_{12} und hochwertiges Eiweiß. Mehr als ein halber Liter sollte es aber nicht sein, denn Milch sättigt. Je mehr Milch bzw. Milchprodukte ein Kind oder ein Erwachsener aufnimmt, umso weniger Obst, Gemüse und Getreide wird gegessen.

Joghurt, Dickmilch oder Quark, am besten ungesüßt und mit natürlichem Fettgehalt, sind optimal, auch wenn anfangs manche Kinder die Sauermilchprodukte nicht ungesüßt akzeptieren. Verzichten Sie auf Erdbeer- oder Vanillejoghurt aus dem Kühlregal: Zu viel Zucker und Aromen verderben den Geschmackssinn. Stellen Sie langsam um, anfangs mischen Sie unter den Fruchtjoghurt Naturjoghurt, und das Verhältnis verändert sich dann stetig zugunsten des Naturjoghurts. Gegen frisch pürierte Früchte im Joghurt oder Quark ist hingegen nichts einzuwenden.

Käse auf Brot oder im verarbeiteten Zustand im Auflauf bzw. gerieben zu Nudeln ist ebenfalls eine dankbare Alternative, die wichtigen Nährstoffe der Milch aufzunehmen. Nicht nur milde Sorten sind beliebt, selbst Kinder lieben Parmesan und kräftigen Bergkäse.

Wie viel Milch und Milchprodukte pro Tag?
- 4 bis 6 Jahre: 350–450 ml pro Tag
- 7 bis 12 Jahre: 450–500 ml pro Tag
- Erwachsene: 500 ml pro Tag

Welche Milchprodukte?
- pasteurisierte Milch, 1,5 % oder 3,5 % Fett
- pasteurisierter Joghurt, 1,5 % oder 3,5 % Fett
- Joghurt und Dickmilch ersetzen die Milch 1:1
- naturbelassener Käse, Schnittkäse, Hartkäse, Weichkäse, Frischkäse
- 100 ml Milch können durch 10 g Parmesan, 15 g Schnittkäse oder 30 g Weichkäse ausgetauscht werden

Fleisch, Fisch und Eier: als Beilage

Fleisch enthält Eisen und noch viele andere wertvolle Mineralstoffe und Vitamine, die der Körper sehr gut verwertet. 2- bis 3-mal pro Woche eine kleine Menge reichen völlig. Geschnetzelt oder als Hackfleisch kommt es bei Groß und Klein am besten an.

Fisch mit seinem Gehalt an Jod und Omega-3-Fettsäuren ist eine hervorragende Ergänzung zu Fleisch. 1-mal pro Woche Hochseefischfilet lautet die Empfehlung. Wenn Sie das Schwanz-

stück vom Filet in Streifen schneiden, haben Sie in kurzer Zeit garantiert grätenfreie Fischstäbchen zubereitet.

1 bis 2 Eier pro Woche machen den Speiseplan, was die tierischen Lebensmittel angeht, dann komplett. Sie sind leicht verdaulich und enthalten gut zu verwertendes Eiweiß, Vitamine und Mineralstoffe. Ein kleines Rührei mit Schnittlauch oder ein Pfannkuchen mit Gemüsefüllung kommen in der Regel sehr gut an

Wie viel Fleisch, Wurst, Fisch und Eier?
4 bis 6 Jahre:
- Fleisch: 80 g pro Woche
- Fisch: 100 g pro Woche
- Eier: 2 pro Woche
- Wurst: maximal 7 Scheiben pro Woche

7 bis 12 Jahre
- Fleisch: 120–150 g pro Woche
- Fisch: 150–180 g pro Woche
- Eier: 2 pro Woche

- Wurst: maximal 7 Scheiben pro Woche

Erwachsene:
- Fleisch: 150–180 g pro Woche
- Fisch: 200 g pro Woche
- Eier: 2 pro Woche
- Wurst: maximal 7 Scheiben pro Woche

Welche Sorten und in welcher Form?
- mageres Fleisch, z. B. Rindfleisch, Putenfleisch
- magere Wurst, z. B. Schinken ohne Fettrand, Bratenaufschnitt, Corned Beef, Geflügelwürstchen (die Scheibe Wurst an der Fleischtheke zählt mit)
- Hochseefisch: Seelachs, Kabeljau, Hering
- Eier: gut durchgegart (Ei in Kuchen, Bratlingen und Desserts zählt mit)

Fette: kleine Mengen reichen völlig aus

Fette sind Träger von Vitaminen und Geschmacksstoffen. Pflanzliche Fette

liefern dazu mehrfach ungesättigte Fettsäuren und Butter das für die Hirnentwicklung des Kindes wichtige Lecithin. Hierzulande wird immer vor zu viel Fett gewarnt, doch die meisten Fette nehmen wir in versteckter Form auf. Nudeln mit Olivenöl oder Kartoffeln mit Quark und Rapsöl sind Möglichkeiten, das Fett gezielt und geschmacklich abgestimmt einzusetzen. Auch Pesto mit rohem Gemüse oder Quark und Leinöl liefern wertvolle Fettsäuren in den Zwischenmahlzeiten, am Morgen oder zum Abendessen.

Wieviel Fett? Sehr wenig!
- 4 bis 6 Jahre: 25 g pro Tag
- 7 bis 12 Jahre: 30 g pro Tag
- Erwachsene: 40–45 g pro Tag

Dies gilt für die sichtbaren Fette: also Öle, Streich- und Kochfett. Versteckte Fette in Kuchen, Keksen, Wurst und Käse bitte mit berücksichtigen.

Welche Fette?
- Rapsöl und Olivenöl, kalt gepresst und nativ, für Salate
- Butter als Streichfett
- Butterschmalz oder Kokosfett zum Braten

Küchenmanagement

Die Gefahr, sich als nicht berufstätige/r Frau oder Mann den Tag über zu verzetteln oder als halbtags Berufstätige/r täglich zu Fertigprodukten zu greifen, ist sehr groß. Teilen Sie sich die Arbeit ein – Reis oder Hülsenfrüchte kochen prima nebenher und auch andere Küchenarbeiten wollen gemanagt werden.

- Gemüse direkt nach dem Einkauf vorputzen und entsprechend verpackt kühl aufbewahren.
- Blattsalate im ganzen Blatt waschen, trocknen, verpacken und kühl aufbewahren.
- Salatsauce (ohne rohe Zwiebel) für 1 Woche anfertigen und im Schraubglas aufbewahren.
- Vollkornreis, Hirse, Bulgur, etc. während der Zeit des Frühstücks kochen und bis zum Mittag ausquellen lassen.
- Hülsenfrüchte abends einweichen, zur Frühstückszeit kochen, bis zum Mittag ausquellen lassen.
- Kartoffeln, Nudeln, Reis gleich für 2 Tage kochen und kühl aufbewahren.

Gute Planung spart Zeit – der Einkaufsrhythmus

Ein gut gefüllter Vorratsschrank erleichtert die tägliche Arbeit in der Küche. Bestimmt haben Sie in der Küche einen Schrank oder ein Regal für Ihre Vorräte, wenn nicht, richten Sie eins ein oder sorgen Sie im Keller für ein Plätzchen. Ein zusätzlicher kleiner Kühlschrank für den Sommer macht besonders für größere Familien Sinn. Diese Lebensmittel muss man nur

2-mal im Jahr kaufen:
- Gewürze, Jodsalz, Gemüsebrühe instant
- Öl, Essig, Senf, Tomatenmark
- Zucker, Backpulver, Trockenhefe
- Samen (Sesam, Leinsamen)
- Nüsse
- Trockenfrüchte
- Honig, Marmelade, Kakao

1-mal im Monat:
- Knäckebrot, Zwieback, Reiswaffeln, etc.
- Mehl, Grieß, Flocken, Reis, Nudeln
- Getränke
- Zwiebeln, Knoblauch, Kartoffeln (im Winter)

1-mal in der Woche:
- Joghurt, Quark, Sahne
- Butter
- Käse
- Eier

2-mal in der Woche:
- Milch
- Fleisch, Wurstwaren
- Brot
- Obst, Gemüse, frische Kräuter

Am Tag der Zubereitung:
- Fisch
- Hackfleisch

■ **Backlinge, Hackbällchen, Nudelsaucen,** Gemüsebrühe, Gemüsewaffeln, Pizzaböden, etc. gleich in größeren Mengen zubereiten und einfrieren.

Versäumen Sie es nicht, die Arbeiten in der Küche auch auf andere Familienmitglieder aufzuteilen. Kleine Kinder können weiche Gemüsearten schon gut schneiden, größere lieben es zu rühren, und bestimmt lässt sich auch Ihr(e) Partner(in) einspannen. Gemeinsam am Tisch essen heißt auch, gemeinsam den Weg dorthin zu bestreiten.

Küchenpraxis leicht gemacht

Auch Eltern mit wenig Zeit haben die Chance, ihre Kinder mit einem frisch gekochten Essen und ohne Fertigprodukte zu verwöhnen. Werfen Sie einen Blick auf den Aufbewahrungstipp – hier sehen Sie, wie lange Sie das Gericht aufbewahren können, ob es sich einfrieren lässt oder ob Sie es gleich in doppelter Menge zubereiten für den nächsten Tag. So haben Sie nur halb so viel Arbeit und können praktisch für den Vortag oder die nächste Woche mitkochen. Die Rezepte in diesem Kochbuch sind immer für 4 Personen berechnet, wenn Sie also mittags zu zweit sind, reicht es auch noch für den nächsten Tag.

WWW: Welche Lebensmittel darf man wo und wie lange aufheben?

Produkt	Wie?	Wo?	Wie lange?
frische Milch	Originalverpackung	Kühlschrank	5 Tage
Joghurt, Quark, Dickmilch	Originalverpackung	Kühlschrank	10–14 Tage
Butter	Originalverpackung oder Butterdose	Kühlschrank	14 Tage
Käse	spezielles Käsepapier oder Dosen	Kühlschrank	14 Tage
Parmesan	Küchenhandtuch	Kühlschrank	mehrere Monate
Eier	Eierfach oder -karton	Kühlschrank	3 Wochen
Schwein, Rind, Lamm	Glas oder Porzellanschüssel mit Teller abgedeckt	Kühlschrank	2–3 Tage
Geflügel oder Hackfleisch	Originalverpackung	Kühlschrank	sofort essen
frische Wurst	spezielles Papier oder Dose	Kühlschrank	3–5 Tage
luftgetrocknete oder geräucherte Wurstwaren	Küchentuch oder spezielles Papier, locker verpacken	Kühlschrank	4 Wochen
Brot oder Brötchen	Brotkasten oder -dose oder Papiertüte und lockere Plastiktüte	Zimmertemperatur	2–14 Tage
festes Gemüse (das Blattgrün entfernen)	Gemüsefach, Dosen (Möhren und Spargel in ein feuchtes Küchenhandtuch einwickeln)	Kühlschrank	bis zu 14 Tage
Tomate, Gurke, Paprika, Aubergine, Zucchini, Kürbis	Gemüseschale	Zimmertemperatur	1 Woche
Blattsalate, Spinat (im ganzen Blatt gewaschen und getrocknet)	spezielle Dosen, dünne Tüten	Kühlschrank	5–7 Tage
Apfel, Birne, Zitrusfrüchte	Obstschale	Zimmertemperatur	3–5 Wochen
Beeren	Dose oder Schüssel, abgedeckt	Kühlschrank	1–2 Tage

Kochen wie die Profis

Manch ein Hobbywerkraum ist leider besser ausgestattet als die Küche. Dabei gibt es einige wichtige Küchenhelfer, mit denen Sie Zeit und Mühe sparen und gleichzeitig die Lebensmittel besonders schonend behandeln. Diese Utensilien sollten Sie sich gönnen; oft halten sie ein Leben lang:

- mindestens 3 auf die Größe der Herdplatten abgestimmte Töpfe mit gut schließendem Deckel
- Großraumpfanne mit Deckel, eine beschichtete Pfanne
- Sparschäler
- Schneebesen mit fester Spange
- 5 kleine Küchenmesser mit und ohne Spitze
- 1 großes Schneidemesser, 1 Brotmesser
- 2 große Schneidebretter, 3 kleine Schneidebretter
- Salatschleuder
- Messbecher
- Haushaltswaage
- Pürierstab
- Küchenmaschine mit Gemüseraspelvorrichtung
- Auflaufformen mit Deckel zum Einfrieren
- Dosen, verschiedene Größen, zum Aufbewahren und Einfrieren

Wenn Sie eine neue Küche planen, sollten Sie die Anschaffung eines Dampfgarers als Einbau- oder Standgerät überdenken. Ein praktisches Gerät, das den Kochalltag in einer Familie auf gesündeste Art und Weise enorm erleichtert! Auch ein Kühlschrank mit sog. Klimazonen ist praktisch. Hier bleibt Gemüse besonders lange frisch.

Garmethoden und was man darunter versteht

Garmethode		
Kochen bei 100 Grad	Garen in viel Flüssigkeit mit und ohne Deckel (z. B. Nudeln), beim Kochen gehen Nährstoffe ins Wasser über (Ausnahme Nudeln und Gemüsesuppen).	☹
Dünsten bei 95–100 Grad	Garen im eigenen Saft oder in wenig Flüssigkeit bzw. Fett mit gut schließendem Deckel, eventuelles Nachgießen von Flüssigkeit erforderlich, sehr schonende Garmethoden, die geringe Flüssigkeitsmenge kann mit verwendet werden (z. B. Spinat, Fisch).	☺
Dämpfen bei 100–123 Grad	Garen im Wasserdampf, Siebeinsatz trennt das Gargut, Gemüse oder Kartoffeln vom Wasser, mit gut schließendem Deckel, sehr schonende Garmethode, Dampfwasser mit verwenden (Möhren, Kartoffeln).	☺
Braten in der Pfanne bei 120–180 Grad	Garen mit wenig oder ohne Fett, es entstehen Röststoffe, Fett darf nicht überhitzen bzw. rauchen (z. B. Fleisch, Pfannkuchen).	☺
Braten im Backofen bei 150–250 Grad	Garen mit wenig Fett oder Flüssigkeit oder mit trockener Heißluft, ohne Auslaugverluste, geschmacksintensiv (z. B. Kartoffeln, jedes Gemüse, Fleisch, Fisch).	☺
Backen/Überbacken bei 150–250 Grad	Garen und Bräunen durch trockene Heißluft (z. B. Kuchen, Brot, Lasagne).	☺
Grillen bei 300 Grad	Garen durch Hitzestrahlung, austretendes Fett verbrennt schnell (z. B. Gemüse, Fleisch, Fisch).	☺
Frittieren bei 170–180 Grad	Bei zu hoher Temperatur entstehen Transfettsäuren, Frittiertes ist sehr fetthaltig (z. B. Kartoffeln, Brandteig).	☹

Die 5 Voraussetzungen für einen optimalen Start in den Tag

Wer in der Schule und am Arbeitsplatz anhaltend fit und aufmerksam sein möchte, sollte sich immer ein gutes erstes und auch zweites Frühstück gönnen. Wir können zwar nicht die Weisheit mit Löffeln essen, dennoch zeigt sich immer wieder, dass Produktivität und Lernbereitschaft maßgeblich von einer regelmäßigen und ausgewogenen Nahrungs- und Flüssigkeitsaufnahme abhängen.

Da in der Nacht während des Schlafes die Kalorien verbraucht werden, sind am Morgen die Energiereserven aufgezehrt (das englische Wort „breakfast" für Frühstück heißt wörtlich „Fasten brechen"!). Der Körper braucht neue Energie, um die Anstrengungen des Tages gut zu bewältigen. So sollte das erste und zweite Frühstück ca. 35 Prozent des Tagesbedarfs an Energie und Nährstoffen ausmachen. Das Mittagessen und der Nachmittagssnack fordern dann wieder 40 Prozent und das Abendessen die restlichen 25 Prozent der Gesamtenergie.

Was man für ein gutes Frühstück braucht

Sie kennen das selbst: Bis die ganze Familie geweckt, gewaschen und angezogen ist, bleibt für das Frühstück wenig Zeit. Die Erwachsenen verbrennen sich den Mund am Kaffee und für die Kinder bleiben die 3 Euro für den Einkauf beim Bäcker oder Schulkiosk. Aber ein Tag, der mit Hektik beginnt, an dem die Energie- und Nährstoffspeicher nicht adäquat aufgefüllt worden sind, verspricht kein guter Tag zu werden ... !

Ein Frühstück will organisiert sein. Am Abend vorher kann der Tisch gedeckt (Teller, Tassen und evtl. die Müslibar), die Kaffeemaschine präpariert werden, das Gemüse und Obst gewaschen, Brot und Käse geschnitten und gut verpackt sowie die Butterbrotsdosen vorbereitet sein. Jetzt stellt sich nur noch die Frage, und diese ist sicherlich abhängig von dem Alter der Kinder, wer was und wann übernimmt und schon stehen 20 Minuten für ein gemeinsames Frühstück zur Verfügung. Hier zeigt die Erfahrung, dass selbst der überzeugteste Frühstücksmuffel irgendwann zu einer Tasse, einem Glas Milch oder ein paar Apfelschnitzen greift.

▌ **1. Getränke:** Ob Wasser, Tee oder Saft, ob kalt oder warm, 150–250 ml sollten es sein.

▌ **2. Obst und Gemüse:** Eine Hand voll, ca. 100 g roh und frisch, am Stück, geschnitten, geraspelt oder püriert.

▌ **3. Getreide:** Ob Weizen, Dinkel, Roggen oder Hafer, als Brot, Müsli oder gekochter Getreidebrei, Vollkorn sollte es sein. 100–150 g Brot bzw. 40–80 g Flocken.

▌ **4. Milch und Milchprodukte:** Milch, Joghurt oder Buttermilch, ca. 200 ml, naturbelassen und ungesüßt. 30 g Bergkäse sind auch eine Alternative.

▌ **5. Zeit nehmen und Arbeiten verteilen:** 20 Minuten fürs Frühstück wären prima!

FRÜHSTÜCK

Getreide-Frucht-Milch

400 g Früchte der Saison oder ungesüßte TK-Früchte, 600 ml Milch, 200 ml Joghurt, 60 g Haferflocken, Mineralwasser

▪ Alles pürieren und mit Mineralwasser verdünnen.

Das passt dazu:
Vollkornzwieback.

Möhrenmilch

220 ml Milch, 500 ml Buttermilch, 250 ml Apfelsaft, 300 ml Möhrensaft, 1 EL Raps- oder Leinöl, kalt gepresst und nativ, Zitronensaft, Honig

▪ Alle Zutaten pürieren und mit Zitronensaft und Honig abschmecken.

Das passt dazu:
Vollkornknäckebrot mit Butter und Bananenscheiben.

Müslibar

Haferflocken, Hirseflocken, Dinkelflocken, Sesam, Sonnenblumenkerne, Mandeln (gehackt), Kokoschips, Rosinen, Cranberries, Apfelringe

▪ Alle Zutaten getrennt voneinander in Gläser füllen und zum Frühstück auf den Tisch stellen (am besten ein extra Tablett dafür herrichten, das vereinfacht das Auf- und Abdecken). Obstsalat oder püriertes Obst, Milch, Joghurt, Buttermilch oder Sojamilch, Haferdrink bzw. Saft dazu servieren.
▪ So kann sich jeder sein individuelles Müsli sogar jeden Morgen anders zusammenstellen und genießen.

Das passt dazu:
1 Tasse Tee.

Süßes Brot

4–8 Scheiben Weizenvollkornbrot, Butter, Honig, ca. 100 g Quark, 20–30 g Kokoschips, 400 g Obst der Saison

▪ Brot zuerst mit Butter, dann mit Honig und Quark bestreichen. Mit Kokoschips bestreuen. Obst waschen, putzen und in mundgerechte Stücke schneiden.

Das passt dazu:
1 Tasse Tee.

Herzhaftes Brot

1 Avocado, Kräutersalz, Zitronensaft, 4 Tomaten, ½ Salatgurke, 4–8 Scheiben Roggenvollkornbrot

▪ Avocado mit einer Gabel zerkneten und mit Kräutersalz und Zitronensaft abschmecken. Tomaten und Gurke waschen, putzen und in Scheiben schneiden. Brote mit der Avocadocreme bestreichen und mit Tomaten- und Gurkenscheiben belegen.

Das passt dazu:
1 Glas Milch oder Tee und 1 Stück Bergkäse auf die Hand.

Pesto-Dip

1 Bund Bärlauch oder Rucola oder Basilikum, 120 g Walnüsse, Pinienkerne oder Mandeln, 100 ml Rapsöl oder Olivenöl, kalt gepresst und nativ, Zitronensaft, Salz, Pfeffer, evtl. 150 g Joghurt

▪ Alle Zutaten pürieren, abschmecken und in ein Schraubglas füllen, mit Öl bedeckt im Kühlschrank aufbewahren.

▪ Evtl. 150 g Joghurt mit 2 EL Pesto verrühren und als Dip für aufgeschnittenes Gemüse servieren.

Tomatenketchup

1 kleiner süßer Apfel, 1 Zwiebel (gleiche Größe wie der Apfel), 125 g Tomatenmark, 1 Msp. Zimt, 1 Msp. Curry, ½ TL Salz, Honig oder Zucker

▪ Apfel waschen, vierteln, entkernen. Zwiebel abziehen, beides würfeln und 5 Min. in wenig Wasser weich garen. Das Wasser abgießen und aufbewahren.

▪ Apfel und Zwiebel mit dem Tomatenmark sehr fein pürieren, evtl. mit dem Dünstwasser die Konsistenz verdünnen. Mit den Gewürzen abschmecken, heiß in ein ausgespültes Schraubglas füllen, verschließen und kühl stellen.

Aufbewahren:

Tomatenketchup hält sich 3–4 Wochen im Kühlschrank und lässt sich auch prima einfrieren.

Abendessen

Die Brotmahlzeit am Abend hat in Deutschland Tradition. Kein Wunder, in einem Land mit über 300 verschiedenen Brotsorten und einer Riesenauswahl an Wurst und Käse! Doch Brote aus Auszugsmehl wie Weißbrot und Graubrot sättigen nicht gut, liefern wenig Nährstoffe, Wurst und Käse aber jede Menge tierische Fette und Salz.

Das Abendessen bietet eine gute Gelegenheit, kurz zu reflektieren, was heute schon gegessen wurde:

▪ Gab es heute schon 5-mal Obst und Gemüse?
▪ 4- bis 5-mal Vollkorngetreideprodukte?
▪ 2-mal Milchprodukte?
▪ Und was ist mit der Flüssigkeitsaufnahme?

Die Antworten auf diese Fragen bilden dann die Grundlage für die Essensauswahl, ergänzt durch kleine Reste von mittags und abgestimmt auf die Jahreszeit. Im Sommer kühlt und erfrischt uns die Rohkostplatte mit Dip und einem Glas Wasser, im Winter hingegen freuen wir uns auf eine warme Suppe und einen Tee am Abend! Übrigens: In Frankreich, Italien und Spanien ist es üblich, 2-mal warm zu essen, in der Regel wird dadurch sehr viel mehr Gemüse gegessen und preiswerter ist es ohnehin.

Im großen Rezeptteil des Buches finden Sie in jeder Woche eine Anregung für eine Kleinigkeit für den Abend – immer aus den Resten oder zusätzlich mitgekochten Zutaten der Mittagsmahlzeit. Und bei den Grundrezepten (S. 29) finden Sie Ideen für Brotaufstriche, die für Abwechslung sorgen und weniger tierische Fette und Salz enthalten. Grundrezepte für Gemüsecremesuppen stehen auf S. 30. Diese trinken Kinder am Abend besonders gerne aus einem hohen Becher.

Möhrenwaffeln

50 g flüssige Butter, 1 Ei, 250–300 ml Milch, 1 TL Kräutersalz, 300 g Möhren, 100 g Polenta, 100 g Weizenvollkornmehl

▌ Butter, Ei, Milch und Kräutersalz gut verquirlen. Möhren bürsten, putzen, fein raspeln und unter die Ei-Milch-Masse geben. Polenta und Mehl unterrühren und den Teig 15 Min. quellen lassen. Waffeleisen vorheizen und Waffeln ausbacken.

Überbackenes Brot

4–8 Scheiben Weizenvollkornbrot, Dijon-Senf, 4–8 Tomaten, 4–8 Scheiben Bergkäse, 1 Kästchen Kresse, 300 g Möhren, 1 Kohlrabi

▌ Backofen auf 200 Grad vorheizen. Brot mit Senf bestreichen, Tomaten waschen, putzen, in dünne Scheiben schneiden und jedes Brot mit einer Tomate belegen. Käse darüberlegen und die Brote auf einem mit Backpapier ausgelegten Backblech ca. 10 Min. überbacken.

▌ Jedes Brot auf einen großen Teller legen, in die Mitte 1 EL Tomatenketchup (S. 25) geben und mit Kresse bestreuen. Möhren und Kohlrabi waschen, putzen, ggf. schälen, in Stifte schneiden und abwechselnd sternförmig um das Brot legen.

Grießbrei mit Obstmus

600 ml Milch, 80 g Dinkelvollkorngrieß, 500 g Obst der Saison, Zimt, Zucker

▌ Milch mit Grieß unter Rühren aufkochen und 3 Min. köcheln lassen, auf Suppenteller verteilen. Obst waschen, putzen, ggf. schälen und fein pürieren. Obstmus mittig auf den Grießbrei verteilen und mit Zimt und Zucker bestreuen.

Gefülltes Gemüse

2 kleine Kohlrabi, 2 rote Paprika, 2 Frühlingszwiebeln, 50 g Sonnenblumenkerne, 100 g Feta, 150 g Weizenvollkornbrot, 3 EL Olivenöl, kalt gepresst und nativ, 80 g saure Sahne, Kräutersalz, Pfeffer, Kräuter, Tomatenketchup (S. 25)

▌ Backofen auf 180 Grad vorheizen. Die zarten grünen Blätter des Kohlrabis abschneiden und beiseite legen. Kohlrabi schälen, quer halbieren und mithilfe eines Kugelausstechers oder einem Küchenmesser bis auf einen 1 cm breiten Rand aushölen.

▌ Kohlrabifleisch sehr fein schneiden. Paprika waschen, halbieren und putzen. Frühlingszwiebeln und Kohlrabiblätter waschen, putzen und sehr fein schneiden. Feta und Brot sehr fein würfeln.

▌ Kohlrabifleisch und -blätter, Frühlingszwiebeln, Feta, Brot, Sonnenblumenkerne, Öl und saure Sahne vermischen und mit den Gewürzen abschmecken.

▌ Kohlrabi und Paprika mit der Füllung gleichmäßig füllen und auf ein mit Backpapier ausgelegtes Backblech setzen. Ca. 20–25 Min. backen. Mit Ketchup servieren.

Himbeerquark mit Leinöl

500 g Quark, 2–3 EL Honig, 4 EL Leinöl, 350 g Himbeeren (frisch oder TK-Ware) oder Orangenfilets, Vollkorncracker oder Zwieback

▌ Quark mit Honig und Leinöl glatt rühren, 300 g der Himbeeren pürieren, unter den Quark ziehen und mit den restlichen Himbeeren portionsweise dekorieren und mit Crackern oder Zwieback servieren.

Getränke

Ein ausgeglichener Flüssigkeitshaushalt ist ebenso das Ziel einer gesunden Ernährung wie die ausreichende Zufuhr von lebensnotwendigen Nährstoffen. Nur wer genügend und regelmäßig trinkt, bleibt körperlich fit und geistig leistungsfähig. Ein ausgeglichener Wasserhaushalt ist Voraussetzung dafür, dass elementare Körperfunktionen reibungslos ablaufen können. Die Flüssigkeitsgrundlage für Blut, Lymphe und Verdauungssäfte ist Wasser. Bei wichtigen Stoffwechselprozessen tritt Wasser als Reaktionspartner auf. Darüber hinaus ist Wasser Baustoff von Zellen und Bestandteil vieler zellulärer Verbindungen. Wasser dient als Wärmeregulator und Schutzfaktor gegen Überhitzung.

Kinder und Jugendliche haben einen höheren Wasserbedarf. Zum einen ist der Wasseranteil am Körpergewicht deutlich höher und zum anderen ist ihre Fähigkeit zu schwitzen und damit zum Temperaturausgleich noch nicht so effektiv ausgebildet wie bei Erwachsenen. Wenn es Kindern warm wird, steigt ihre Körpertemperatur schnell an, was bereits nach kurzer Zeit zu einer Beeinträchtigung der Leistungsfähigkeit führen kann. Heißes Wetter, Sport, aber auch trockene Heizungsluft erhöhen den Flüssigkeitsbedarf bis auf das Doppelte!

Regelmäßiges Trinken ist das A und O für unsere Gesundheit, die Möglichkeit zum Trinken in Kindergarten, Schule und Arbeitsplatz sollte eine Selbstverständlichkeit sein. Wir sollten uns alle gegenseitig zum Trinken animieren, vielleicht auch erziehen: Kinder trinken manchmal in der Schule nichts, obwohl es erlaubt ist, weil die Sanitäranlagen in einem schlechten Zustand sind. Fragen Sie also immer nach: „Warum trinkt mein Kind nicht?" und treten Sie ggf. mit der Elternpflegschaft in Kontakt! Richten Sie in der Küche ein Tablett mit folgenden Getränken ein, so kann sich jeder sein individuelles Getränk mischen:

- 1 l Orangensaft
- 1 l Apfelsaft
- 1 l Kräutertee
- 1 l Früchtetee
- Mineralwasser

Für den Anfang ist es hilfreich, eine Liste mit allen Namen der Familie danebenzulegen. Wer ein Glas getrunken hat, vermerkt es auf der Liste: „Konkurrenz belebt das Geschäft! …"

☺	☹	kein Getränk ist
Mineralwasser	Kaffee	Buttermilch
Mineralwasser ohne Kohlensäure	schwarzer, grüner Tee	Milch
Leitungswasser	Colagetränke	Milchshake
Kräutertee ohne Heilwirkung	Limonaden	Kakao
Früchtetee	Energy-Drinks	
Obstsaftschorle 1 : 3 bis 1 : 4	Iso-Drink	
Gemüsesaftschorle 1 : 3 bis 1 : 4	Alcopop	

Saftklümpchen

roter Saft, gelber Saft, oranger Saft

- Säfte in Eiswürfelbehälter füllen und durchfrieren, einmal durchgefroren die Saftklümpchen in einen TK-Beutel füllen und verschließen. Ein Saftklümpchen in ein Glas geben, mit Mineralwasser auffüllen und genießen.

Tipp:
Zu besonderen Anlässen lassen sich auch Gummibärchen oder frische Kräuter in den Klümpchen einfrieren.

Kräuterlimonade

5–6 Kinderhände voll Zitronenmelisseblätter, 1 Kinderhand Minzeblätter, 20 Gänseblümchen, Saft von 3 Zitronen, 2–3 EL Honig, 150 ml Apfelsaft

- Kräuter waschen, putzen und etwas zerpflücken. Gänseblümchen waschen. Alles in eine große Schüssel geben. Mit einem Kochlöffel die Kräuter etwas andrücken, anschließend abgedeckt im Kühlschrank 24 Stunden ziehen lassen. Kräuter über einem Sieb ausdrücken und den Sirup auffangen. In eine Flasche abfüllen und mit Mineralwasser verdünnen.

Aufbewahren:
Die Limo ist ca. 3–5 Tage im Kühlschrank haltbar. Sie können die Limonade auch in einem Eiswürfelbehälter einfrieren.

GRUNDREZEPTE

Kartoffelteig (herzhaft)

600 g Kartoffeln (mehlig kochend), 150 g Hartweizengrieß, 1 Ei, 20 g weiche Butter, 1 TL Salz

▌ Kartoffeln unter fließendem Wasser bürsten und anschließend ca. 30 Min. mit der Schale garen. Kartoffeln kurz mit kaltem Wasser abschrecken und noch heiß pellen.

▌ Die heißen Kartoffeln durch eine Presse drücken oder fein stampfen. Hartweizengrieß, das Ei, die Butter und das Salz unterkneten. So viel Wasser oder Grieß zum Teig geben, dass er sich trocken anfühlt und gut formbar ist. Je nach Rezept weiterverarbeiten.

Hefeteig (neutral)

Für 1 Blech: 20 g Hefe, 1 TL Salz, ca. 230 ml lauwarmes Wasser, ca. 350 g Weizenvollkornmehl oder Weizenmehl Type 1050, Gewürze (z. B. Kümmel, Rosmarin, Kräuter der Provence, Zwiebeln, Knoblauch), 2 EL kalt gepresstes, natives Öl, Butterschmalz für das Blech

▌ Die Hefe und das Salz in dem Wasser auflösen. Das Mehl mit den Gewürzen dazugeben und gut verrühren. Zum Schluss das Öl dazugeben.
1–2 Min. kneten, Feuchtigkeit überprüfen, evtl. noch etwas Wasser oder Mehl hinzufügen, weitere 8 Min. zu einem geschmeidigen Teig verkneten (Küchenmaschine: insgesamt 7 Min.).

▌ Den Teig abgedeckt 30 Min. gehen lassen, bis sich sein Volumen verdoppelt hat und sich Poren an der Oberfläche zeigen. Den Teig nochmals kräftig durchkneten und je nach Rezept weiter verarbeiten.

Mürbeteig

200 g Weizenvollkornmehl oder Weizenmehl Type 1050, ½ TL Salz, 70 g weiche Butter, 1 Ei, 2–4 EL kaltes Wasser, Butterschmalz für die Form

▌ Für den Teig alle Zutaten zügig zu einem Mürbeteig verkneten. Eine Springform oder Quiche-Form mit Butterschmalz einfetten.

▌ Den Teig etwas größer als die Form ausrollen und in die Form legen, dabei den Rand hochdrücken. Den Teig gut abgedeckt mindestens 30 Min. kalt stellen, oder, falls erforderlich, einfrieren. Nach Rezept weiter verarbeiten.

Quark-Öl-Teig

125 g Magerquark, 50 ml kalt gepresstes, natives Öl, 1 Ei, 2–4 EL Milch, 250 g Weizenvollkornmehl oder Weizenmehl Type 1050, 2 TL Weinsteinbackpulver, 1 TL Salz

▌ Quark, Öl, das Ei und die Milch glatt rühren. Mehl, Weinsteinbackpulver und Salz vermischen und mit der Quarkmasse zu einem geschmeidigem Teig verkneten.

▌ Den Teig fest verpackt ca. 1 Stunde kühl stellen. Nach Rezept weiter verarbeiten.

Pfannkuchenteig

250 g Weizenvollkornmehl oder Weizenmehl Type 1050, 1 Prise Salz, 500 ml Milch, 2–3 Eier, 50 g flüssige Butter oder kalt gepresstes und natives Öl, Butterschmalz

▌ Mehl und Salz mischen und mit der Hälfte der Milch glatt rühren. Eier nach und nach unterrühren und so viel Milch hinzufügen, dass ein dünnflüssiger Teig entsteht. Achtung: Vollkornmehle quellen nach, evtl. nach 10–15 Min. noch etwas Milch hinzufügen.

▌ Butterschmalz in einer Pfanne erhitzen und eine halbe Suppenkelle Teig mit einer drehenden Bewegung gleichmäßig in der Pfanne verteilen. Von beiden Seiten 2 Min. goldgelb backen. Nacheinander 5–6 Pfannkuchen backen.

Aufbewahren:

Fertig gebackene Pfannkuchen lassen sich gut einfrieren. Zwischen die einzelnen Pfannkuchen Butterbrotpapier zum besseren Portionieren legen.

Getreide-Brotaufstrich

1 kleine Zwiebel, 30 g Getreide, Grieß oder Schrot, ca. 120 ml Wasser, Saft, Gemüsebrühe, ca. 100–150 g Gemüse/Obst, 1 EL kalt gepresstes, natives Öl, Gewürze (z. B. Salz, Pfeffer, Kräuter, Curry, Muskat, Paprika)

▪ Zwiebel abziehen, sehr fein würfeln und mit dem Getreide zusammen in einem Topf ohne Fettzugabe leicht anrösten. Die Flüssigkeit dazugießen und unter ständigem Rühren 2–3 Min. köcheln lassen.

▪ Zugedeckt die Getreidemasse ausquellen und auskühlen lassen. Das Gemüse und/oder das Obst in wenig Wasser bissfest dünsten bzw. dämpfen, pürieren und mit dem Öl unter die Getreidemasse ziehen. Mit den Gewürzen abschmecken.

Gelungene Kombinationen:

▪ Grünkern, Sellerie, Apfel, Majoran
▪ Reis, Möhre, Curry, Petersilie
▪ Polenta, Zucchini, Tomatenmark, Basilikum
▪ Dinkelgrieß, Aubergine, Knoblauch, Feta
▪ Hirse, Sauerkraut, Apfel, Kümmel
▪ Haferflocken, Trockenfrüchte, Haselnüsse (dann keine Zwiebel verwenden)
▪ Dinkelgrieß, Pflaumen, Zimt (dann keine Zwiebel verwenden)

Aufbewahren:

Der Brotaufstrich ist 3–5 Tage in einem heiß ausgespülten Schraubglas im Kühlschrank haltbar. Sie können ihn auch portionsweise, z. B. in Eierbechern, einfrieren.

Kartoffel-Brotaufstrich

100 g gekochte Kartoffeln, 100 g saure Sahne, Quark oder Joghurt, 1–2 EL kalt gepresstes, natives Öl, 50 g Gemüse, Zwiebeln und Gewürze (z. B. Salz, Pfeffer, frische Kräuter, Paprika)

▪ Kartoffeln mit einer Gabel gut zerdrücken, saure Sahne und das Öl unterziehen und alles zusammen zu einer homogenen Masse verarbeiten.

▪ Das Gemüse und/oder die Zwiebeln waschen, putzen, evtl. schälen, sehr fein raspeln oder würfeln und zu der Kartoffelmasse geben. Mit den Gewürzen kräftig abschmecken.

Gelungene Kombinationen:

▪ Quark, Leinöl, Zwiebel, Paprika
▪ Joghurt, Olivenöl, Salatgurke, Knoblauch
▪ saure Sahne, Rapsöl, Apfel, Meerrettich
▪ Quark, Rapsöl, Radieschen, Kresse,
▪ saure Sahne, Olivenöl, Rucola, getrocknete Tomaten
▪ Ziegenfrischkäse, Olivenöl, Schnittlauch

Aufbewahren:

Der Brotaufstrich hält sich 1 Tag im Kühlschrank, wenn Sie das Gemüse bzw. die Zwiebel roh verwenden. Mit vorher gedünstetem Gemüse beträgt die Haltbarkeit 3–4 Tage im Kühlschrank. Der Brotaufstrich eignet sich nicht zum Einfrieren!

Gemüsesauce

1 Zwiebel, 150 g Gemüse, 1–2 TL Weizenvollkornmehl (bzw. Maismehl oder Reismehl), 30 ml Sahne oder Schmand, Gewürze (z. B. Salz, Pfeffer, frische Kräuter, Muskat, Curry, Paprika, etc.)

▐ Zwiebel würfeln und in wenig Wasser glasig dünsten. Gemüse waschen, putzen, evtl. schälen, kleinschneiden und zu den Zwiebeln geben. 100–150 ml Wasser angießen und zugedeckt bissfest garen.

▐ Das Gemüse sehr fein pürieren, das Mehl einrühren und unter Rühren 2–3 Min. köcheln lassen. Konsistenz evtl. mit Wasser bzw. Mehl korrigieren. Sahne dazugeben und mit den Gewürzen abschmecken.

Gelungene Kombinationen:

▐ Möhre, Apfelsaft, Sahne, Curry
▐ Rote Bete, Gemüsebrühe, Schmand, Meerrettich
▐ Brokkoli, Wasser, Sahne, Tomatenmark
▐ Blumenkohl, Gemüsebrühe, Sahne, Bärlauch oder Schnittlauch
▐ Zucchini, Tomatensaft, Schmand, Basilikum
▐ rote Paprika, Zwiebel, Schmand, Oregano
▐ Kürbis, Apfelsaft, Schmand, Ingwer

Béchamelsauce

100 ml Wasser (bzw. Gemüsebrühe oder Kochwasser vom Gemüse), 200 ml Milch, 1–2 EL Reismehl (bzw. Maismehl, Weizenvollkornmehl oder Weizenmehl Type 1050), Gewürze (z. B. Salz, Pfeffer, Muskat, Zitronensaft, frische Kräuter, Curry), 20 g Butter

▐ Wasser bzw. Gemüsebrühe aufkochen, das Reismehl einstreuen (Achtung: Weizenmehl Type 1050 müssen Sie vorher in etwas Wasser separat anrühren, sonst klumpt es) und unter Rühren 2–3 Min. köcheln lassen. Mit Gewürzen abschmecken und die Butter unterrühren.

Leckere Variationen:

▐ **Tomatensauce:** 2 EL Tomatenmark
▐ **Käsesauce:** 80 g geriebener Hartkäse oder 30–50 g Blauschimmelkäse
▐ **Currysauce:** 1 TL Curry und 1 TL Zitronensaft
▐ **Kräutersauce:** 2 EL frische Kräuter, z. B. Kerbel, Petersilie, Sauerampfer
▐ **Sauce zu Fisch:** 1 EL Senf und 2 EL gehackter Dill

Gemüsecremesuppe

150 g Gemüse, 80 g Kartoffeln oder ca. 40–50 g Weizenvollkornmehl oder Maismehl bzw. Weizengrieß, 1 EL Olivenöl, 400 ml Gemüsebrühe, 200 ml Milch, Gewürze (z. B. Salz, Pfeffer, Muskat, frische Kräuter, Essig, Zitronensaft, etc.)

▐ Gemüse waschen, putzen und kleinschneiden. Kartoffeln waschen, putzen, schälen und kleinschneiden. Olivenöl mit 1 EL Wasser in einem Kochtopf erhitzen, das Gemüse und die Kartoffeln darin anschwitzen und die Gemüsebrühe angießen. 10 Min. köcheln lassen.

▐ Kochtopf von der Herdplatte nehmen und alles pürieren. Milch hinzufügen, 1-mal aufkochen lassen und mit den Gewürzen abschmecken.

Gelungene Kombinationen:

▐ Lauch, Kartoffel, Muskat, Schnittlauch
▐ Blumenkohl, Weizengrieß, Curry, Zitronensaft
▐ Rote Bete, Kartoffel, Zimt, Apfeldicksaft
▐ Zucchini, Kartoffel, Basilikum, Tomatenwürfel
▐ Möhre, Kürbis, Piment, Orangensaft
▐ Champignons, Kartoffel, Knoblauch, Petersilie
▐ Grünkohl, Kartoffel, Zwiebel, Sahne, Muskat
▐ Kohlrabi, Weizenvollkornmehl, Milch, Kerbel

Salatsaucen

Sommervinaigrette

Für 1 Blattsalat (300–400 g) bzw. Gemüsesalat (ca. 600 g): 2–3 EL Balsamessig, Salz, Pfeffer, 1 TL Apfeldicksaft oder Balsamessigcreme , 2 EL kalt gepresstes, natives Olivenöl, 1 EL kalt gepresstes, natives Rapsöl, Gewürze (z. B. Zwiebel, Knoblauch, frische Kräuter, Tomaten, Oliven, etc.)

▪ Essig mit Salz, Pfeffer und Apfeldicksaft verrühren, bis sich das Salz gelöst hat. Langsam das Öl unterrühren. Evtl. die Gewürze dazugeben.

Aufbewahren:
Die Menge können Sie beliebig erhöhen. Die Zwiebel dann vorher dünsten bzw. dämpfen, die Vinaigrette in ein Schraubglas füllen und 5–6 Tage im Kühlschrank aufbewahren.

Wintervinaigrette

Für 1 Blattsalat (300–400 g) bzw. Gemüsesalat (ca. 600 g): 3 EL Zitronensaft oder weißer Balsamessig , Kräutersalz, Pfeffer, 1–2 TL Dijon-Senf, 1 TL Apfeldicksaft oder weiße Balsamessigcreme , 1 EL kalt gepresstes, natives Olivenöl, 2 EL Rapsöl, Sonnenblumenöl oder Walnussöl, Gewürze (z. B. Zwiebel, getrocknete Kräuter, Meerrettich, Essiggurken)

▪ Zitronensaft mit Salz, Pfeffer, Senf und Apfeldicksaft verrühren, bis sich das Salz gelöst hat. Langsam das Öl unterrühren und evtl. Gewürze hinzufügen.

Aufbewahren:
Die Menge können Sie beliebig erhöhen. Die Zwiebel dann vorher dünsten bzw. dämpfen, die Vinaigrette in ein Schraubglas füllen und 5–6 Tage im Kühlschrank aufbewahren.

Weiße Salatsauce

Für 1 Blattsalat (300–400 g) bzw. Gemüsesalat (ca. 600 g): 150 g Joghurt, Dickmilch oder Buttermilch, Kräutersalz, Pfeffer, 1 TL Senf, 2–3 EL kalt gepresstes, natives Öl, Gewürze (z. B. frische oder getrocknete Kräuter, Zwiebel, Knoblauch, Curry, Paprika, Honig)

▪ Joghurt, Kräutersalz, Pfeffer und Senf glatt rühren, bis sich das Salz gelöst hat. Das Öl unterrühren und die Gewürze dazugeben.

Aufbewahren:
Die Menge können Sie beliebig erhöhen, die Salatsauce in ein Schraubglas füllen und ca. 4–5 Tage im Kühlschrank aufbewahren.

Achtung:
Sollten Sie rohe Zwiebel, Knoblauch oder Schnittlauch verwenden, hält sich die Weiße Salatsauce nur 1 Tag. Für den Vorrat dann die Zwiebeln und den Knoblauch vorher dünsten, und Schnittlauch immer frisch unterrühren.

Orange Salatsauce

Für 1 Blattsalat (300 g) bzw. Gemüsesalat (ca. 600 g): 100 ml Möhrensaft, 2 EL kalt gepresstes, natives Rapsöl, 1 EL kalt gepresstes, natives Olivenöl, ½ kleine Avocado oder 2 EL Sahnequark, 2 EL Zitronensaft, Salz, Honig

▪ Alle Zutaten pürieren, sodass eine sämige Sauce entsteht.

Aufbewahren:
Die Menge können Sie beliebig erhöhen, in ein Schraubglas füllen und ca. 5 Tage im Kühlschrank aufbewahren.

Rote Salatsauce

Für 1 Blattsalat (300–400 g) bzw. Gemüsesalat (ca. 600 g): 2 Tomaten, 1 EL Balsamessig , 2 EL kalt gepresstes, natives Olivenöl, 2 EL kalt gepresstes, natives Rapsöl, 1 EL Tomatenmark, Salz, Pfeffer, 10 Blätter Basilikum, Gewürze (Zwiebel, Knoblauch)

▪ Die Tomaten waschen, putzen, vierteln und mit den restlichen Zutaten pürieren.

Aufbewahren:
Die Menge können Sie beliebig erhöhen. Die Zwiebel dann vorher dünsten bzw. dämpfen, die Salatsauce in ein Schraubglas füllen und 4–5 Tage im Kühlschrank aufbewahren.

WINTER
Deftiges für die kalte
Jahreszeit.

EINKAUFSLISTE

Frisch dazukaufen

- 1 kg Sauerkraut, 1 kg Pastinaken, 800 g Möhren, 750 g Crème-Champignons, 1 Suppengrün, 500 g Rote Bete, 1 kg Schwarzwurzeln
- 3 Äpfel, 2 Orangen, 2 Zitronen, 4 cm Ingwer
- etwas Butter, 400 g Schmand, 100 g griechischer Joghurt, 200 g Crème fraîche, 100 ml Milch, 100 ml Sahne, 100 g Bergkäse, 100 g Parmesan, Hefe
- 5 Eier, 400 g Rindersuppenfleisch
- 4 Scheiben Vollkornbrot

Aus dem Vorrat

- 350 g Weizenvollkornmehl, Paniermehl, 200 g Dinkel, 100 g Buchweizen
- 2 Zwiebeln, Knoblauch, Kartoffeln
- Kürbiskerne, Sesam, Mandeln, Haselnüsse
- Kümmel, Rosmarin, Lorbeerblatt, Curry
- Tomatenmark, Sojasauce, Johannisbeer-Fruchtaufstrich, Meerrettich, Honig
- Olivenöl, Rapsöl

Mögliche Beilagen

- Endiviensalat, Feldsalat, Möhren, Petersilienwurzeln, Chicorée, Champignons
- Birnen, Äpfel, Bananen, Orangen
- Wildreismischung, Vollkornbrot
- Weiße Salatsauce (S. 31), Wintervinaigrette (S. 31)

Milchsäure-Push für Ihr Immunsystem

Sauerkraut steckt voller Nähr- und Wirkstoffe und ist ideal für eine energiearme, aber ballaststoffreiche Ernährung mit viel Vitamin C. Zusammen mit Äpfeln oder auch mal frischer Ananas gegart, wird es etwas süßer, und so lieben Kinder das herzhafte Kraut ganz besonders.

Steckbrief Sauerkraut

Unter Einfluss von Milchsäurebakterien entsteht über einen natürlichen Gärprozess aus fein geschnittenem Weißkohl plus Salz Sauerkraut. Sauerkraut liefert jede Menge Vitamin C, Ballaststoffe und Milchsäurebakterien, die positiv auf die Darmflora wirken. So stärkt der Verzehr von frischem Sauerkraut im Winter das Immunsystem. Diese optimale Nährstoffzusammensetzung und besten Geschmack finden Sie vor allem in frischem, also rohem Sauerkraut, das Sie in gut sortierten Supermärkten oder im Bioladen kaufen können. Gut verschlossen hält sich frisches Sauerkraut 2 – 3 Tage im Kühlschrank. Sauerkraut aus der Dose ist pasteurisiert, also erhitzt, und daher deutlich weniger wertvoll.

Sauerkrautkuchen

1 Grundrezept Hefeteig (S. 28), 500 g Sauerkraut, 2 Zwiebeln, 2 Boskoop-Äpfel, 20 g Butter, Salz, Pfeffer, Kümmel, 3 EL Paniermehl, 2 Eier, 100 g Schmand, 100 g griechischer Joghurt oder Schafsmilchjoghurt, 50 g Kürbiskerne

■ Hefeteig nach Grundrezept herstellen. Sauerkraut fein schneiden, Zwiebeln abziehen, würfeln, Äpfel waschen, vierteln, entkernen und grob raspeln. Butter mit 2 EL Wasser in einem Topf erhitzen, zuerst die Zwiebeln, dann die Äpfel und das Sauerkraut darin andünsten, zugedeckt ca. 5 Min. bei kleiner Hitze garen, mit den Gewürzen abschmecken.

■ Den Teig auf ein mit Backpapier ausgelegtes Blech ausrollen und mit Paniermehl bestreuen. Eier, Schmand, Joghurt und Salz verquirlen. Die Kürbiskerne grob hacken.

■ Das Sauerkraut mit einem Schaumlöffel herausnehmen und etwas abtropfen lassen, auf dem Teig verteilen. Eiermasse darübergießen und mit den Kürbiskernen großzügig bestreuen. 10 Min. gehen lassen.

■ Backofen auf 220 Grad vorheizen. Den Sauerkrautkuchen 10 Min. backen, dann die Temperatur auf 190 Grad reduzieren, weitere 10 Min. backen.

Das passt dazu
Endiviensalat mit etwas geraspelter Möhre und Weißer Salatsauce (S. 31).

Zeit sparen
Am Morgen: Hefeteig mit kaltem Wasser anrühren, kurz kneten und kühl 5–6 Stunden gehen lassen. Für den Vorrat: tiefkühlgeeignet.

Pastinaken in Orangen-Ingwer-Sauce

1 kg Pastinaken, Salz, 150 ml frischer Orangensaft, 1 TL Orangenabrieb 2 EL Rapsöl, 2 EL Sojasauce, 2 EL Honig, 4 cm frischer Ingwer, 2 Knoblauchzehen, 40 g Sesam

■ Pastinaken bürsten, putzen, der Länge nach vierteln, evtl. halbieren, in wenig Salzwasser 5 Min. dünsten bzw. dämpfen, mit einem Schaumlöffel herausnehmen, kalt abbrausen, abtropfen lassen und in eine Auflaufform legen.

■ Backofen auf 180 Grad vorheizen. Orangensaft und -abrieb, Sojasauce und Honig gut verrühren. Ingwer und Knoblauch abziehen, fein schneiden, unter die Sauce ziehen und gleichmäßig über das Gemüse verteilen.

■ 30 Min. backen, und leicht karamellisieren lassen. Sesam in einer Pfanne trocken anrösten und darüberstreuen.

Das passt dazu
Wildreismischung, Endiviensalat mit Petersilienwurzel, Birne und Weißer Salatsauce (S. 31).

Zeit sparen
Am Morgen: Reis 20 Min. garen, zugedeckt ohne Hitzezufuhr ausquellen lassen.

Dinkel-Möhren-Soufflé

200 g Dinkel, 800 g Möhren, Saft von 1 Zitrone, Salz, 200 g Crème fraîche, etwas frischer Ingwer, Curry, Honig, 3 Eier, 60 g Mandeln, Butterschmalz für die Form

■ Dinkel über Nacht in 500 ml Wasser einweichen, anschließend 40 Min. köcheln und 20 Min. ausquellen lassen. Möhren bürsten, putzen, in 3 cm breite Streifen schneiden und in wenig Zitronen-Salz-Wasser bissfest garen.

■ Möhren mit Crème fraîche pürieren und mit den Gewürzen kräftig abschmecken. Backofen auf 200 Grad vorheizen. Eier trennen, Eigelb unter das Möhrenpüree ziehen, Eiweiß zu nicht allzu steifem Schnee schlagen.

■ Mandeln in einer Pfanne trocken anrösten und grob hacken. Mit der Hälfte der Mandeln eine gefettete Form ausstreuen. Dinkel unter das Möhrenpüree rühren, Eischnee vorsichtig unterziehen und in die Auflaufform geben, mit den restlichen Mandeln bestreuen. 30 Min. backen.

Das passt dazu
Chicoréesalat mit Äpfeln und Weißer Salatsauce (S. 31).

Zeit sparen
Am Abend vorher: Möhren bürsten, putzen, in einer Dose bzw. einem Tiefkühlbeutel aufbewahren. Am Morgen: Dinkel 30 Min. garen, zugedeckt ohne Hitzezufuhr ausquellen lassen. Für Kleinigkeit: 50 g Dinkel mehr garen.

Kartoffeln vom Blech

750 g Crème-Champignons, 1,2 kg Kartoffeln, 4 Scheiben Weizenvollkornbrot oder 3 Brötchen, 100 ml Milch, Salz, Pfeffer, Rosmarin, 100 g Parmesan (gerieben), 1 EL Olivenöl für das Blech, 4 EL Olivenöl

■ Champignons mit Küchenkrepp abreiben, halbieren bzw. vierteln. Kartoffeln unter fließendem Wasser bürsten, trocknen und in maximal 1 cm breite Scheiben schneiden. Backofen auf 180 Grad vorheizen.

■ Brot bzw. Brötchen in kleine Würfel schneiden, mit der Milch, den Gewürzen und dem Parmesan vermengen. Die Hälfte der Kartoffelscheiben auf einem mit Olivenöl bestrichenen Backblech verteilen, die Hälfte der Champignons darübergeben und mit der Hälfte der Brotbröckchen bestreuen.

■ 2 EL Olivenöl darüberträufeln. Den Vorgang noch 1-mal wiederholen und rund 45 Min. bei 180 Grad backen, dann weitere 15 Min. bei 200 Grad.

Das passt dazu
Möhrenfrischkost mit Wintervinaigrette (S. 31).

Russischer Borschtsch

400 g Rindersuppenfleisch, 1 Bund Suppengrün, Salz, Pfeffer, Lorbeerblatt, 500 g Rote Bete, Tomatenmark, Kümmel, 2 – 3 EL Johannisbeer-Fruchtaufstrich, 200 g Schmand, evtl. Meerrettich

■ Das Fleisch waschen, trocknen, säubern und mit 1 ½ l Wasser kalt aufsetzen. Suppengrün waschen, putzen, sehr kleinschneiden und mit den Gewürzen zu dem Fleisch geben. Zugedeckt bei mittlerer Hitze 60 Min. köcheln lassen.

■ Rote Bete waschen, bürsten, putzen und in feine Streifen schneiden. Sauerkraut fein hacken, beides in die Suppe geben, 20 Min. weitergaren. Mit Salz, Pfeffer, Tomatenmark, Kümmel und dem Fruchtaufstrich abschmecken.

■ Das Fleisch herausnehmen, würfeln und wieder unterrühren. Schmand evtl. mit etwas Meerrettich verfeinern und dazu servieren.

Das passt dazu
Kräftiges Vollkornbrot mit Butter und ein Obstsalat zum Nachtisch.

Zeit sparen
Am Abend vorher: Das Fleisch garen, abkühlen lassen, zugedeckt kühl aufbewahren. Für den Vorrat: Fleisch in dünne Streifen geschnitten einfrieren und als Brotbelag verwenden.

Kleinigkeit
Dinkelsalat mit Walnüssen

1 Apfel, 2 Stück Sellerie, 2 Möhren grob raspeln mit dem Saft einer Zitrone, 1 EL Olivenöl, 1 EL Walnussöl und den Dinkel vermischen, mit Kräutersalz und Pfeffer abschmecken und mit Walnusskernen und geriebenem Bergkäse bestreuen.

Schwarzwurzelstreifen mit Haselnusskruste

1 kg Schwarzwurzeln, Saft von 1 großen Zitrone, 1 Apfel, Butterschmalz für die Form, 60 g Haselnüsse, 100 g Buchweizen, 100 ml Sahne, 100 g Schmand, Salz, Pfeffer, milder Curry, 100 g Bergkäse (gerieben)

■ Schwarzwurzeln schälen, putzen und von der Wurzel aus mit einem Sparschäler der Länge nach Streifen abziehen und in Zitronenwasser legen. Schwarzwurzeln in wenig Wasser 3 – 4 Min. dünsten bzw. dämpfen.

■ Backofen auf 200 Grad vorheizen. Apfel waschen, vierteln, entkernen und in sehr dünne Spalten schneiden. Schwarzwurzeln mit einem Schaumlöffel aus dem Topf nehmen, abtropfen lassen und mit dem Apfel in der Auflaufform schichten.

■ Haselnüsse hacken und mit dem Buchweizen trocken in einer Pfanne anrösten. Sahne, Schmand und die Gewürze verquirlen und den Auflauf damit begießen. Käse unter die Buchweizen-Haselnuss-Mischung geben und den Auflauf damit bestreuen. Im Backofen 25 Min. überbacken.

Das passt dazu
Pellkartoffeln und Feldsalat mit Crème-Champignons und Wintervinaigrette (S. 31).

Zeit sparen
Für nächste Woche: Pellkartoffeln mitgaren, abkühlen lassen, gut verpackt kühl stellen.

EINKAUFSLISTE

Frisch dazukaufen

- 7 – 9 Chicorée, 600 g Weißkohl, 2 rote Zwiebeln, 400 g Knollensellerie, 200 g Sauerkraut, 3 Lauchzwiebeln
- 3 Zitronen, 2 Orangen, 4 Birnen
- 200 ml Milch, 100 g Schmand, 50 g Joghurt, 90 g Butter, 100 g Bergkäse, 250 g Brie, 100 g Crème fraîche
- 3 Eier, 4 – 6 Scheiben Kochschinken, 50 g magerer Schinkenspeck

Aus dem Vorrat

- 400 g Weizenvollkornmehl, 50 g Polenta, Weizenvollkorngrieß
- Kartoffeln, Zwiebeln
- Walnüsse
- Kümmel, Kreuzkümmel, Paprika edelsüß, Curry, Gemüsebrühe
- Senf, Honig
- Olivenöl, Rapsöl, Walnussöl

Mögliche Beilagen

- Feldsalat, Endiviensalat, Möhren, Chicorée, Tiefkühlerbsen, Kartoffeln
- Äpfel, Birnen, Bananen, Orangen, Apfelmus mit Schlagsahne
- Orange Salatsauce (S. 31)

2 WOCHE

Von wegen, im Winter wächst nichts!

Charakteristisch für Chicorée ist der leicht bittere Geschmack. Ist er Ihnen (oder den Kindern) zu intensiv, können Sie den Strunk, in dem sich die meisten Bitterstoffe versammeln, kegelförmig herausschneiden.

Steckbrief Chicorée

Chicorée ist der zweite Austrieb der Zichorienpflanze und wächst in sogenannten „Treibereien" bei Dunkelheit innerhalb von knapp vier Wochen. Die 10 – 15 cm langen Stauden sollten fest verschlossen sein. Sie sind frisch, wenn die Spitzen leicht gelblich sind, falsch gelagert, wenn die Spitzen grün sind und überlagert, wenn im Inneren viele braune Stellen sind. Den zarten, bitteren Geschmack liefert der Bitterstoff Intybin, der die Verdauung anregt. Chicorée ist besonders reich an Vitamin C, Vitamin A und Folsäure und lässt sich in Papier eingeschlagen eine Woche im Gemüsefach lagern.

Chicorée in Schinken überbacken

4 – 6 Chicorée, Salz, 1½ Grundrezepte Béchamelsauce mit Käse (S. 30), 4 – 6 Scheiben gekochter Schinken, Butterschmalz für die Form

- Evtl. die äußeren Blätter des Chicorées entfernen, den Strunk kegelförmig herausschneiden. Chicorée in wenig Salzwasser 10 Min. dünsten bzw. dämpfen, mit einem Schaumlöffel herausnehmen, gut abtropfen lassen, zur Seite stellen.
- Béchamelsauce mit dem Gemüsewasser herstellen. Backofen auf 180 Grad vorheizen. Den Fettrand des Schinkens entfernen, jeweils eine Chicoréestaude damit einrollen und in eine gefettete Auflaufform geben, die Sauce angießen und 30 Min. überbacken.

Das passt dazu
Bratkartoffeln und Feldsalat mit Oranger Salatsauce (S. 31) und geraspelten Möhren.

Kleinigkeit
Chicorée mit Käsecreme

60 g Blauschimmelkäse mit 50 g Frischkäse und 100 g Joghurt glatt rühren. 1 Orange sehr fein würfeln und unterziehen, mit Salz und Curry abschmecken. Chicoréeblätter in die Crème dippen.

Weißkohlsuppe mit Grießklößchen

600 g Weißkohl, 2 rote Zwiebeln, 2 EL Olivenöl, 1 l Gemüsebrühe, Salz, Kümmel, Kreuzkümmel, 30 g Butter, 50 g Polenta, 50 g Weizenvollkornmehl, 2 Eier, 20 g Bergkäse (gerieben), 1 TL Paprika edelsüß, Kräutersalz, Pfeffer, 100 g Crème fraîche

- Die äußeren Blätter des Weißkohls entfernen. Weißkohl waschen, vierteln, den groben Strunk herausschneiden, und den Kohl sehr fein hobeln. Zwiebeln abziehen und würfeln. Öl mit 2 EL Wasser in einem großen Topf erhitzen, Zwiebeln und Kohl darin andünsten, mit 700 ml Gemüsebrühe ablöschen und mit Salz, Kümmel und Kreuzkümmel würzen. 15 Min. köcheln.
- 150 ml Wasser mit 30 g Butter in einem Topf zugedeckt kurz aufkochen lassen, Polenta und Mehl auf einmal in die kochende Flüssigkeit geben und den Teig bei voller Hitzezufuhr und kräftigem Rühren etwa 2 Min. lang „abbrennen". Der Teig löst sich dabei vom Topf, bildet einen Klumpen und ein weiß-gräulicher Belag überzieht den Topfboden.
- Den Teig in eine Schüssel geben, kurz auskühlen lassen. Die verquirlten Eier langsam unterrühren, bis eine glatte Masse entstanden ist (evtl. nicht die ganzen 2 Eier zufügen, damit der Teig nicht zu weich wird). Käse und Gewürze unterkneten.
- Restliche Gemüsebrühe zum Kochen bringen. Mit zwei nassen Teelöffeln Klößchen abstechen und in die dann nicht mehr kochende Brühe geben. Nach 2 – 3 Min. die Klößchen mit einem Schaumlöffel herausnehmen. Brühe zu dem Weißkohl geben, Crème fraîche einrühren und vor dem Servieren die Klößchen dazugeben.

Das passt dazu
Obstsalat mit Äpfeln, Birnen, Bananen und Orangen zum Nachtisch.

Zeit sparen
Am Abend vorher: Grießklößchen zubereiten, abkühlen lassen, abgedeckt kühl aufbewahren. Für den Vorrat: 2 – 3 Tage abgedeckt im Kühlschrank. Tiefkühlgeeignet.

Von wegen, im Winter wächst nichts!

J A N U A R

Lauwarmer Chicoréesalat mit Orange

400 g Knollensellerie, Salz, Saft von 2 Zitronen, 1 EL Honig, 1 EL mittelscharfer Senf, 2 EL Walnussöl, 2 EL Rapsöl, Curry, 3 Chicorée, 2 Orangen, 60 g Walnüsse

- Sellerie waschen, putzen, vierteln und in wenig Wasser und der Hälfte des Zitronensafts 8 Min. bissfest garen, mit einem Schaumlöffel herausnehmen, abtropfen lassen und in feine Würfel schneiden.
- Aus Honig, Senf, restlichem Zitronensaft, Öl und den Gewürzen eine Sauce herstellen, zu den Selleriewürfeln geben. Evtl. die äußeren Blätter des Chicorées entfernen, den Chicorée halbieren, in Streifen schneiden, Orangen schälen, filetieren, beides zu dem Sellerie geben.
- Gut vermischen und 5 Min. ziehen lassen. Walnüsse grob hacken und den Chicoréesalat damit bestreuen.

Das passt dazu
Bulgur mit Tiefkühlerbsen und Apfelmus mit Schlagsahne zum Nachtisch.

Zeit sparen
Am Morgen: Bulgur 5 – 10 Min. garen und zugedeckt ohne Hitzezufuhr ausquellen lassen.

Gefüllte Hefeteigtaschen mit Sauerkraut

1 Grundrezept Hefeteig (S. 28), 200 g Sauerkraut, 50 g magerer Schinkenspeck, 100 g Schmand, 1 Eigelb, Salz, Kümmel, Weizenvollkorngrieß, 50 g Joghurt

- Hefeteig nach Rezept herstellen. Sauerkraut über einem Sieb abtropfen lassen. Schinken sehr klein würfeln. Sauerkraut fein hacken und mit Schinken, Schmand und Eigelb vermischen, mit Salz und Kümmel würzen.
- Hefeteig teilen und jeweils eine Platte (30 × 30 cm) dünn ausrollen. In 4 gleich große Quadrate teilen, mit Grieß bestreuen, ⅛ der Füllung auf ein Quadrat setzen und zu einem Dreieck zuklappen.
- Die Ränder mit einer Gabel andrücken. Mit Joghurt gleichmäßig bestreichen und auf ein mit Backpapier ausgelegtes Backblech legen. 10 Min. ruhen lassen. Backofen auf 200 Grad vorheizen. Hefeteigtaschen 10 – 15 Min. backen.

Das passt dazu
Chicoréesalat mit Äpfeln, Walnüssen und Oranger Salatsauce (S. 31).

Zeit sparen
Am Morgen: Hefeteig mit kaltem Wasser anrühren, kurz kneten und kühl 5 – 6 Stunden gehen lassen.

Kartoffel-Birnen-Gratin

600 g Kartoffeln, 4 Birnen, Saft von ½ Zitrone, 250 g Brie, 2 Zwiebeln, 30 – 40 g Butter, Salz, Pfeffer, 3 Lauchzwiebeln

- Kartoffeln waschen, abbürsten und garen. Birnen waschen, vierteln, entkernen und in Spalten schneiden, mit Zitronensaft beträufeln. Backofen auf 220 Grad vorheizen. Zwiebeln abziehen, in feine Ringe schneiden. Butter in einer Pfanne erhitzen und die Zwiebelringe darin andünsten.
- Kartoffeln pellen, in Scheiben schneiden. Brie in dünne Scheiben schneiden. Birnen, Kartoffeln und Brie abwechselnd dachziegelartig in eine Auflaufform geben, mit Salz und Pfeffer würzen, die Zwiebelringe darüber verteilen und 25 Min. überbacken.
- Lauchzwiebeln waschen, putzen, in sehr feine Ringe schneiden und das Gratin vor dem Servieren damit bestreuen.

Das passt dazu
Endiviensalat mit Oranger Salatsauce (S. 31), Möhrenraspeln und Walnüssen.

EINKAUFSLISTE

Frisch dazukaufen

- 1,4 kg Weißkohl, 1,2 kg Möhren, 500 g Lauch, 1 Petersilienwurzel, 150 g Sellerie, 350 g Crème-Champignons
- 1 Bund glatte Petersilie,
- 1 Zitrone, 2 Orangen, 2 Äpfel, 4 cm Ingwer
- 300 ml Milch, 350 ml Sahne, 150 ml saure Sahne, 200 g Ricotta (gesalzen), 110 g Butter
- 5 Eier

Aus dem Vorrat

- 200 g Weizenvollkornmehl, 200 g Grünkernschrot, Paniermehl, 400 – 500 g grüne Tagliatelle
- Kartoffeln, Zwiebeln
- Sesam
- Kümmel, Majoran, Curry, Muskat, Oregano, Thymian, Gemüsebrühe
- Honig
- Olivenöl

Mögliche Beilagen

- Feldsalat, Möhren, Petersilienwurzeln, Kürbis, Kartoffeln
- Äpfel
- Kürbiskerne, Reis
- Putenschnitzel
- Wintervinaigrette (S. 31)

3 WOCHE

Weißkohl beugt Schnupfen vor!

Weißkohl ist gar kein altmodisches Gemüse, wie manche denken – Kohl an sich feiert selbst in der Sterneküche zurzeit seine Renaissance. Richtig zubereitet schmeckt er Groß und Klein und man stellt schnell fest, dass Weißkohl ein ganz feines Gemüse ist.

Steckbrief Weißkohl

Ob Kraut, Weißkraut oder Kappes genannt, sein Vitamin-C-Gehalt kann sich sehen lassen: Immerhin enthalten 100 g roher Weißkohl genauso viel Vitamin C wie 100 ml frisch gepresster Orangensaft. So versteht es sich, dass in Zeiten, in denen es hierzulande noch keine Zitrusfrüchte gab, die Bevölkerung ihren Vitamin-C-Bedarf spielend über Kohl und auch Kartoffeln decken konnte! Neben Vitamin C, das beim Garen des Weißkohls nicht, wie vermutet, weniger aktiv wird, enthält der runde Kopf jede Menge Ballaststoffe. Weißkohl hält sich mehrere Wochen frisch und vitaminreich im Kühlschrank oder kühlen Keller, einmal angeschnitten und mit Folie abgedeckt allerdings nur 1 Woche. Übrigens: Nach dem Blanchieren und Einfrieren verliert der Kohl auch seine blähende Wirkung.

Grüne Tagliatelle mit Weißkohl

400 – 500 g grüne Tagliatelle, 750 g Weißkohl, 3 EL Olivenöl, 1 TL Zitronenabrieb, ¼ TL gemahlener Kümmel, 100 ml Gemüsebrühe, Salz, Pfeffer, 1 TL Majoran

▌ Tagliatelle nach Packungsanweisung zubereiten. Die äußeren Blätter des Weißkohls entfernen, den Kohl achteln, den groben Strunk herausschneiden, Kohl in feine Streifen schneiden.

▌ 1 EL Öl in einer großen hohen Pfanne mit 1 EL Wasser erhitzen, Zitronenabrieb und Kümmel einrühren, den Kohl hinzufügen, 2 Min. wenden und mit der Gemüsebrühe ablöschen. Zugedeckt 8 Min. garen. Die Tagliatelle unter den Weißkohl mischen, mit Salz und Pfeffer abschmecken, mit 2 EL Olivenöl beträufeln und mit Majoran bestreuen.

Das passt dazu

Möhrenfrischkost mit Wintervinaigrette (S. 31) und gerösteten Kürbiskernen.

Zeit sparen

Für morgen: Möhren bürsten, putzen, in einer Dose bzw. Tüte aufbewahren.

Weißkohl beugt Schnupfen vor!

Möhrengemüse mit Ingwer und Orange

1 kg Möhren, 40 g Butter, 4 cm frischer Ingwer, 1 TL Curry mild, 2 Orangen, 2 – 3 EL Honig, Salz, Orangenabrieb, Pfeffer

▌ Möhren bürsten, putzen, in 4 cm lange Streifen schneiden. 20 g Butter in einer Pfanne mit 2 EL Wasser erhitzen. Ingwer abziehen, würfeln und mit dem Curry in die Butter einrühren. Möhren dazugeben, 1 Min. in der Butter schwenken.

▌ Orangen auspressen, mit dem Saft die Möhren ablöschen. Zugedeckt 4 Min. bei kleiner Hitze dünsten. Honig, Salz, Orangenabrieb sowie restliche Butter unterrühren und servieren.

Das passt dazu

Putenschnitzel, Reis und Feldsalat mit Wintervinaigrette (S. 31).

Zeit sparen

Am Morgen: Reis 20 Min. garen, zugedeckt ohne Hitzezufuhr ausquellen lassen.
Für Kleinigkeit: 30 g Reis mitgaren.

Lauch-Kartoffel-Auflauf

*1 kg Kartoffeln, 2 – 3 Lauchstangen
(ca. 500 g), 1 Petersilienwurzel, ½ Bund
glatte Petersilie, Butterschmalz für die
Form, 150 g Bergkäse (gerieben),
Salz, Pfeffer, Muskat, 300 ml Milch,
150 ml Sahne*

▌ Kartoffeln bürsten und in der Schale
25 Min. dämpfen, dann pellen und in
Scheiben schneiden. Lauch waschen,
putzen und in sehr dünne Ringe schneiden. Petersilienwurzel unter fließendem Wasser bürsten und grob reiben.
Petersilie waschen, trocknen und zupfen.

▌ Backofen auf 180 Grad vorheizen. Kartoffeln, Lauch, Petersilienwurzel, Peter-
silienblättchen, Käse und die Gewürze
in eine feuerfeste Form schichten und
mit Käse enden. Milch und Sahne mischen und über den Auflauf gießen. Bei
180 Grad 40 Min. backen.

Das passt dazu
Kürbisfrischkost mit Apfel und Winterv-
naigrette (S. 31).

Zeit sparen
Für morgen: Kartoffeln mitgaren, abkühlen lassen, zugedeckt kühl aufbewahren.

Grünkernbacklinge mit Weißkohlsalat

*Für die Backlinge: 400 ml Gemüsebrühe,
200 g Grünkernschrot, ½ TL Oregano,
½ TL Thymian, 1 Zwiebel, 150 g Sellerie,
1 Ei, 80 g Bergkäse (gerieben), Kräutersalz, Pfeffer*

*Für den Salat: 600 g Weißkohl, 2 Äpfel,
100 ml Sahne, 150 ml saure Sahne, Salz,
Kümmel (gemahlen), Zitronensaft, Curry,
Honig*

▌ Gemüsebrühe aufkochen, Grünkernschrot, Oregano und Thymian einrühren, unter ständigem Rühren 2 Min.
köcheln lassen. 15 Min. ohne Hitzezufuhr zugedeckt ausquellen lassen.
Zwiebel abziehen, sehr fein würfeln,
Sellerie bürsten, putzen, evtl. schälen,
sehr fein raspeln, beides mit Ei, Käse
und den Gewürzen unter die Getreidemasse kneten.

▌ Backofen auf 200 Grad vorheizen. Aus
der Masse 8 – 10 Backlinge formen, diese auf ein mit Backpapier ausgelegtes
Backblech setzen und 25 Min. backen.

▌ Die äußeren Blätter des Weißkohls
entfernen, den Weißkohl vierteln, den
groben Strunk herausschneiden und
den Weißkohl sehr fein hobeln oder
schneiden. Äpfel waschen, vierteln, entkernen, grob raspeln. Sahne schlagen,
saure Sahne und die Gewürze unterziehen und mit Weißkohl und den Äpfeln
vermischen.

Das passt dazu
Bratkartoffeln.

Zeit sparen
Für den Vorrat: Grünkernbacklinge halten sich 2 – 3 Tage abgedeckt im Kühlschrank. Tiefkühlgeeignet.

Quiche mit Creme-Champignons

*1 Grundrezept Mürbeteig (S. 28),
150 g Möhren, 350 g Creme-Champignons,
2 Eier, 1 Eigelb, 100 ml Sahne, Kräutersalz, Pfeffer, Thymian, Knoblauch,
200 g Ricotta (gesalzen), 3 EL Paniermehl,
1 EL Sesam, ½ TL Kräutersalz, 1 EL Olivenöl*

▌ Mürbeteig nach Grundrezept herstellen. Möhren bürsten, putzen, grob raspeln. Champignons mit Küchenkrepp
abreiben, putzen, evtl. halbieren. Eier,
Eigelb, Sahne und Gewürze verquirlen.
Ricotta grob würfeln.

▌ Den Teig mit 2 EL Paniermehl bestreu-
en, Gemüse und Ricotta gleichmäßig
auf dem Teig verteilen, den Guss angießen.

▌ 1 EL Paniermehl mit Sesam, Kräutersalz
und Öl vermischen und über die Quiche
bröseln. 40 Min. backen.

Das passt dazu
Feldsalat mit Äpfeln, Petersilienwurzel
und Wintervinaigrette (S. 31).

Zeit sparen
Am Abend vorher: Mürbeteig zubereiten, eine Quiche-Form damit auslegen,
abgedeckt kühl stellen.

Kleinigkeit
Reisaufstrich

60 – 80 g gegarten Reis mit 1 Avocado,
½ Apfel, 50 g Quark pürieren, mit Sojasauce, Curry, Knoblauch und evtl. Honig
abschmecken.

EINKAUFSLISTE

Frisch dazukaufen

- 1,5 kg Schwarzwurzeln, 700 g Weißkohl, 500 g Lauch, 150 g Petersilienwurzeln, 500 g Sauerkraut, 500 g Möhren, 750 g Rosenkohl, 800 g Rote Bete
- 1 Bund glatte Petersilie
- 4 Zitronen, 1 Birne, 1 Orange
- 150 ml Milch, 150 g Schmand, 300 ml Sahne, 150 g Parmesan, 100 g Feta, 150 g Bergkäse, 50 g Butter
- 10 schwarze Oliven, 12 getrocknete Tomaten
- 1 Fladenbrot
- 6 Eier
- 500 g Lachsfilet

Aus dem Vorrat

- Maismehl, 250 g Vollkornrundkornreis, 200 g Polenta
- Kartoffeln, Zwiebeln
- Thymian, Oregano, Paprika edelsüß, Chilischote mild, Koriander gemahlen, Oregano, Basilikum, Kümmel, Muskat, Gemüsebrühe
- 500 g Tomaten aus dem Glas, Tomatenmark, Johannisbeeraufstrich, Meerrettich
- Honig, Birnendicksaft, Olivenöl

Mögliche Beilagen

- Feldsalat, Endiviensalat, Möhren, Rote Bete, Chicorée, Kartoffeln
- Äpfel, Birnen
- Pinienkerne, Walnüsse
- Kalbsschnitzel, Roggenvollkornbrot, Orange Salatsauce (S. 31)

WOCHE

Eine Woche mit jeder Menge Eisen und Folsäure

Manche kennen Schwarzwurzeln nur so, wie man sie früher oft aß: säuerlich eingelegt und aus der Dose. Kein Wunder, dass Sie diesem winterharten Gemüse aus dem Weg gehen. Dabei kann man wunderbare Gerichte aus frischen Schwarzwurzeln zubereiten!

Steckbrief Schwarzwurzeln

Schwarzwurzeln, äußerlich wegen ihrer rauen, erdigen Borke eher unscheinbar, werden wegen ihres darunter verborgenen weißen Fleisches oft auch Winterspargel genannt. Der Geschmack ist leicht nussig, eher herzhaft, wohingegen die Konsistenz sehr weich ist. Dieses Wintergemüse, das vorrangig in Frankreich, Belgien und Holland angebaut wird, liefert neben Vitamin E und Folsäure jede Menge Eisen und Kalium. Schwarzwurzeln sind in der Zubereitung nicht ganz einfach, einmal tritt beim Schälen ein milchiger Saft aus, der braune Flecken an den Händen hinterlässt, darum empfiehlt es sich, Handschuhe zu tragen. Zum anderen müssen Sie die geschälten Schwarzwurzeln sofort in Wasser mit Zitronensaft bzw. Essig legen, damit das weiße Fleisch nicht braun wird. In Papier verpackt halten sich Schwarzwurzeln im Kühlschrank 5 – 6 Tage. Blanchiert kann man sie prima einfrieren.

Kartoffel-Schwarzwurzel-Soufflé

600 g Kartoffeln, Butterschmalz für die Form, 2 EL Olivenöl, 10 schwarze Oliven ohne Stein, Salz, Pfeffer, 750 g Schwarzwurzeln, Saft von 1 Zitrone, 150 ml Milch, 2 EL Maismehl, Thymian, Oregano, 50 g Parmesan (gerieben), 4 Eier, 6 getrocknete Tomaten

▌ Kartoffeln bürsten, in der Schale mit wenig Wasser 25 Min. kochen oder dämpfen. Kartoffeln abbrausen, pellen, in Scheiben schneiden und in eine gefettete Auflaufform legen, mit Öl beträufeln. Oliven der Länge nach vierteln. Oliven über den Kartoffeln verteilen. Salzen und pfeffern.

▌ Schwarzwurzeln schälen, putzen, waschen, in 3 cm lange Stücke schneiden und in Zitronenwasser legen, anschließend in wenig Salzwasser ca. 4 Min. dünsten bzw. dämpfen und mit dem Wasser pürieren.

▌ Milch mit Mehl in einem Topf aufkochen, 2 Min. köcheln lassen, würzen und den Käse einrühren. Eier trennen, das Eigelb in die Milch rühren, das Eiweiß kalt stellen. Schwarzwurzelpüree mit der Milch-Ei-Masse verrühren.

▌ Den Backofen auf 175 Grad vorheizen. Das Eiweiß halb steif schlagen. Getrocknete Tomaten sehr fein würfeln und mit dem Eiweiß vorsichtig unter die Schwarzwurzelmasse heben. Masse über die Kartoffeln streichen und rund 45 Min. backen.

Das passt dazu
Feldsalat mit Wintervinaigrette (S. 31), Apfel und gerösteten Pinienkernen.

Überbackenes Fladenbrot mit Weißkohl

700 g Weißkohl, 2 EL Olivenöl, 500 g Tomaten aus dem Glas, 100 g Feta, 6 getrocknete Tomaten, 200 g Schmand, Salz, Pfeffer, Paprika (edelsüß), 1 großes Fladenbrot

▌ Weißkohl vierteln, die äußeren Blätter entfernen und den Strunk herausschneiden. Den Kohl in sehr dünne Streifen schneiden bzw. hobeln. Öl mit 2 EL Wasser in einer großen Pfanne erhitzen, Kohl hinzufügen und bei geschlossenem Deckel 5–8 Min. bissfest garen.

▌ Tomaten über einem Sieb gut abtropfen lassen, den Tomatensaft ggf. für die Kleinigkeit auffangen. Feta mit einer Gabel zerdrücken, getrocknete Tomaten fein schneiden, beides mit dem Schmand verrühren und mit den Gewürzen abschmecken. Backofen auf 190 Grad Umluft vorheizen.

▌ Fladenbrot waagerecht durchschneiden, mit der Käsecreme bestreichen, Weißkohl darüber verteilen. Die Tomaten aus dem Glas grob schneiden und auf den Weißkohl setzen. Jeweils eine belegte Brothälfte auf ein mit Backpapier ausgelegtes Backblech legen und 20 Min. überbacken.

Das passt dazu
Feldsalat mit Möhrenraspeln und Wintervinaigrette (S. 31).

Zeit sparen
Tomatensaft für Polenta mit Rosenkohl (S. 44) aufbewahren.

Polenta mit Rosenkohl

*1 l Gemüsebrühe, 200 g Polenta,
750 g Rosenkohl, 2 Eier, 150 g Bergkäse
(gerieben), Salz, Pfeffer, Muskat, Butterschmalz für die Form, 100 g Tomatenmark,
100 ml Sahne, 1 EL Zucker oder Honig,
Oregano, Basilikum*

▌ Gemüsebrühe in einem großen Topf
zum Kochen bringen, Polenta unter
Rühren einrieseln lassen, 1-mal aufkochen, Herdplatte ausstellen und 20 Min.
quellen lassen, dabei wiederholt umrühren. Rosenkohl waschen, putzen
und bissfest dünsten bzw. dämpfen.
Backofen auf 170 Grad vorheizen.

▌ Eier und Käse und Gewürze unter die
Polenta ziehen und in eine gefettete
Auflaufform, z. B. Quiche-Form
(Ø 28 cm) streichen. Rosenkohlröschen
darauf verteilen und ca. 25 Min. backen. Tomatenmark mit 100 ml Wasser,
evtl. dem Tomatensaft (Rezept Fladenbrot, S. 43) und der Sahne langsam zum
Köcheln bringen und mit Zucker und
den Gewürzen kräftig abschmecken.

Das passt dazu
Feldsalat mit Äpfeln, Walnüssen und
Oranger Salatsauce (S. 31).

Zeit sparen
Am Abend vorher: Rosenkohl waschen,
putzen, in einer Dose bzw. Tüte kühl
aufbewahren. Am Morgen: Polenta garen, zugedeckt ausquellen lassen. Für die
Kleinigkeit: 30 g Polenta mitgaren.

Kleinigkeit
Polenta-Avocado-Aufstrich

Polenta mit Avocado, 50 g Quark und
Zitronensaft pürieren. Schwarze Oliven
würfeln, unterziehen und mit Olivenöl
und Oregano abschmecken.

Lauch-Risotto

*1 Zwiebel, 1 EL Olivenöl, 250 g Vollkorn-Rundkornreis, ca. 1 l Gemüsebrühe,
2 – 3 Stangen Lauch (ca. 500 g), 2 – 3 Petersilienwurzeln (ca. 150 g), 1 Bund glatte
Petersilie, 1 Zitrone (unbehandelt), 3 EL Olivenöl, Salz, Pfeffer, evtl. 1 Chilischote mild,
100 g Parmesan (gerieben),*

▌ Zwiebel abziehen, fein würfeln. Öl in einem großen, breiten Topf mit 1 EL Wasser erhitzen und die Zwiebel darin anbraten. Reis in einem Sieb waschen, zu der Zwiebel
geben und 1 – 2 Min. unter Rühren mit erhitzen. Gemüsebrühe angießen, sodass der
Reis knapp bedeckt ist. Bei mittlerer Hitze köcheln lassen, gelegentlich umrühren, und
Brühe nachgießen.

▌ Lauch und Petersilienwurzeln waschen, putzen und sehr fein würfeln. Nach 25 Min.
Garzeit zu dem Reis geben, unterrühren. Der Reis sollte cremig werden, aber nicht
ansetzen!

▌ Petersilie waschen, zupfen, Zitrone heiß abwaschen, die Schale abreiben und den Saft
auspressen. Petersilie, Zitronenabrieb, Zitronensaft, Olivenöl und die Gewürze pürieren und mit dem Parmesan unter den Reis ziehen.

Das passt dazu
Rote-Bete-Frischkost mit Birne und Wintervinaigrette (S. 31).

Schwarzwurzel-Möhren-Gemüse

*700 g Schwarzwurzeln, Saft von 1 großen Zitrone, 500 g Möhren, 1 Zwiebel, 20 g Butter,
250 ml Gemüsebrühe, 100 ml Sahne, 2 – 3 EL Maismehl, Salz, Pfeffer, Koriander gemahlen*

▌ Schwarzwurzeln schälen, putzen, in 5 cm lange Stücke schneiden, sehr dicke Wurzeln
halbieren und in Zitronenwasser legen. Möhren waschen, bürsten, putzen und ebenfalls in 5 cm lange Streifen schneiden.

▌ Zwiebel abziehen und würfeln. Butter in einem Topf mit 2 EL Wasser erhitzen, die
Zwiebeln darin glasig dünsten und das Gemüse hinzufügen. Unter Wenden leicht an-
braten, die Brühe angießen und zugedeckt bei mittlerer Hitze 8 – 10 Min. dünsten. Das
Gemüse mit einem Schaumlöffel herausnehmen und warm stellen.

▌ Sahne zu dem Gemüsewasser geben und bis auf 500 ml Gesamtmenge mit Wasser
auffüllen. Maismehl mit einem Schneebesen einrühren und die Sauce 3 Min. köcheln
lassen. Mit den Gewürzen abschmecken und über das Gemüse gießen.

Das passt dazu
Kurz gebratenes Kalbsschnitzel und Roggenbrot; Chicoréesalat mit Apfel, Walnüssen
und Wintervinaigrette (S. 31).

Kartoffel-Sauerkraut-Auflauf mit Lachs

600 g Kartoffeln, 1 Zwiebel, 1 Birne, 500 g Sauerkraut, Butterschmalz zum Braten und für die Form, 1 – 2 TL Birnendicksaft, Salz, Pfeffer, Kümmel, 500 g Lachsfilet, Saft von 1 Zitrone, 150 g Schmand, 100 ml Sahne, Salz, Pfeffer

▌ Kartoffeln waschen, bürsten und in wenig Wasser ca. 25 Min. kochen bzw. dämpfen. Zwiebel abziehen, Birne waschen, vierteln, entkernen, beides fein würfeln. Sauerkraut kleinschneiden.

▌ Fett in einem Topf erhitzen, erst die Zwiebel und die Birne 2 Min. darin anbraten, anschließend das Sauerkraut dazugeben und zugedeckt ca. 5 Min. bei kleiner Temperatur dünsten. Mit dem Birnendicksaft und den Gewürzen abschmecken.

▌ Den Lachs waschen, trocknen, ggf. entgräten, in mundgerechte Stücke schneiden und mit Zitronensaft beträufeln. Backofen auf 200 Grad vorheizen. Kartoffeln pellen, in Scheiben schneiden und die Hälfte in eine gefettete Auflaufform schichten, das Sauerkraut daraufgeben, die Lachsstücke darüber verteilen und mit der anderen Hälfte der Kartoffelscheiben abschließen.

▌ Schmand und Sahne verquirlen, mit Salz und Pfeffer würzen und über den Auflauf gießen. 25 Min. backen.

Das passt dazu
Endiviensalat mit Oranger Salatsauce (S. 31).

Rote Bete mit Orange

800 g Rote Bete, 2 Zwiebeln, 30 g Butter, Saft von 1 Orange, 150 ml Gemüsebrühe, 3 – 4 EL Johannisbeer-Fruchtaufstrich, 1 – 2 TL Maismehl, Salz, Meerrettich

▌ Rote Bete bürsten, putzen und in Stifte (5 cm × 1 cm × 1 cm) schneiden. Zwiebeln abziehen, würfeln. Butter mit 2 EL Wasser erhitzen, zuerst die Zwiebeln glasig dünsten, anschließend die Rote Bete dazugeben.

▌ Mit Orangensaft und Gemüsebrühe ablöschen. Zugedeckt bei mittlerer Hitze 10 Min. bissfest garen. Johannisbeer-Fruchtaufstrich, Mehl und 100 ml Wasser glatt rühren, unter die Rote Bete ziehen und 2 – 3 Min. köcheln lassen. Mit den Gewürzen abschmecken.

Das passt dazu
Kartoffelpüree und Feldsalat mit Möhren, Walnüssen und Oranger Salatsauce (S. 31).

Zeit sparen
Für morgen: 600 g Kartoffeln mitgaren, abkühlen lassen, verpackt kühl aufbewahren.

Kleinigkeit
Rote-Bete-Bratlinge

Aus kleinen Resten von Kartoffelpüree und Roter Bete lassen sich Bratlinge zubereiten. Rote Bete pürieren und unter das Püree 1 Ei und etwas Feta ziehen, kleine Kugeln formen, in Paniermehl wälzen und braten.

EINKAUFSLISTE

Frisch dazukaufen

- 1,1 kg Wirsing, 4 – 6 Chicorée, 1,2 kg Möhren, 500 g Pastinaken, 500 g Champignons, 800 g Weißkohl, 1 Gemüsezwiebel
- 2 Kästchen Kresse,
- 1 Apfel, 2 Zitronen
- 1 l Milch, 150 g Quark, 250 g Quark (20 %), 100 ml Sahne, 200 g Feta, 50 g Frischkäse, 60 g Blauschimmelkäse, 250 g Bergkäse, 110 g Butter
- 14 getrocknete Tomaten
- 3 Eier

Aus dem Vorrat

- 250 g Weizenvollkornmehl, Maismehl, 400 – 500 g Vollkornspaghetti, 250 g Vollkornreis
- Kartoffeln, Knoblauch
- Kürbiskerne, Kokoschips
- Basilikum, Curry, Kreuzkümmel, Koriander (gemahlen), Muskat, Gemüsebrühe
- Tomatenmark, süßer grober Senf, weißer Balsamessig, 400 ml Kokosmilch
- Zucker, Honig
- Olivenöl, Rapsöl

Mögliche Beilagen

- Feldsalat, Chicorée, Blattspinat, Möhren, Avocado, Kartoffeln
- Äpfel
- Pinienkerne, Brot
- Wintervinaigrette (S. 31), Orange Salatsauce (S. 31)

WOCHE

Multivitamin-Kohl für jede Jahreszeit

Wirsing gehört zum Winter einfach dazu. Die grünen Köpfe können selbst im Februar frisch vom Feld weg geerntet werden. Durch seinen eher dezenten Geschmack ist Wirsing vielseitig kombinierbar.

Steckbrief **Wirsing**

Farbe, Geschmack und Form variieren sehr stark beim Wirsing. Frühwirsing ist gelblich grün, zart im Geschmack und der Kopf ist nicht fest geschlossen, Winterwirsing hingegen ist dunkelgrün und hat einen kräftigen Kohlgeschmack und der Kopf ist fest geschlossen. Frühwirsing eignet sich sehr gut für Salate oder bissfest gegart als Gemüsebeilage. Winterwirsing trumpft dann bei Eintöpfen und Rouladen auf. Neben dem wasserlöslichen Vitamin C und der Folsäure enthält Wirsing auch die fettlöslichen Vitamine E und K sowie die Mineralstoffe Kalium, Kalzium und Eisen. Winterwirsing hält sich im Gemüsefach des Kühlschranks 1 – 2 Wochen, Frühwirsing hingegen nur 3 – 4 Tage.

Gefüllte Wirsingpfannkuchen

1 Grundrezept Pfannkuchenteig (S. 28), 600 g Wirsing, Salz, 200 g Feta, 6 getrocknete Tomaten, 150 g Quark, 50 g Tomatenmark, Pfeffer, Basilikum, Butterschmalz für die Form, 1 Grundrezept Béchamelsauce (S. 30)

▌ Pfannkuchenteig nach Grundrezept herstellen und ausbacken. Die äußeren Blätter des Wirsings entfernen, den Wirsing vierteln, den groben Strunk herausschneiden. Wirsing sehr fein schneiden, in wenig Salzwasser 1 Min. dünsten bzw. dämpfen, mit einem Schaumlöffel herausnehmen, abbrausen, abtropfen lassen.

▌ Gemüsewasser aufbewahren. Feta grob reiben, Tomaten in Streifen schneiden und mit Quark, Tomatenmark und den Gewürzen verrühren, den Wirsing unterziehen. Pfannkuchen mit der Wirsingmasse füllen, aufrollen und in eine gefettete Auflaufform setzen.

▌ Backofen auf 180 Grad vorheizen. Aus dem Gemüsewasser nach dem Grundrezept eine Béchamelsauce herstellen und angießen, ca. 30 Min. backen.

Das passt dazu
Feldsalat mit Wintervinaigrette (S. 31), Apfel und Avocado.

Zeit sparen
Am Abend vorher: Pfannkuchen zubereiten und verpackt kühl aufbewahren.

Chicorée mit Pellkartoffeln und Käsecreme

800 g Kartoffeln, 4 – 6 Chicorée, 20 g Butter, 2 EL Olivenöl, ½ TL Zucker, Salz, Pfeffer, 60 g milder Blauschimmelkäse, 50 g Frischkäse, 250 g Quark (20 %), 1 kleiner Apfel, Curry

▌ Kartoffeln bürsten und dämpfen bzw. in wenig Wasser kochen. Die äußeren Blätter des Chicorées entfernen und den Strunk kegelförmig herausschneiden. Chicorée 10 Min. in wenig Wasser dünsten oder dämpfen.

▌ In einer großen Pfanne Butter, Öl und 4 EL Wasser erhitzen. Chicorée über einem Sieb etwas ausdrücken und im Fett goldbraun braten. Mit Zucker, Salz und Pfeffer würzen.

▌ Den Blauschimmelkäse mit einer Gabel zerdrücken und mit Frischkäse und Quark verrühren. Den Apfel waschen, vierteln, entkernen und sehr fein reiben, unter die Quark-Käse-Creme ziehen und mit den Gewürzen abschmecken. Kartoffeln abgießen und mit Chicorée und Käsecreme servieren.

Das passt dazu
Möhrenfrischkost mit Wintervinaigrette (S. 31).

Zeit sparen
Für morgen: Kartoffeln mitgaren, abkühlen und gut verpackt kühl aufbewahren.

Möhren-Pastinaken-Gratin in Senfsauce

700 g Möhren, 500 g Pastinaken, Saft von 1 Zitrone, Salz, 1 ½ Rezepte Béchamelsauce, 2 EL süßer grober Senf, Pfeffer, Curry, 60 g Kürbiskerne, 150 g Bergkäse (gerieben)

▌ Möhren und Pastinaken bürsten, putzen, der Länge nach in 0,5 cm dicke breite Streifen schneiden (das geht sehr gut mit einer Brotschneidemaschine), in wenig Zitronen-Salz-Wasser 5 Min. zugedeckt bissfest dünsten. Mit einem Schaumlöffel das Gemüse herausnehmen, abbrausen, abtropfen lassen.

▌ Mit dem Gemüsewasser eine Béchamelsauce herstellen, den Senf einrühren und mit den Gewürzen abschmecken. Kürbiskerne trocken in einer Pfanne anrösten. Backofen auf 200 Grad vorheizen. In einer Auflaufform abwechselnd Gemüse, Sauce, Kürbiskerne und Käse schichten, mit dem Käse abschließen. Ca. 20 Min. überbacken.

Das passt dazu
Bratkartoffeln und Chicoréesalat mit Äpfeln und Wintervinaigrette (S. 31).

Zeit sparen
Für morgen: Eine Kartoffel aufbewahren für den Spinatsalat.

Spaghetti mit gebratenen Champignons

400 – 500 g Vollkornspaghetti, 500 g Champignons, 3 EL Olivenöl, 8 getrocknete Tomaten, 2 Knoblauchzehen, Kräutersalz, Pfeffer, 2 Kästchen Kresse

▪ Spaghetti nach Packungsanweisung zubereiten. Champignons mit Küchenkrepp abreiben, putzen, evtl. halbieren. Öl in einer großen Pfanne mit 3 EL Wasser erhitzen, die Champignons darin 5 Min. anbraten.

▪ Tomaten in Streifen schneiden, Knoblauch abziehen, in feine Scheiben schneiden, beides zu den Champignons geben und mit den Gewürzen abschmecken. Spaghetti nicht ganz abtropfen lassen, zu den Champignons geben, umrühren und mit viel Kresse servieren.

Das passt dazu
Salat, auch Blattspinat, mit zerdrückter Kartoffel, Oranger Salatsauce (S. 31) und gerösteten Pinienkernen.

Wirsingeintopf

500 g Kartoffeln, 2 Knoblauchzehen, 1 Gemüsezwiebel, 20 g Butter, 1,5 l Gemüsebrühe, 300 g Möhren, 500 g Wirsing, 100 ml Sahne, Salz, Pfeffer, Curry oder Muskat, weißer Balsamessig, 100 g Bergkäse (gerieben)

▪ Kartoffeln schälen, Knoblauch und Zwiebel abziehen, alles sehr fein würfeln. Butter mit 2 EL Wasser in einem großen Topf erhitzen. Kartoffeln, Knoblauch und Zwiebel darin wenden und kurz etwas anbraten. Mit der Gemüsebrühe ablöschen und zugedeckt bei mittlerer Hitze ca. 10 Min. garen.

▪ Möhren bürsten, evtl. schälen und würfeln. Vom Wirsing die äußeren Blätter entfernen, Wirsing vierteln, waschen, den Strunk herausschneiden und den Rest fein schneiden bzw. hobeln. Möhrenwürfel und Wirsingstreifen zu den Kartoffeln geben und weiter 5 – 8 Min. garen.

▪ Die Sahne angießen, mit den Gewürzen und dem Essig abschmecken und mit Bergkäse bestreuen.

Das passt dazu
Brot und Kokosreis mit Apfelpüree zum Nachtisch.

Kleinigkeit
Kokosreis mit Apfelpüree

Kokosreis mit Honig süßen, 3 Äpfel fein pürieren, mit Zitronenschale und Zimt abschmecken. Apfelpüree zu dem Kokosreis servieren, mit Apfeldicksaft beträufeln und mit Kokoschips bestreuen.

Weißkohlcurry mit Kokosreis

250 g Vollkornreis, 400 ml Kokosmilch, 30 g Kokoschips, Salz, 800 g Weißkohl, 3 EL Rapsöl, 1 TL Kreuzkümmel, 1 TL Curry mild, ½ TL Koriander (gemahlen), 200 g Möhren, Zitronensaft, Zitronenabrieb, Honig

▪ Vollkornreis nach Packungsanweisung in Kokosmilch und 200 ml Wasser garen. Die Kokoschips trocken in einer Pfanne anrösten. Den Reis mit Salz abschmecken und mit Kokoschips bestreuen.

▪ Die äußeren Blätter des Weißkohls entfernen, den Kohl vierteln, den groben Strunk herausschneiden. Den Kohl sehr fein hobeln. Öl in einer hohen Pfanne mit 3 EL Wasser erhitzen, Kreuzkümmel, Curry und Koriander darin anschwitzen.

▪ Den Kohl hinzufügen, ca. 100 ml Wasser angießen und zugedeckt bei kleiner Hitze 7 Min. garen. Möhren bürsten, putzen, grob raspeln, zu dem Weißkohl geben, 1 Min. mitgaren und mit den Gewürzen abschmecken, zu dem Kokosreis servieren.

Das passt dazu
Kurz gebratenes Putenfilet mit Sojasauce abgelöscht. Obstteller zum Nachtisch.

Zeit sparen
Am Morgen: Reis 20 – 30 Min. garen, zugedeckt ohne Hitzezufuhr ausquellen lassen. Für Kleinigkeit: 200 g Reis zusätzlich garen, nicht salzen, abkühlen lassen und zugedeckt kühl aufbewahren.

EINKAUFSLISTE

Frisch dazukaufen

- 600 g Rotkohl, 800 g Wirsing, 1 Gemüsezwiebel, 500 g Sauerkraut, 800 g Steckrüben
- 2 Birnen, 4 cm Ingwer, 600 g Boskoop-Äpfel, 2 Zitronen, 2 Äpfel
- 950 ml Milch, 200 g Quark (20 %), 100 g Schmand, 50 ml Sahne, 100 g Feta, 150 g Bergkäse, 170 g Butter
- 8 getrocknete Aprikosen
- 300 g Hähnchenbrustfilet, 6 Eier
- 4 Scheiben Vollkorntoastbrot

Aus dem Vorrat

- 150 g Polenta, 150 g Bulgur, 250 g Weizenvollkornmehl, 150 g Hartweizengrieß, Maismehl, Paniermehl
- Kartoffeln, Zwiebeln, Knoblauch
- Sonnenblumenkerne, Mandeln, 100 g geriebene Mandeln, Sesam, Kokoschips, Rosinen
- Kümmel, Vanille, Curry, Gemüsebrühe, Kreuzkümmel
- Johannisbeer-Fruchtaufstrich, Apfeldicksaft, Apfelsaft, 400 ml Kokosmilch

Mögliche Beilagen

- Feldsalat, Petersilienwurzeln, Möhren, Sellerie, Lauch
- Äpfel, Orangen
- Walnüsse
- Wintervinaigrette (S. 31)

Jetzt wird's bunt im Kochtopf

Rotkohl, Knödel und Schweinekrustenbraten oder Rotkohl und Gänsekeule – das rote Kraut bringen viele ausschließlich mit der deftigen und fetten Küche in Verbindung. Dabei schmeckt Rotkohl auch prima ohne Schmalz!

Steckbrief: Rotkohl

Ob Rotkraut, Blaukraut, Roter Kappes oder Rotkabis, Rotkohl wird in Verbindung mit Säure rot, vorher ist der ½ – 2 kg schwere Kohl blauviolett. Über Geschmack lässt sich ja bekanntlich streiten, aber was die Inhaltsstoffe angeht, ist der Rotkohl dem Weißkohl überlegen. Fettlösliche Vitamine, wie Vitamin K und E sowie die wasserlöslichen Vitamine C und B_6 sind hier reichlich vorhanden. Das Vitamin C liegt in einer Vorstufe in Form von Ascorbigen vor, welches erst durch Hitzezufuhr Vitamin-C-Wirksamkeit bekommt. Einen gut geschlossenen unbeschädigten Kohl ohne Flecken und Risse können Sie mehrere Monate im dunklen kühlen Keller oder Kühlschrank ohne Nährstoffverluste lagern. Durch Blanchieren und Einfrieren verliert der Kohl seine blähende Wirkung.

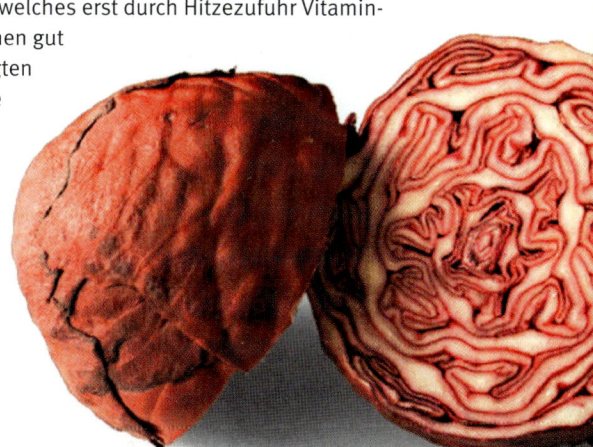

FEBRUAR

Jetzt wird's bunt im Kochtopf

Polentakugeln auf Rotkohl

600 ml Gemüsebrühe, 150 g Polenta, 600 g Rotkohl, 2 Birnen, 2 Zwiebeln, 20 g Butter, Salz, Kümmel, Johannisbeer-Fruchtaufstrich, 150 g Bergkäse (gerieben), 30 g Quark, 1 Ei, Pfeffer, 100 g Schmand, 50 ml Sahne, 30 g Sonnenblumenkerne

- Gemüsebrühe aufkochen lassen, Polenta unter Rühren einrieseln und 2–3 Min. köcheln lassen. Zugedeckt auf der ausgeschalteten Herdplatte 20 Min. ausquellen lassen.
- Rotkohl putzen, waschen, vierteln, den groben Strunk herausschneiden und Rotkohl sehr fein schneiden bzw. hobeln. Birnen waschen, vierteln, entkernen, grob raspeln. Zwiebeln abziehen und würfeln.
- Butter in einem Topf mit 2 EL Wasser erhitzen, zuerst die Zwiebeln, dann die Birne und den Rotkohl darin andünsten, zugedeckt bei geringer Hitze 10 Min. dünsten. Mit den Gewürzen und dem Fruchtaufstrich abschmecken.
- Käse, Ei, Quark, Salz und Pfeffer unter die Polenta rühren. Backofen auf 180 Grad vorheizen. Rotkohl in eine Auflaufform geben. Mit zwei Teelöffeln kleine Kugeln von der Polenta abstechen und auf dem Rotkohl verteilen. Schmand und Sahne verquirlen, darübergießen und mit Sonnenblumenkernen bestreuen. Ca. 25 Min. überbacken.

Das passt dazu
Feldsalat mit geriebener Petersilienwurzel und Wintervinaigrette (S. 31).

Zeit sparen
Am Morgen: Polenta zubereiten, zugedeckt ohne Hitzezufuhr ausquellen lassen.

Wirsing mit Bulgur und Aprikosen

150 g Bulgur, 500–600 ml Gemüsebrühe, 800 g Wirsing, 1 Gemüsezwiebel, 8 getrocknete Aprikosen, Salz, Pfeffer, frischer Ingwer, Kreuzkümmel, 50 g Mandeln, 100 g Feta

- Bulgur mit der Gemüsebrühe in einem großen Topf zum Kochen bringen. Wirsing putzen, waschen, vierteln, den groben Strunk herausschneiden und Wirsing in feine Streifen schneiden. Zwiebel abziehen, fein würfeln und mit dem Wirsing zu dem Bulgur geben. Zugedeckt bei mittlerer Temperatur ca. 10 Min. garen.
- Aprikosen der Länge nach vierteln und 5 Min. mitgaren, mit den Gewürzen abschmecken. Mandeln trocken in einer Pfanne anrösten, Feta zerbröckeln und kurz vor dem Servieren unter das Gemüse ziehen, sodass der Käse ein wenig schmilzt. Mit den Mandeln garniert servieren.

Das passt dazu
Apfel-Möhren-Sellerie-Frischkost mit Wintervinaigrette (S. 31).

Apfelpfannkuchen aus dem Backofen

1 Grundrezept Pfannkuchenteig (S. 28), Butterschmalz, 600 g Boskoop-Äpfel, Saft von 1 Zitrone, 200 g Quark (20 %), 100 g Mandeln (gerieben), 50 g Rosinen, 50 g Honig oder Zucker, 1 Msp. Vanillepulver, 30 g Butter, 250 ml Milch, 1 Eigelb, 1 EL Honig

- Teig nach Rezept herstellen und die Pfannkuchen in wenig Butterschmalz ausbacken. Äpfel waschen, entkernen, grob raspeln und mit dem Zitronensaft beträufeln. Mit Quark, Mandeln, Rosinen, Honig und Vanillepulver vermengen. Backofen auf 200 Grad vorheizen.
- Pfannkuchen mit der Apfelmasse füllen, aufrollen und nebeneinander in eine gefettete Auflaufform legen. Die Butter zerlassen und die Pfannkuchen damit bestreichen. 20 Min. backen. Milch mit Eigelb und Honig verquirlen und die Pfannkuchen damit übergießen. Weitere 20 Min. bei 180 Grad backen.

Das passt dazu
Eine Gemüsecremesuppe (S. 30) mit Lauch und Petersilienwurzel als Vorspeise.

Zeit sparen
Am Abend vorher: Pfannkuchen zubereiten, gut verpackt im Kühlschrank aufbewahren. Für die Kleinigkeit: ein paar Pfannkuchen mehr zubereiten.

Kleinigkeit
Wraps mit Möhren-Mais-Füllung

2 Möhren fein raspeln, mit 100 g Mais aus dem Glas, 150 g Quark, 50 g Feta, 1 EL Olivenöl, 1 EL Rapsöl, Kräutersalz und Schwarzkümmel verrühren. Pfannkuchen damit bestreichen, aufrollen und servieren.

Kartoffelplätzchen mit Sauerkraut

1 Grundrezept Kartoffelteig herzhaft (S. 28), 2 EL Paniermehl, 2 EL Sesam, Salz, Pfeffer, Olivenöl zum Bestreichen, 1 Apfel, 20 g Butter, 20 g Rosinen, 500 g Sauerkraut, 100 ml Apfelsaft, 1 EL Maismehl, Kümmel, Apfeldicksaft

▌ Backofen auf 200 Grad vorheizen. Kartoffelteig nach Grundrezept herstellen. Paniermehl, Sesam, Salz und Pfeffer in einem Teller vermischen, aus dem Teig kleine Taler formen und in dem Paniermehl-Sesam-Gemisch wenden.

▌ Die Plätzchen auf ein mit Backpapier ausgelegtes Blech setzen und 15 Min. backen, herausnehmen, mit Olivenöl bestreichen oder besprühen und weitere 5 Min. backen. Apfel waschen, vierteln, entkernen, grob raspeln.

▌ Butter mit 2 EL Wasser erhitzen, Apfel und Rosinen darin andünsten, Sauerkraut dazugeben und mit 100 ml Wasser ablöschen. Zugedeckt 10 Min. köcheln lassen. Apfelsaft und Mehl glatt rühren, darunter ziehen, 1-mal aufkochen lassen, mit den Gewürzen und Apfeldicksaft abschmecken.

Das passt dazu
Feldsalat mit Möhrenraspeln und Wintervinaigrette (S. 31).

Zeit sparen
Für den Vorrat: Kartoffelplätzchen schmecken auch kalt mit Kräuterquark oder Ketchup sehr gut.

Steckrüben-Kokos-Suppe mit Hähnchenbrustfilet

1 Apfel, 800 g Steckrüben, 2 – 3 cm frischer Ingwer, 3 Knoblauchzehen, 30 g Butter, 2 TL Curry mild, 1 l Gemüsebrühe, 300 g Hühnerbrustfilet, Butterschmalz zum Braten, Salz, Curry, Zitronensaft und -abrieb, 400 ml Kokosmilch, 40 g Kokoschips, 4 Scheiben Vollkorntoast

▌ Apfel waschen, vierteln, entkernen, grob würfeln. Steckrüben bürsten, putzen, würfeln, 50 g zur Seite legen. Ingwer und Knoblauch schälen, würfeln. Butter in einem großen Topf mit 2 EL Wasser erhitzen, das Curry einrühren, Apfel, Steckrüben, Ingwer und Knoblauch hinzufügen, kurz andünsten, mit der Gemüsebrühe ablöschen und zugedeckt bei kleiner Hitze 10 Min. garen.

▌ Das Fleisch waschen, trockentupfen, säubern, in dünne Streifen schneiden. Butterschmalz in einer Pfanne erhitzen, das Fleisch von allen Seiten darin anbraten und würzen. Kokosmilch zu dem Gemüse geben und pürieren. Kokoschips trocken in einer Pfanne anrösten. Restliche Steckrüben sehr fein würfeln, mit dem Fleisch in die Suppe einrühren und mit Kokoschips dekoriert servieren. Das Brot toasten und dazu reichen.

Das passt dazu
Apfel-Orangen-Salat mit Walnüssen als Nachtisch.

EINKAUFSLISTE

Frisch dazukaufen

- 700 g Sellerie, 1 Avocado, 500 g Wirsing, 800 g Rotkohl, 1 kg Sellerie, 800 g Rote Bete, 1 Gemüsezwiebel
- 5 Zitronen, 3 Äpfel, 1 Birne
- 260 ml Milch, 375 g Quark, 100 g Schmand, 100 ml Sahne, 150 g Bergkäse, 80 g Feta, etwas Butter
- 6 Eier, 4 Fischfilets

Aus dem Vorrat

- 300 g Weizenvollkornmehl, Paniermehl, Weizenvollkorngrieß, Maismehl, Buchweizen
- Sesam, Walnüsse, Mandeln, Rosinen
- Kreuzkümmel, Paprika edelsüß, Zimt, Thymian, Gemüsebrühe
- Balsamessig, Birnendicksaft, grober süßer Senf, Honig
- Olivenöl, Rapsöl, Walnussöl

Mögliche Beilagen

- Feldsalat, Möhren, Blattsalat, Champignons, Kürbis, Knoblauch
- Äpfel
- Vollkornreis
- Lammfilet oder Wild
- Kürbiskernöl
- Orange Salatsauce (S. 31)

WOCHE 3

Würzknolle mit gesunden, ätherischen Ölen

Roher Sellerie, z. B. geraspelt, schmeckt prima mit Äpfeln, Nüssen oder Weintrauben. Als Klassiker gilt der Waldorfsalat, aber auch Bratlinge lassen sich sehr gut aus fein geriebenem Sellerie herstellen. Beim Sellerietaler (S. 53) landet die Knolle beispielsweise scheibenweise in der Pfanne.

Steckbrief Sellerie

Die Legende, dass Sellerie die männliche Liebeskraft stärke, hält sich schon seit Homer's Zeiten. Dennoch hat es die faustgroße 500 g – 1000 g schwere Wurzelknolle in sich. Ihren sehr würzigen Geschmack verdankt sie einem hohen Anteil an ätherischen Ölen, aber auch Mineralstoffe wie Kalium und Kalzium sowie die B-Vitamine sind ausreichend vorhanden. Achten Sie beim Einkauf auf eine straffe Oberfläche der Knolle und dass sie sich fest und kompakt anfühlt. So können Sie den Sellerie eingeschlagen in ein feuchtes Küchenhandtuch oder in einem locker geschlossenen TK-Beutel 2 Wochen im Kühlschrank aufbewahren. Das Blattwerk sollten Sie vorher abschneiden, es eignet sich wunderbar zum Würzen von Suppen, Saucen und Salaten und lässt sich gewaschen, getrocknet und gegart bestens einfrieren.

Sellerietaler mit Avocadoquark

*1 – 2 **Sellerieknollen** (ca. 700 g), **Saft von 1 Zitrone**, **Salz**, 30 g **Weizenvollkornmehl**, 2 **Eier**, **Pfeffer**, 30 – 40 g **Paniermehl**, 30 – 40 g **Sesam**, **Butterschmalz** zum Anbraten, 1 reife **Avocado**, 1 **Apfel**, 200 g **Quark**, **Zitronenabrieb**, **Kreuzkümmel**, **Paprika edelsüß***

▌ Die zarten Blätter des Selleries abschneiden, waschen, trocknen. Sellerie bürsten, putzen und in 1½ cm dicke Scheiben schneiden, in wenig Zitronen-Salz-Wasser 5 Min. bissfest dünsten bzw. dämpfen. Mit einem Schaumlöffel herausnehmen, kalt abbrausen, abtropfen lassen.

▌ 3 Suppenteller bereitstellen, in den 1. das Mehl geben, in den 2. die Eier mit Salz und Pfeffer verquirlen und im 3. Teller Paniermehl mit Sesam vermischen. Selleriescheiben erst in Mehl wenden, dann durch das Ei ziehen und zuletzt im Paniermehl wälzen. Butterschmalz in einer Pfanne erhitzen und die Selleriescheiben darin goldbraun backen.

▌ Avocado entkernen, das Fruchtfleisch herausnehmen. Apfel waschen, vierteln, entkernen und mit Avocado, Quark und mit Salz und den Gewürzen pürieren. Sellerieblätter sehr fein schneiden, unter die Avocadocreme ziehen. Zu den Sellerietalern servieren.

Das passt dazu
Pellkartoffeln und Feldsalat mit Oranger Salatsauce (S. 31) und Möhrenraspeln.

 Zeit sparen

Für übermorgen: Kartoffeln zusätzlich garen, abkühlen lassen, gut verpackt im Kühlschrank aufbewahren.

Wirsing-Möhren-Kuchen vom Blech

*1 Grundrezept **Quark-Öl-Teig** (S. 28), 500 g **Wirsing**, **Salz**, 500 g **Möhren**, 2 EL **Weizenvollkorngrieß** oder **Polenta**, 3 **Eier**, 100 g **Schmand**, 100 g **Sahne**, **Pfeffer**, **Curry mild**, 150 g **Bergkäse** (gerieben)*

▌ Quark-Öl-Teig nach Grundrezept herstellen. Wirsing putzen, waschen, vierteln, den groben Strunk herausschneiden. Wirsing in feine Streifen schneiden, in wenig Salzwasser 2 Min. dünsten bzw. dämpfen.

▌ Möhren bürsten, putzen, grob raspeln und 1 Min. mit dem Wirsing zusammen garen. Das Gemüse mit einem Schaumlöffel herausnehmen, abbrausen und abtropfen lassen. Das Gemüsewasser aufbewahren (siehe Zeit sparen).

▌ Backofen auf 180 Grad vorheizen. Teig auf einem mit Backpapier ausgelegten Backblech ausrollen, mit Grieß bestreuen. Eier, Schmand, Sahne und die Gewürze verquirlen. Das Gemüse auf dem Teig verteilen, den Eierguss angießen und den Käse darüberstreuen. Ca. 30 Min. goldbraun backen.

Das passt dazu
Blattsalat mit frischen Champignons und Oranger Salatsauce (S. 31).

 Zeit sparen

Für den Vorrat: Mit dem Gemüsewasser eine Gemüsecremesuppe nach Grundrezept (S. 30) herstellen und evtl. einfrieren.

Rotkohl mit Rosinen und Walnüssen

*50 g **Rosinen**, 3 EL **Balsamessig**, 50 g **Walnüsse**, 1 **Birne**, 1 EL **Rapsöl**, 800 g **Rotkohl**, 3 EL **Walnussöl**, **Saft von 1 Zitrone**, 2 EL **Birnendicksaft**, **Salz**, **Zimt***

▌ Rosinen in Essig und 100 ml Wasser einweichen. Backofen auf 180 Grad vorheizen. Walnusshälften 6 Min. im Backofen anrösten. Birne waschen, vierteln, entkernen, würfeln.

▌ Die äußeren Blätter des Rotkohls entfernen, Rotkohl vierteln, den groben Strunk herausschneiden. Rotkohl sehr fein hobeln oder schneiden. Rapsöl in einem Topf mit 1 EL Wasser erhitzen, die Birne darin anschwitzen, Rotkohl dazugeben, unter ständigem Rühren 5 Min. dünsten. Mit den Rosinen und dem Essigwasser ablöschen.

▌ In einer großen Schüssel Walnussöl, Zitronensaft, Birnendicksaft und die Gewürze verrühren, Rotkohl und die Walnüsse darin vermischen und 10 Min. zugedeckt ziehen lassen.

Das passt dazu
Bratkartoffeln und kurz gebratenes rotes Fleisch, z. B. Lammfilet oder Wild.

Selleriegemüse in Zitronen-Senf-Sauce mit gebratenem Fischfilet

1 kg Sellerie, Saft von 1 – 2 Zitronen, Salz, 1 Grundrezept Béchamelsauce (S. 30), 2 EL grober süßer Senf, Pfeffer, Zitronenabrieb, 4 Fischfilets, 1 – 2 EL Weizenvollkornmehl oder Weizenmehl (Type 1050), Butterschmalz zum Braten

▪ Sellerie bürsten, putzen, evtl. schälen, in 5 cm lange Stifte schneiden, in wenig Zitronen-Salz-Wasser 8 Min. bissfest dünsten, mit einem Schaumlöffel herausnehmen, abbrausen, abtropfen lassen.

▪ Aus dem Gemüsewasser eine Béchamelsauce nach Grundrezept herstellen, Senf einrühren und mit Pfeffer, Salz und Zitronenabrieb abschmecken.

▪ Selleriestifte unterheben und 5 Min. ziehen lassen. Fischfilets waschen, trockentupfen, säubern. Mehl mit Salz vermischen, das Fischfilet darin wenden. Butterschmalz in einer Pfanne erhitzen und die Fischfilets darin goldbraun braten, zu dem Selleriegemüse servieren.

Das passt dazu:

Vollkornreis und Möhren-Apfel-Frischkost mit Oranger Salatsauce (S. 31).

Zeit sparen

Am Morgen: Reis 20 Min. kochen, zugedeckt ohne Hitzezufuhr ausquellen lassen. Für Kleinigkeit: 100 g Reis zusätzlich garen.

Rote Bete mit Mandelkruste

800 g Rote Bete, 2 Äpfel, 1 Gemüsezwiebel, 20 g Butter, 2 EL Honig, 150 ml Gemüsebrühe, Salz, Thymian, 60 g Mandeln, 60 g Buchweizen, 80 g Feta

▪ Rote Bete bürsten, putzen, würfeln. Äpfel waschen, vierteln, entkernen, würfeln. Zwiebel abziehen, fein würfeln. Butter mit 1 EL Wasser erhitzen, Rote Bete, Äpfel und Zwiebeln darin anschwitzen, Honig hinzufügen und das Gemüse leicht karamellisieren.

▪ Gemüsebrühe angießen und bei kleiner Hitze zugedeckt 10 Min. bissfest garen, mit den Gewürzen abschmecken. Backofen auf 200 Grad vorheizen. Mandeln grob hacken, mit dem Buchweizen trocken in einer Pfanne anrösten.

▪ Feta würfeln. Das Gemüse in eine Auflaufform füllen, mit Mandeln, Buchweizen und Feta bestreuen und 10 Min. überbacken.

Das passt dazu

Pellkartoffeln und Kürbisfrischkost mit Wintervinaigrette (S. 31) mit Kürbiskernöl.

Kleinigkeit
Reissalat mit Blauschimmelkäse und Walnüssen

1 Apfel, 200 g Sellerie grob raspeln, mit dem gekochten Reis vermischen, mit 1 EL Rapsöl, 1 EL Walnussöl, 100 ml Gemüsebrühe, Zitronensaft, Salz und Curry abschmecken und mit 50 g gewürfeltem Blauschimmelkäse und Walnusshälften bestreuen.

Bärlauch, das erste Futter für Bären nach dem Winterschlaf

Bärlauch, verwandt mit Schnittlauch, Zwiebeln und Knoblauch, wächst wild von Anfang Februar bis Mitte März in schattigen Auen und Auwäldern auf durchgängig feuchten Lehmböden. Tipp zum Selberpflücken: Bärlauchblätter sehen den giftigen Blättern der Maiglöckchen sehr ähnlich, daher sollten Sie das Blatt zwischen den Fingern zerreiben, der knoblauchartige Geruch ist dann eindeutig. Bärlauchblätter lassen sich im Gegensatz zu Maiglöckchenblättern einzeln aus dem Boden ziehen.

Die Pflanze ist komplett essbar. Blüht er, gelten die Blätter als weniger heilsam, wohl aber die Blüten. Durch Hitzeeinwirkung verliert der Bärlauch seinen typischen Geschmack, die Heilwirkung und einen großen Teil des Vitamin C. Erhitzen Sie, wenn überhaupt, den Bärlauch nur kurz. Er lässt sich gewaschen, geputzt, gut getrocknet und geschnitten in TK-Tüten einfrieren oder mit Öl und etwas Salz verrührt in einem Schraubglas, reichlich bedeckt mit Olivenöl, kühl aufbewahren.

Bärlauchspaghetti

400 – 500 g Vollkornspaghetti, 200 g Bärlauch, 1 Chilischote mild, 100 ml Olivenöl, Salz, 80 g Parmesan

■ Spaghetti nach Packungsanweisung zubereiten. Bärlauch waschen, trocknen, in Streifen schneiden, Chilischote fein würfeln. Öl in einer Pfanne mit Bärlauch und Chili ganz leicht und kurz erhitzen, gelegentlich rühren, mit Salz abschmecken. Spaghetti tropfnass mit dem Bärlauchöl mischen und mit Parmesan bestreut servieren.

Kartoffelsalat mit Bärlauch

1 kg Kartoffeln, 150 ml Gemüsebrühe, 3 EL Olivenöl, 2 EL weißer Balsamessig, 1 TL Dijon-Senf, Salz, Pfeffer, 2 Bund Radieschen, 2 Bund Bärlauch

■ Kartoffeln bürsten, in wenig Wasser dünsten bzw. dämpfen. Kalt abbrausen, pellen und in dünne Scheiben schneiden. Gemüsebrühe mit Olivenöl, Balsamessig, Senf und den Gewürzen gut verquirlen.
■ Radieschen waschen, putzen, in feine Scheiben schneiden. Bärlauch waschen, putzen, trocknen, in 2 – 3 cm breite Streifen schneiden. Alle Zutaten miteinander vermischen, ½ Stunde durchziehen lassen und nochmals abschmecken.

Gefüllte Bärlauchbacklinge mit Möhrensauce

1 Grundrezept Kartoffelteig herzhaft (S. 30), 2 Bund Bärlauch, ca. 100 g Feta, 1 Grundrezept Gemüsesauce mit Möhren (S. 30), 2 EL Olivenöl

■ Kartoffelteig nach Grundrezept herstellen. Bärlauch waschen, trocknen, die groben Stiele herausschneiden und in feine Streifen schneiden, unter den Kartoffelteig kneten. Backofen auf 200 Grad vorheizen. Feta in Würfel schneiden.
■ Aus dem Teig 4 cm große Kugeln formen, mit 1 Würfel Feta füllen und auf ein mit Backpapier ausgelegtes Backblech setzen. 20 Min. goldbraun backen. Die Backlinge herausnehmen, mit Olivenöl bestreichen und weitere 5 Min. backen. Gemüsesauce nach Grundrezept herstellen und dazu servieren.

FEBRUAR

WOCHE

Frisch dazukaufen

- 200 g Möhren, 1 Avocado,
  1 kg Wirsing, 800 g Rotkohl,
  2 Gemüsezwiebeln, 200 g Pastinaken, 200 g Sellerie, 200 g Möhren, 300 g Petersilienwurzeln,
  350 g Topinambur
- 1 Bund glatte Petersilie,
- 3 Zitronen, 1 Apfel, 5 cm Ingwer
- 200 ml Milch, 300 g Quark,
  100 g Joghurt, 30 ml Sahne,
  250 g Ricotta, 180 g Parmesan, Hefe
- 7 Eier

Aus dem Vorrat

- 350 g Weizenvollkornmehl,
  250 g Vollkornrundkornreis,
  200 g rote Linsen, Paniermehl
- Zwiebeln, Knoblauch
- Pinienkerne, Walnüsse
- Thymian, Oregano, Basilikum, Pap-
  rika edelsüß, Kreuzkümmel, Nelke,
  Chilischote mild, Gemüsebrühe
- Tomatenmark, Balsamessig
- Honig
- Olivenöl, Walnussöl

Mögliche Beilagen

- Blattspinat, Feldsalat, Champi-
  gnons, Avocado, Lauch, Möhren,
  Fenchel, Tiefkühlerbsen, Kartoffeln
- Obst
- Bulgur
- Putenfilet, Sojasauce

Avocado-Fettsäuren sind gut fürs Denken

Die Mexikaner bereiten traditionell Avocados als Guacamole zu, die als Dip mit kleingewürfelten Tomaten und frischem Koriander zu vielen Gerichten serviert wird. In Brasilien isst man Avocado mit Limettensaft und Zucker vermengt als erfrischendes Dessert.

Steckbrief Avocado

Avocado, das fetthaltigste Obst auf dem Markt, wird zu Recht die „Butter des Waldes" genannt. Je nach Sorte hat die 200 – 400 g schwere birnenförmige Frucht eine glatte oder raue Schale, eine grüne, oder blauviolette bis braune Farbe. Das Fruchtfleisch ist hellgrün bis gelblich und schmeckt mild bis leicht nussig. Der hohe Gehalt an einfach ungesättigten Fettsäuren verleiht der aus Israel, Südamerika oder Südafrika importierten Frucht eine gut sättigende Eigenschaft bei hoher Bekömmlichkeit. Zudem ist sie reich an Vitamin E und Kalium. In Zeitungspapier gewickelt und bei Zimmertemperatur gelagert reift die meist hart und somit unreif gekaufte Avocado innerhalb von 2 – 3 Tagen. Kühl und unverpackt dauert es bis zu 5 – 6 Tage. Mit Zitronensaft püriert lassen sich Avocados problemlos einfrieren.

Rote Linsen mit Möhren und Avocadoquark

1 Zwiebel, 2 Knoblauchzehen, 200 g Möhren, 2 EL Olivenöl, jeweils ½ TL Thymian, Oregano, Basilikum, 200 g rote Linsen, 800 ml Gemüsebrühe, 2 EL Tomatenmark, Salz, Pfeffer, 1 Ei, 1 Eigelb, 1 – 2 EL Paniermehl, Butterschmalz für die Form, 1 reife Avocado, 200 g Magerquark, Kräutersalz, Zitronensaft, etwas Petersilie

▪ Zwiebel und Knoblauch abziehen, Möhren unter fließendem Wasser bürsten, alles fein würfeln. Olivenöl mit 2 EL Wasser in einem großen Topf erhitzen, das Gemüse darin anbraten, die Gewürze dazugeben und 1 – 2 Min. mitbraten. Linsen, Gemüsebrühe und Tomatenmark hinzufügen und unter gelegentlichem Rühren 10 Min. köcheln lassen.

▪ Überschüssige Flüssigkeit abnehmen. Backofen auf 200 Grad vorheizen. Die Linsen pürieren, mit Salz und Pfeffer abschmecken, die Eier unterziehen. Ist der Teig zu weich, noch etwas Paniermehl hinzufügen. Die Masse in eine gefettete längliche Auflaufform füllen und 40 Min. backen. Avocado mit Quark, Salz, Zitronensaft und Petersilie pürieren und zu den Linsen servieren.

Das passt dazu
Pellkartoffeln, Spinatsalat mit Wintervinaigrette (S. 31).

Zeit sparen
Für morgen: Kartoffeln zusätzlich garen, abkühlen lassen, gut verpackt im Kühlschrank aufbewahren. Für die **Kleinigkeit**: 1 Rezept Avocadoquark zusätzlich zubereiten.

Wirsing mit Olivenöl und Pinienkernen

1 kg Wirsing, Salz, 5 EL Olivenöl, 1 TL Paprika edelsüß, ½ TL Zitronenabrieb, Pfeffer, 50 g Pinienkerne

▪ Die äußeren Blätter vom Wirsing entfernen, den Wirsing waschen, achteln, den groben Strunk herausschneiden. Wenig Wasser mit Salz in einem flachen breiten Topf zum Kochen bringen, den Wirsing 3 – 4 Min. darin dünsten, mit einem Schaumlöffel herausnehmen, kalt abbrausen, abtropfen und in eine flache Auflaufform setzen.

▪ Backofen auf 180 Grad vorheizen. Öl, Paprika, Zitronenabrieb, Salz und Pfeffer gut verrühren und die Wirsingscheiben damit beträufeln. 10 Min. im Backofen backen. Pinienkerne in einer Pfanne trocken anrösten und über den Wirsing streuen.

Das passt dazu
Kartoffelpüree und Feldsalat mit Champignons und Avocado mit Wintervinaigrette (S. 31).

Rotkohl mit Knoblauch und Ingwer

800 g Rotkohl, 2 Gemüsezwiebeln, 5 Knoblauchzehen, 2 EL Olivenöl, 75 ml Balsamessig, 2 EL Honig, 5 cm frischer Ingwer, Salz, Chili, Kreuzkümmel, Nelke

▪ Die äußeren Blätter des Rotkohls entfernen, Rotkohl vierteln, den groben Strunk herausschneiden und Rotkohl in dünne Streifen schneiden. Zwiebeln abziehen, würfeln, Knoblauchzehen abziehen und der Länge nach halbieren.

▪ Öl in einem Topf mit 2 EL Wasser erhitzen. Rotkohl, Zwiebeln und Knoblauch darin andünsten. Mit Essig und 50 ml Wasser ablöschen. Ingwer schälen, würfeln und mit dem Honig und den Gewürzen zu dem Rotkohl geben. Zugedeckt bei kleiner Hitze etwa 30 Min. köcheln lassen, gelegentlich umrühren, evtl. Wasser hinzufügen.

Das passt dazu
Putenfilet mit Sojasauce und Bulgur, Obstsalat zum Nachtisch.

Zeit sparen
Am Morgen: Bulgur 5 – 10 Min. garen, zugedeckt ausquellen lassen. Für morgen: Bulgur zusätzlich garen.

Kleinigkeit
Chicoréeschiffchen mit Avocadoquark

1 Orange filetieren. Avocadoquark mit Curry und Kreuzkümmel abschmecken, Chicoréeblätter damit locker füllen, mit Orangenfilets dekorieren und mit geröstetem Sesam sowie grobem Pfeffer bestreuen. Dazu passt Schwarzbrot.

FEBRUAR

Gemüsebratlinge mit Ricotta

150 g Weizenvollkornmehl oder Weizenmehl Type 1050, 3 Eier, 30 ml Sahne, 200 g Pastinaken, 200 g Sellerie, 200 g Möhren, 80 g Parmesan (gerieben), Salz, Pfeffer, Thymian, Butterschmalz zum Ausbacken, 250 g Ricotta, gesalzen

▪ Mehl, Eier und Sahne glatt rühren. Pastinaken, Sellerie und Möhren bürsten, putzen und sehr fein raspeln, mit dem Käse und den Gewürzen unter die Eiermasse ziehen.

▪ Butterschmalz in einer Pfanne erhitzen, portionsweise jeweils 2 EL Teig in die Pfanne geben, flach drücken und von beiden Seiten 3 – 4 Min. goldgelb ausbacken. Ricotta in Scheiben schneiden und jeweils 1 Scheibe zwischen 2 Gemüsebratlinge geben und servieren.

Das passt dazu

Bulgur mit Tiefkühlerbsen und Feldsalat mit Walnüssen und Wintervinaigrette (S. 31).

Risotto mit Petersilie

1 Zwiebel, 300 g Petersilienwurzeln, 2 EL Olivenöl, 250 g Vollkornrundkornreis oder Risottoreis, ca. 1 l heißes Wasser, 1 Bund glatte Petersilie, 100 g Parmesan (gerieben), Salz, Pfeffer, Zitronensaft und Zitronenabrieb, 1 – 2 EL Olivenöl

▪ Zwiebel abziehen, Petersilienwurzeln waschen, putzen und beides sehr fein würfeln. Olivenöl mit 2 EL Wasser in einem großen hohen Topf erhitzen, Zwiebel und Petersilienwurzel darin andünsten. Reis dazugeben und 1 – 2 Min. wenden, bis die Reiskörner mit dem Öl überzogen sind.

▪ Ca. 2 Suppenkellen heißes Wasser zum Reis geben, umrühren und warten, bis das Wasser ganz aufgenommen ist. Diesen Vorgang mehrere Male wiederholen, bis der Reis gar und cremig ist. Petersilie waschen, trocknen, zupfen und mit dem Parmesan unter den Reis ziehen. Mit den Gewürzen abschmecken und mit Olivenöl beträufelt servieren.

Das passt dazu

Lauchgemüse und Möhrenfrischkost mit Wintervinaigrette (S. 31).

Zeit sparen

Für morgen: Möhren mit raspeln, etwas Öl untermischen, gut abgedeckt im Kühlschrank aufbewahren.

Hefeteigwaffeln mit Topinambur und Apfel-Walnuss-Dip

½ Würfel Hefe, ca. 200 ml Milch, 2 Eier, 200 g Weizenvollkornmehl oder Weizenmehl Type 1050, Salz, Thymian, 350 g Topinambur, Butterschmalz für das Waffeleisen, 1 Apfel, 100 g Quark, 100 g Joghurt, 1 EL Walnussöl, Pfeffer, Zitronenabrieb, 20 g Walnüsse

▪ Hefe in der Milch auflösen, Eier, Mehl, ½ TL Salz und etwas Thymian mit einem Löffel unterrühren, 30 Min. gehen lassen. Topinambur bürsten, sehr fein raspeln und direkt unter den Teig kneten. Backofen auf 60 Grad vorheizen.

▪ Waffeln im Waffeleisen backen und im Backofen warm halten. Apfel waschen, vierteln, entkernen, mit Quark, Joghurt, Öl und Salz, Pfeffer und Zitronenabrieb pürieren, Walnüsse hacken und unterziehen. Apfel-Walnuss-Dip zu den Waffeln servieren.

Das passt dazu

Fenchel-Möhren-Frischkost mit Wintervinaigrette (S. 31).

EINKAUFSLISTE

Frisch dazukaufen

- 800 g Champignons, 600 g Lauch, 600 g Wirsing, 600 g Sellerie, 300 g Möhren, 1 Avocado, 200 g Feldsalat
- 2 Bund Sauerampfer
- 4 Zitronen, 1 Apfel
- 200 ml Milch, 200 g Schmand, 100 ml Sahne, 150 g saure Sahne, 50 g Bergkäse, 100 g Feta, 60 g Parmesan, 150 g Mozzarella
- 6 getrocknete Tomaten
- 4 Eier, 3 Scheiben Parmaschinken, 600 g Fischfilet

Aus dem Vorrat

- Maismehl, 400 – 500 g Vollkornfarfalle, Weizenvollkornmehl, 200 g Puy-Linsen, Paniermehl
- Kartoffeln, Zwiebeln, Knoblauch
- Walnüsse
- Lorbeerblatt, Kreuzkümmel, Thymian, Gemüsebrühe, Curry
- Balsamessig, Olivenöl, Walnussöl

Mögliche Beilagen

- Blattspinat, Chicorée, Möhren, Kartoffeln
- Äpfel
- Hähnchenbrustfilet
- Orange Salatsauce (S. 31), Wintervinaigrette (S. 31)

WOCHE 7

Füllen Sie jetzt Ihre Eisen-Speicher auf

Der erste Vorbote des Frühlings wächst jetzt überall, Sie müssen ihn nur pflücken. Sauerampfer finden Sie von März bis Anfang Juni auf natürlichen, feuchten Wiesen und am Wegesrand bzw. Waldrand. Sie können ihn auch selbst züchten: auf dem Balkon oder im Garten.

Steckbrief Sauerampfer

Sauerampfer enthält sehr viel Eisen, Vitamin C und Provitamin A, aber auch sehr viel Oxalsäure, diese bildet mit Kalzium ein Oxalat. Bei einem sehr hohen Konsum und entsprechender Veranlagung könnte es zu Nierensteinen oder Kalziummangelerscheinungen kommen. Sauerampfer, von den alten Römern schon als Magenbitter „nach reichhaltigen Mahlzeiten" geschätzt, hat sich in der modernen Küche sowohl als Wildgemüse als auch als Kraut wie beispielsweise in der grünen Frankfurter Sauce seinen Platz erobert. Trocken getupft hält sich der Sauerampfer in einem Tiefkühlbeutel oder einer Kunststoffdose 2 – 3 Tage.

Kartoffel-Sauerampfer-Soufflé auf Champignons

500 g Kartoffeln, 2 EL Maismehl, ca. 200 ml Milch, Salz, Muskat, Pfeffer, 50 g Bergkäse (gerieben), 4 Eier, 1 Bund Sauerampfer, 400 g Champignons, 1 Zwiebel, 30 g Butter, Kräutersalz, Butterschmalz für die Form, 3 – 4 EL Paniermehl

■ Kartoffeln bürsten, in der Schale 25 Min. kochen oder dämpfen. Kartoffeln pellen und durch eine Presse drücken bzw. stampfen. Mehl mit der Milch glatt rühren und unter Rühren ca. 2 Min. köcheln lassen, würzen und den Käse einrühren.

■ Eier trennen, das Eigelb in die Milch einrühren, das Eiweiß kalt stellen. Kartoffeln mit der Milch-Eier-Masse verrühren. Sauerampfer waschen, gut trocknen, putzen, in Streifen schneiden, unter die Kartoffelmasse ziehen.

■ Champignons mit Küchenkrepp abreiben, evtl. halbieren. Zwiebel abziehen, würfeln. 10 g Butter mit 1 EL Wasser erhitzen, die Zwiebel darin 2 Min. dünsten, Champignons hinzufügen, weitere 2 Min. dünsten. Mit Kräutersalz abschmecken. Backofen auf 175 Grad vorheizen.

■ Eine Auflaufform einfetten, mit 1 EL Paniermehl ausstreuen, die Champignons hineinfüllen, mit 1 EL Paniermehl bestreuen. Eiweiß zu halb steifem Schnee schlagen und unter die Kartoffelmasse heben, dann auf die Champignons streichen. Die Kartoffelmasse mit 1 – 2 EL Paniermehl bestreuen, Butterflöckchen daraufsetzen und 45 Min. backen. Sofort servieren.

Das passt dazu
Spinatsalat mit Oranger Salatsauce (S. 31).

Zeit sparen
Am Abend vorher: Kartoffeln garen, pellen, abkühlen, gut verpackt im Kühlschrank aufbewahren.

Linsenauflauf mit Lauch

200 g Puy-Linsen, 1 Lorbeerblatt, ½ TL Kreuzkümmel, 600 g Lauch, 1 EL Olivenöl, Salz, Pfeffer, 2 EL Olivenöl, 2 EL Balsamessig, 6 getrocknete Tomaten, 200 g Schmand, 100 g Feta, 2 EL Paniermehl

■ Linsen, Lorbeerblatt und Kreuzkümmel mit 800 ml Wasser aufsetzen, 30 Min. köcheln lassen, 10 Min. ausquellen lassen, dann das Lorbeerblatt entfernen. Lauch waschen, putzen, in Ringe schneiden. Öl mit 1 EL Wasser erhitzen, den Lauch darin 5 Min. dünsten und mit den Gewürzen abschmecken.

■ Backofen auf 180 Grad vorheizen. Linsen, Lauch, Olivenöl und Essig verrühren. Tomaten in Streifen schneiden, unterziehen und in eine Auflaufform geben. Feta mit einer Gabel zerdrücken, mit Schmand und Paniermehl vermischen und über den Linsen verteilen, 15 Min. überbacken.

Das passt dazu
Chicoréesalat mit Äpfeln und Oranger Salatsauce (S. 31).

Zeit sparen
Am Morgen: Linsen 20 Min. garen, zugedeckt ohne Hitzezufuhr ausquellen lassen. Für die Kleinigkeit: 50 g Linsen zusätzlich garen.

Kleinigkeit
Linsenaufstrich

Gekochte Linsen mit 20 g gerösteten Sonnenblumenkernen, 1 Apfel, 50 g Quark pürieren und mit Sojasauce, Curry und Knoblauch abschmecken.

Farfalle mit Wirsing und Parmaschinken

400 – 500 g Vollkornfarfalle, 600 g Wirsing, 2 EL Olivenöl, 100 ml Gemüsebrühe, Salz, Pfeffer, Thymian, Zitronensaft, 60 g Parmesan, 150 g Mozzarella, 2 Knoblauchzehen, 1 – 2 EL Olivenöl, 3 Scheiben Parmaschinken

▪ Farfalle nach Packungsanweisung garen. Die äußeren Blätter des Wirsings entfernen, den Wirsing vierteln, den groben Strunk herausschneiden und die Blätter in feine Streifen schneiden. Öl mit 2 EL Wasser in einer großen, hohen Pfanne erhitzen, den Wirsing darin anschwitzen, mit der Gemüsebrühe ablöschen und 2 Min. bissfest dünsten. Mit den Gewürzen und etwas Zitronensaft abschmecken.

▪ Parmesan und Mozzarella grob reiben, Knoblauch abziehen, in sehr feine Scheiben schneiden. Die Nudeln zu dem Wirsing geben, mit Käse und Knoblauch bestreuen, mit Olivenöl beträufeln und 1 – 2 Min. ohne Hitzezufuhr ziehen lassen. Parmaschinken in mundgerechte Stücke reißen und die Farfalle damit dekorieren.

Das passt dazu
Möhrenfrischkost mit Wintervinaigrette (S. 31).

Zeit sparen
Für morgen: Möhren mit raspeln, etwas Öl untermischen, gut abgedeckt im Kühlschrank aufbewahren.

Fischauflauf mit Sauerampfer

600 g Fischfilet, 1 EL Zitronensaft, 1 – 2 EL Weizenvollkornmehl oder Weizenmehl Type 1050, Salz, Pfeffer, 400 g Champignons, 2 Zwiebeln, 1 Bund Sauerampfer (100 g), Kräutersalz, 100 ml Sahne, 20 g Butter

▪ Fischfilet waschen, trockentupfen, säubern, mit Zitronensaft beträufeln. Mehl mit Salz und Pfeffer mischen und das Fischfilet darin wenden. Backofen auf 180 Grad vorheizen. Champignons trocken mit Küchenkrepp abreiben, putzen, in dünne Scheiben schneiden.

▪ Zwiebeln abziehen, halbieren und in sehr feine Scheiben schneiden. Sauerampfer waschen, trocknen, grob schneiden. Champignons, Zwiebeln und Sauerampfer vermischen, mit Kräutersalz würzen und in eine Auflaufform geben, die Sahne angießen. Fischfilet darüberlegen. Butterflöckchen darauf verteilen und 20 Min. backen.

Das passt dazu
Kartoffelpüree und Möhrenfrischkost.

Zeit sparen
Für morgen: Kartoffeln zusätzlich garen, abkühlen, gut abgedeckt im Kühlschrank aufbewahren.

Selleriesalat mit Avocadodressing

600 g Sellerie, Saft von 1 – 2 Zitronen, Salz, 300 g Möhren, 1 reife Avocado, 1 Apfel, 150 g saure Sahne, 2 EL Walnussöl, Salz, Curry, Zitronenabrieb, 200 g Feldsalat, 40 g Walnüsse

▪ Sellerie bürsten, putzen, evtl. schälen, in 4 cm lange dünne Stifte schneiden, in wenig Zitronen-Salz-Wasser 2 Min. bissfest dünsten, mit einem Schaumlöffel herausnehmen, abbrausen, abtropfen lassen. Gemüsewasser aufbewahren.

▪ Möhren bürsten, putzen, grob raspeln, mit dem Sellerie vermischen. Avocado halbieren, das Fruchtfleisch herauslösen. Apfel waschen, vierteln, entkernen, beides mit saurer Sahne, dem Öl und den Gewürzen sowie Zitronenabrieb pürieren. So viel Gemüsewasser dazugeben, bis eine cremige Konsistenz entsteht.

▪ Feldsalat waschen, trocknen, putzen, die Feldsalatsträußchen auf einer Platte verteilen, das Gemüse mittig aufsetzen und das Avocadodressing angießen. Walnüsse hacken und darüberstreuen.

Das passt dazu
Hähnchenbrustfilet und Sesamkartoffeln, Kartoffeln vom Vortag der Länge nach vierteln, mit 1 EL Olivenöl und 2 EL Sesam vermischen, auf einem Blech verteilen, bei 200 Grad im Backofen backen.

EINKAUFSLISTE

Frisch dazukaufen

- 200 g Austernpilze, 200 g Champignons, 200 g Shiitake-Pilze, 200 g Blattspinat, 800 g Lauch, 750 g Wirsing, 1 Gemüsezwiebel, 600 g Weißkohl, 500 g Sellerie
- 1 Bund Petersilie
- 1 Zitrone
- 300 ml Milch, 300 ml Sahne, 80 g Parmesan, 150 g Bergkäse, 150 g Frischkäse, 90 g Butter
- 8 getrocknete Tomaten
- 5 Eier, 200 g Rindertartar

Aus dem Vorrat

- 150 g Hartweizengrieß, 200 g Bulgur, 100 g Maismehl, 180 g Grünkern
- Kartoffeln, Zwiebeln, Knoblauch
- Thymian, Rosmarin, Curry, Paprika edelsüß, Oregano, Kreuzkümmel, Muskat, Gemüsebrühe
- Olivenöl

Mögliche Beilagen

- Kohlrabi, Radieschen, Möhren, Sellerie, Endiviensalat
- Obst, Äpfel
- Joghurt, Fischfilet, Roggenbrot
- Walnüsse
- Weiße Salatsauce (S. 31), Wintervinaigrette (S. 31)

WOCHE 2

Pflanzliches Vitamin D für starke Knochen

Für die wasserscheuen Vertreter der Pilzfamilie gilt: nicht waschen! Sie saugen sich sonst mit Wasser voll und werden dadurch beim Dünsten zäh. Einfaches Abreiben mit einem Küchenkrepp reicht völlig aus. Es gibt auch sogenannte Pilzbürsten, mit denen man die Hüte schonend säubern kann.

Steckbrief Champignons

Pilze sind eine eigene botanische Gruppe, sie gehören nicht zum Gemüse. Champignons, die hierzulande am häufigsten angebauten Zuchtpilze, gibt es in Weiß mit einem milden Aroma, in Braun bis braunrosa mit einem kräftigeren Aroma (dann auch Crème-Champignons genannt) und als Riesenchampignons mit einem Durchmesser von 10 cm. Champignons liefern sehr wertvolle essenzielle Aminosäuren und das bei den Pflanzen sehr selten vorkommende Vitamin D. Frische Pilze erkennen Sie daran, dass Hut, Lamellen und Stiel fest sind und der Hut weder Druckstellen noch Flecken hat oder an den Rändern ausgefranst ist. In Papier verpackt halten sich Pilze dann etwa 3 Tage im Kühlschrank. Sie können Champignons roh einfrieren und dann gefroren weiterverarbeiten.

Sahniger Lauch-Hack-fleisch-Eintopf

4 Stangen Lauch (ca. 800 g), Butterschmalz zum Anbraten, 200 g Rindertartar, 1 l Gemüsebrühe, 200 ml Sahne, 150 g Frischkäse, Salz, Pfeffer, Curry oder Paprika edelsüß, 2 – 3 EL Petersilie (gehackt)

■ Lauch waschen, putzen und in sehr feine Ringe schneiden. Butterschmalz in einem großen Topf erhitzen, das Fleisch darin anbraten, sodass es etwas braun wird.

■ Lauch und Gemüsebrühe hinzufügen, 10 Min. köcheln lassen. Sahne und Frischkäse unter Rühren dazugeben und den Eintopf kräftig abschmecken. Zum Schluss die Petersilie unterziehen und servieren.

Das passt dazu
Kräftiges Roggenbrot und ein Obstteller zum Nachtisch.

Zeit sparen
Am Abend vorher: Lauch waschen, putzen, in einer Dose bzw. Tüte kühl aufbewahren.

Pilze mit selbst gemachten Gnocchi

1 Grundrezept Kartoffelteig (S. 28), etwas Hartweizengrieß, 200 g Austernpilze, 200 g Champignons, 200 g Shiitake-Pilze oder Kräuterseitlinge, 1 Zwiebel, 2 Knoblauchzehen, 2 EL Olivenöl, 200 g frischer Blattspinat oder Tiefkühlware, Salz, Pfeffer, Thymian oder Rosmarin, 80 g Parmesan (gerieben)

■ Kartoffelteig nach Rezept herstellen und ½ Stunde quellen lassen. Evtl. noch etwas Wasser oder Grieß dazugeben. Aus dem Teig Rollen (Ø 2 cm) formen, 2 cm lange Stücke abschneiden und mit einer Gabel flach drücken.

■ Reichlich Wasser zum Kochen bringen, Hitze etwas reduzieren. Gnocchi portionsweise in das leicht köchelnde Wasser geben. Sobald sie oben schwimmen, mit einem Schaumlöffel herausnehmen, abtropfen lassen und warm halten.

■ Pilze mit Küchenkrepp abreiben und in Stücke schneiden. Zwiebel und Knoblauch abziehen und fein würfeln. Öl mit 2 EL Wasser in einer Pfanne erhitzen, Zwiebel und Knoblauch darin anschwitzen, Pilze dazugeben und einige Min. unter Wenden braten.

■ Spinat waschen, die groben Stiele entfernen. Spinat in Streifen schneiden, zu den Pilzen geben, 3 Min. garen. Gnocchi dazugeben, abschmecken und mit Parmesan bestreuen.

Das passt dazu:
Kohlrabi-Radieschen-Frischkost mit Weißer Salatsauce (S. 31).

Zeit sparen
Am Abend vorher: Gnocchi zubereiten, gut verpackt kühl aufbewahren.

Wirsingfrittata mit Bulgur

750 g Wirsing, Salz, 1 TL gekörnte Brühe, 200 g Bulgur, 1 Gemüsezwiebel, 1 EL Olivenöl, 120 ml Milch, 4 Eier, 100 g Maismehl, 150 g Bergkäse (gerieben), Pfeffer, Oregano, 5 getrocknete Tomaten, 20 g Butter

■ Wirsing waschen, putzen, vierteln, den groben Strunk herausschneiden. Wirsing in feine Streifen schneiden und in wenig Salzwasser 1 Min. dünsten, mit einem Schaumlöffel herausnehmen, abbrausen und abtropfen lassen.

■ Gemüsewasser mit Wasser auf etwa 350 ml auffüllen, gekörnte Brühe und Bulgur hinzufügen und nach Packungsanweisung garen. Zwiebel abziehen, sehr fein würfeln. In einer großen, hohen Pfanne Öl mit 1 EL Wasser erhitzen, Zwiebel darin andünsten.

■ Milch, Eier, Mehl, Käse und Salz, Pfeffer und Oregano verrühren. Tomaten in Streifen schneiden. Zuerst den Wirsing, dann die Tomaten und zuletzt die Eiermasse auf die Zwiebeln in die Pfanne geben. Bei sehr geringer Hitze 10 – 15 Min. stocken lassen. Butter unter den Bulgur rühren und als Beilage zu der Frittata servieren.

Das passt dazu
Möhren-Sellerie-Apfel-Frischkost mit Weißer Salatsauce (S. 31).

Weißkohleintopf mit Grünkern

180 g Grünkern, 600 g Weißkohl, 400 g Kartoffeln, 2 Zwiebeln, 20 g Butter, ca. 500 ml Gemüsebrühe, 100 ml Sahne, Salz, Pfeffer, Kreuzkümmel oder Kümmel, 3 getrocknete Tomaten, 1 EL Olivenöl

▌ Grünkern in 450 ml Wasser kalt aufsetzen und ca. 30 – 40 Min. köcheln lassen. Anschließend auf der ausgeschalteten Herdplatte zugedeckt ausquellen lassen. Die äußeren Blätter des Weißkohls entfernen, Weißkohl waschen, vierteln, den Strunk herausschneiden. Weißkohl in feine Streifen schneiden.

▌ Kartoffeln schälen, Zwiebeln abziehen und beides fein würfeln. Butter mit 2 EL Wasser in einem großen Topf erhitzen, erst die Zwiebeln, dann die Kartoffeln und zum Schluss den Weißkohl darin anbraten. Die Gemüsebrühe angießen und zugedeckt 10 – 15 Min. garen. Die Kartoffeln sollten weich sein und der Weißkohl al dente! Die Sahne und den Grünkern dazugeben, noch 1-mal aufkochen lassen und mit den Gewürzen abschmecken. Tomaten sehr fein würfeln, mit Olivenöl verrühren und den Eintopf damit bestreuen.

Das passt dazu
Obstsalat mit Walnüssen und Joghurt als Nachtisch.

Zeit sparen
Am Abend vorher: Grünkern einweichen. Am Morgen: Grünkern im Einweichwasser 20 Min. garen, zugedeckt ohne Hitzezufuhr ausquellen lassen.

Selleriepüree

500 g Knollensellerie, Saft von 1 Zitrone, 500 g Kartoffeln, 30 g Butter, 150 ml Gemüsebrühe, 150 ml Milch, Salz, Pfeffer, Muskatnuss

▌ Sellerie bürsten, putzen, evtl. schälen, würfeln und mit dem Zitronensaft beträufeln. Kartoffeln schälen und würfeln.

▌ Butter mit 2 EL Wasser erhitzen, Sellerie und Kartoffelwürfel unter Wenden darin andünsten. Die Gemüsebrühe angießen und bei mittlerer Hitze zugedeckt 15 – 20 Min. garen. Die Milch angießen und alles zusammen pürieren. Mit den Gewürzen kräftig abschmecken.

Das passt dazu
Endiviensalat mit Äpfeln, Walnüssen und Wintervinaigrette (S. 31), dazu gibt's Fischfilet.

Zeit sparen
Für die Kleinigkeit: jeweils 200 g Kartoffeln bzw. Sellerie zusätzlich garen.

Kleinigkeit
Sellerietaler aus Selleriepüree

1 Ei, 2 – 3 EL Paniermehl und 30 g geriebenen Bergkäse unter das Selleriepüree kneten, Taler formen, in Butterschmalz anbraten und mit Salatblättern zwischen zwei Brötchenhälften servieren.

EINKAUFSLISTE

Frisch dazukaufen

- 1 Bund Sauerampfer, 700 g Blattspinat, 800 g Lauch, 400 g Champignons, 600 g Pastinaken, 200 g mehlige Kartoffeln, 1 Avocado, 600 g Sellerie, 1 Bund Lauchzwiebeln, 750 g Bohnen (TK-Ware)
- 1 Boskoop-Apfel, 2 Äpfel, 4 Zitronen
- 550 ml Milch, 230 ml Sahne, 250 g Crème fraîche, 200 g saure Sahne, 50 g Schmand, 200 g Quark, 200 g Bergkäse, etwas Butter
- 150 ml Tomatensaft, 300 g Kabeljaufilet, 9 Eier

Aus dem Vorrat

- 70 g Maismehl, 75 g Weizenvollkornmehl, 150 g Couscous, Paniermehl, 250 g Puy-Linsen
- Kartoffeln, Zwiebeln, Knoblauch
- Kürbiskerne
- Muskat, Curry, Bohnenkraut, Paprika edelsüß, Oregano, Bohnenkraut, Gemüsebrühe
- Tomatenmark, Sojasauce, süßer, grober Senf, Honig, Apfeldicksaft
- Olivenöl, Rapsöl, Kürbiskernöl

Mögliche Beilagen

- Möhren, Kohlrabi, Feldsalat, Avocado, Blattspinat, Kartoffeln
- Äpfel
- Kürbiskerne, Walnüsse, Roggenbrot, Putenfilet
- Wintervinaigrette (S. 31)

WOCHE 3

Der erste zarte Spinat kündigt den Frühling an

Jetzt gibt es wieder frischen, jungen Spinat auf dem Wochenmarkt zu kaufen. Man unterscheidet zwischen dem groben dunkelgrünen Winterspinat und dem feinen hellgrünen Frühjahrs- bzw. Sommerspinat. Die Blätter sind dann meist so zart, dass man sie auch prima als Salat zubereiten kann.

Steckbrief Spinat

Auch wenn Spinat längst nicht so viele Nährstoffe enthält wie man jahrelang vermutet hatte, ist er dennoch ein mineralstoff- (Eisen, Kalium, Magnesium) und vitaminreiches (Vitamin A, C, B) vielseitiges Gemüse. Der hohe Gehalt an Nitrat und Oxalsäure mindert allerdings bei nicht sachgemäßer Verwendung das Spinaterlebnis. Kaufen Sie möglichst nur Freilandspinat und entfernen Sie die groben Stängel und Blattrippen, so gehen Sie in puncto Nitrat kein Risiko ein. Sollte von Ihrem Spinatgericht etwas übrig bleiben, heißt es schnell herunterkühlen und kühl lagern, damit aus Nitrat nicht Nitrit bzw. Nitrosamine entstehen können, da diese Stoffe eine nachweislich gesundheitsbeeinträchtigende Wirkung haben. Die im Spinat vorhandene Oxalsäure behindert die Kalziumaufnahme, dies können Sie mit einer guten Portion Parmesan oder Milch wieder ausgleichen. Spinat kann man blanchiert prima einfrieren.

Spinatsoufflé mit Sauerampfer

1 Bund Sauerampfer, 700 g Blattspinat, Salz, 350 ml Milch, 70 g Maismehl, 150 g Bergkäse (gerieben), Pfeffer, Muskat, 4 Eier, Butterschmalz für die Form

▪ Sauerampfer und Spinat waschen, putzen und in wenig Salzwasser 1 Min. dünsten bzw. dämpfen, mit einem Schaumlöffel herausnehmen, abbrausen und gut abtropfen lassen. Fein schneiden.

▪ Das Gemüsewasser mit der Milch auffüllen, sodass es ½ l ergibt. Maismehl einrühren und unter ständigem Rühren 3 Min. köcheln lassen. Backofen auf 180 Grad vorheizen. Den Käse einrühren und kräftig mit Salz, Pfeffer und Muskat abschmecken.

▪ Eier trennen, Eigelb in die Käsesauce rühren, Eiweiß zu Schnee schlagen. Zuerst das Gemüse gleichmäßig unterrühren, dann vorsichtig den Eischnee unterziehen, in eine gefettete Auflaufform füllen, 20 Min. bei 180 Grad und weitere 20–25 Min. bei 160 Grad backen. Sofort servieren!

Das passt dazu

Pellkartoffeln und Möhren-Kohlrabi-Frischkost mit Wintervinaigrette (S. 31) und gerösteten Kürbiskernen.

Zeit sparen

Am Abend vorher: Spinat waschen, putzen, trocknen, in einer Dose bzw. Tüte im Kühlschrank aufbewahren. Für morgen: Kartoffeln zusätzlich garen, abkühlen lassen, gut verpackt im Kühlschrank aufbewahren.

Lauwarmes Lauch-Champignon-Gemüse

800 g Lauch, 400 g Champignons, 1 EL Olivenöl, 2 EL Sojasauce, 2 Äpfel, Saft von 1 Zitrone, 2 EL Rapsöl, 1 EL Kürbiskernöl, 1 EL Honig, Salz, Pfeffer, Curry, 30 g Kürbiskerne

▪ Lauch waschen, putzen, in ca. 5 cm lange Stücke schneiden und in wenig Wasser 5 Min. dünsten bzw. dämpfen, mit einem Schaumlöffel herausnehmen, abbrausen und abtropfen lassen. Gemüsewasser aufbewahren.

▪ Champignons mit Küchenkrepp abreiben, evtl. halbieren. Öl mit 1 EL Wasser in einer großen Pfanne erhitzen, Lauch und Champignons darin anbraten, mit Sojasauce ablöschen und zugedeckt ca. 3 Min. dünsten.

▪ Die Äpfel waschen, vierteln, entkernen, mit Zitronensaft, Öl, Honig und Salz, Pfeffer und Curry pürieren, mit etwas Gemüsewasser zu einer Sauce verdünnen. Kürbiskerne trocken in einer Pfanne anrösten. Das Gemüse auf einer Platte anrichten, die Sauce angießen und mit den Kürbiskernen bestreuen. 10 Min. durchziehen lassen.

Das passt dazu

Kräftig angebratene Putenstreifen mit Sojasauce abgelöscht, der Länge nach gekochte, geviertelte Kartoffeln dazugeben, kurz mitbraten und mit Paprika abschmecken.

Zeit sparen

Am Abend vorher: Lauch waschen, putzen, in einer Dose bzw. Tüte aufbewahren.

Pastinakenrösti mit Avocadodip

600 g Pastinaken, 200 g mehlige Kartoffeln, 1 Zwiebel, 75 g Weizenvollkornmehl oder Weizenmehl Type 1050, 2 Eier, 30 ml Sahne, 50 g Bergkäse (gerieben), Salz, Pfeffer, Curry, Butterschmalz zum Ausbacken, 1 reife Avocado, 200 g Quark, Saft von 1 Zitrone, Kräutersalz, Apfeldicksaft

▌ Pastinaken bürsten, putzen, grob raspeln. Kartoffeln schälen, waschen, trocknen und fein raspeln. Zwiebel abziehen, sehr fein würfeln. Alles zusammen mit Mehl, Eiern, Sahne, Käse und den Gewürzen vermengen. Ggf. noch etwas Sahne oder Mehl dazugeben.

▌ Fett in der Pfanne erhitzen, den Teig löffelweise hineingeben und flach drücken, von beiden Seiten knusprig braten. Backofen auf 60 Grad vorheizen. Rösti auf ein Küchenkrepp legen, das Fett ein wenig abtupfen und im Backofen warm halten.

▌ Avocado halbieren, entkernen, das Fruchtfleisch herausschälen und mit Quark, Zitronensaft , Kräutersalz, Pfeffer und etwas Apfeldicksaft pürieren.

Das passt dazu
Kräftiges Roggenbrot und Feldsalat mit Apfel, Möhren, Walnüssen und Wintervinaigrette (S. 31).

Zeit sparen

Auf Vorrat: Avocadoquark hält sich 2 – 3 Tage im Kühlschrank – ideal zum Dippen von Gemüse.

Selleriegratin

600 g Knollensellerie, Saft von 1 Zitrone, 600 g Kartoffeln, Butterschmalz, 250 g Crème fraîche, 200 ml Sahne, 100 ml Milch, 2 EL süßer, grober Senf, ½ TL Curry mild, Salz, Pfeffer, 1 Boskoop-Apfel, 2 Zwiebeln

▌ Sellerie bürsten, putzen, evtl. schälen und in feine Scheiben schneiden oder hobeln, mit Zitronensaft beträufeln. Kartoffeln schälen, ebenfalls in dünne Scheiben schneiden bzw. hobeln. Backofen auf 180 Grad vorheizen.

▌ Sellerie und Kartoffeln gleichmäßig in eine mit Butterschmalz gefettete Auflaufform schichten. Crème fraîche, Sahne, Milch, Senf und Curry verquirlen und mit den Gewürzen kräftig abschmecken, langsam über das Gemüse gießen und rund 1 Stunde goldbraun backen.

▌ Vor dem Servieren einige Min. ruhen lassen. Apfel waschen, vierteln, entkernen und in Spalten schneiden. Zwiebeln abziehen und in Ringe schneiden. Butterschmalz in der Pfanne erhitzen, Äpfel und Zwiebeln darin anbraten, über das Gratin geben und servieren.

Das passt dazu
Feldsalat mit Avocado und Wintervinaigrette (S. 31).

Zeit sparen

Am Abend vorher: Selleriegratin zubereiten, 40 Min. backen, herunterkühlen, abdecken, im Kühlschrank aufbewahren, mit Alufolie bedeckt. Am nächsten Tag mit Alufolie bedeckt 30 Min. bei 160 Grad backen.

Der erste zarte Spinat kündigt den Frühling an

Bohnen mit Couscous und Fisch

150 ml Brühe, 150 ml Tomatensaft, 1 Bund Frühlingszwiebeln, 150 g Couscous, 750 g Bohnen (TK-Ware), Salz, 300 g Kabeljaufilet, Butterschmalz für die Form, 2 – 3 Eier, 200 g saure Sahne, 100 ml Milch, 2 EL Tomatenmark, Pfeffer, Honig, Bohnenkraut

▪ Brühe mit dem Tomatensaft erhitzen. Frühlingszwiebeln waschen, putzen und in sehr feine Ringe schneiden, mit dem Couscous vermischen. Tomatensaft und Brühe darübergießen, mindestens 30 Min. quellen lassen.

▪ Bohnen in wenig Salzwasser 5 Min. dünsten bzw. dämpfen. Mit einem Schaumlöffel herausnehmen, abbrausen und abtropfen lassen. Gemüsewasser ebenfalls über den Couscous gießen. Kabeljaufilet waschen, trocknen und in mundgerechte Stücke schneiden, dabei die Gräten entfernen.

▪ Backofen auf 160 Grad vorheizen. Eier, saure Sahne, Milch, Tomatenmark und Salz, Pfeffer, Honig und Bohnenkraut gut verquirlen. Couscous mit den Fingern lockern und mit den Bohnen und dem Fisch in einer gefetteten Auflaufform verteilen. Die Eiersahne angießen. 30 Min. backen.

Das passt dazu
Spinatsalat mit Möhrenraspeln und Wintervinaigrette (S. 31).

Zeit sparen
Am Morgen: Couscous einweichen und ausquellen lassen.

Bröselkartoffeln mit Linsen

1,2 kg Kartoffeln, 40 g Butter, 80 g Paniermehl, Salz, Pfeffer, Paprika edelsüß, 250 g Puy-Linsen, 3 Knoblauchzehen, Oregano, Honig, 1 EL Tomatenmark, 1 Zitrone, 50 g Schmand

▪ Kartoffeln bürsten und mit der Schale in wenig Wasser 25 Min. dünsten oder dämpfen. Kartoffeln abbrausen, halbieren oder vierteln und in eine Auflaufform setzen. Backofen auf 180 Grad vorheizen. Butter in einer Pfanne zerlassen, Paniermehl und die Gewürze dazugeben, über die Kartoffeln streuen und 15 Min. backen.

▪ Linsen in 500 ml Wasser 20 Min. zugedeckt bei mittlerer Hitze köcheln. Knoblauch abziehen, in Scheiben schneiden und mit Salz, Oregano, Honig und dem Tomatenmark unter die Linsen ziehen, auf der ausgeschalteten Herdplatte 10 – 15 Min. nachquellen lassen.

▪ Zitrone schälen, filetieren, in kleine Stücke schneiden und mit dem Schmand unter die Linsen heben, zu den Bröselkartoffeln servieren.

Das passt dazu
Möhrenfrischkost mit Äpfeln und Wintervinaigrette (S. 31).

Zeit sparen
Am Morgen: Linsen 20 Min. garen, zugedeckt ohne Hitzezufuhr ausquellen lassen.

EINKAUFSLISTE

Frisch dazukaufen

- 2 Bund Frühlingszwiebeln, 500 g Kirschtomaten, 300 g Sauerampfer, 1 Bund Radieschen, 500 g Crème-Champignons, 500 g Topinambur, 4 Gemüsezwiebeln, 500 g Spinat, 200 g Sellerie
- 2 Zitronen, 1 Apfel, 1,1 kg Rhabarber, 1 cm Ingwer
- 400 ml Milch, 100 ml Sahne, 250 g Crème fraîche, 100 g Ziegenfrischkäse, 100 g Bergkäse, etwas Butter, 50 g schwarze Oliven, 200 g Mais aus dem Glas oder TK-Ware
- 10 Eier

Aus dem Vorrat

- 400 – 500 g Muschelnudeln, Haferflocken
- Kartoffeln
- Sonnenblumenkerne, 80 g gemahlene Mandeln
- Cayennepfeffer, Chilischote mild, Muskat, Vanille
- grober süßer Senf, Honig, Zucker, Gemüsebrühe
- Olivenöl, Rapsöl

Mögliche Beilagen

- Champignons, Petersilie, Knoblauch, Feldsalat, Möhren, Blattsalat, Sauerampfer, Kartoffeln
- Bananen
- Vollkornreis, Pinienkerne, Walnüsse, Brot
- Sojasauce, Kreuzkümmel, Kakao, Schokolade
- Schweinefilet
- Wintervinaigrette (S. 31)

Die uralte Heilpflanze steckt voller Gesundmacher

Rhabarber ist ein Gemüse und kein Obst, da man ausschließlich die Stängel isst und nicht den Fruchtstand. Rhabarber lässt sich prima selbst im Garten anbauen, er benötigt Halbschatten, ist sonst genügsam und sollte erst im zweiten Jahr geerntet werden.

Steckbrief Rhabarber

Rhabarber, ein herrliches frisches Gemüse mit säuerlichem Geschmack, ist in China schon seit 4000 Jahren bekannt, in Europa aber erst seit 150 Jahren. Anfänglich fand er ausschließlich als Heilpflanze Verwendung, später jedoch eroberten sich die grün- bis rotstieligen, 30 – 40 cm langen Stängel in der Küche ihren Platz. Der sehr hohe Gehalt an Oxal-, Zitronen- und Apfelsäure schreckt so manche Zunge ab, doch durch Zugabe von Zitronensaft oder Wein beim Dünsten von Rhabarber wird dieser sehr viel milder. Ja, Säuren binden Säuren! Übrigens: Rote Rhabarberstangen mit rotem Fruchtfleisch haben ein sehr mildes Aroma und viel weniger Oxalsäure! Frische Stangen erkennen Sie an ihrer knackigen Struktur und saftigen Schnittstellen, so lässt sich Rhabarber in ein feuchtes Küchenhandtuch gewickelt drei Tage im Kühlschrank aufbewahren. Er lässt sich roh und als Kompott einfrieren.

Die uralte Heilpflanze steckt voller Gesundmacher

Muschelnudeln mit Sauerampfer

400 – 500 g Muschelnudeln, 2 Bund Frühlingszwiebeln, 500 g Kirschtomaten, 200 g Sauerampfer, 2 EL Olivenöl, 50 g schwarze Oliven ohne Stein, Salz, Pfeffer, Cayennepfeffer oder Paprika scharf, 100 g Ziegenfrischkäse

- Muschelnudeln nach Packungsanweisung zubereiten. Das Gemüse waschen, putzen, die Frühlingszwiebeln in 5 cm lange Stifte schneiden, die Tomaten halbieren und den Sauerampfer in grobe Streifen schneiden.
- Olivenöl mit 2 EL Wasser in einer großen Pfanne erhitzen, die Zwiebeln darin 2 Min. anschwitzen, die Tomaten dazugeben und unter gelegentlichem Wenden garen. Sauerampfer und Oliven ganz zum Schluss 1 Min. mit erhitzen, bis der Sauerampfer zusammengefallen ist.
- Mit den Gewürzen leicht scharf abschmecken und mit Ziegenfrischkäse garniert auf den Nudeln servieren. Wer es scharf mag: Hier passt viel grober schwarzer Pfeffer aus der Mühle dazu!

Das passt dazu
Eine Champignonfrischkost mit viel Petersilie, Knoblauch, Pinienkernen und Wintervinaigrette (S. 31).

Kleinigkeit
Kartoffelaufstrich

2 gekochte Kartoffeln mit etwas saurer Sahne zerkneten, 50 g Camembert würfeln und mit ein paar geraspelten Radieschen unter die Kartoffeln ziehen. Mit Kräutersalz, Pfeffer und Muskat abschmecken.

Kartoffelsalat mit Sauerampfer

1 kg Kartoffeln, 250 ml Gemüsebrühe, 1 EL grober, süßer Senf, 2 EL Olivenöl, 2 EL Rapsöl, Salz, Pfeffer, Zitronensaft, 100 g Sauerampfer, 1 Bund Radieschen, 200 g Crème-Champignons, 50 g Sonnenblumenkerne, 2 Eier

- Kartoffeln bürsten und in wenig Wasser dünsten bzw. dämpfen. Gemüsebrühe mit Senf und Öl verquirlen, mit den Gewürzen abschmecken. Sauerampfer waschen, die groben Stiele entfernen und Sauerampfer in Streifen schneiden.
- Radieschen waschen, putzen, in Scheiben schneiden. Champignons mit Küchenkrepp abreiben, in feine Scheiben schneiden. Sonnenblumenkerne trocken in einer Pfanne anrösten. Eier 8 Min. vor Ende der Kartoffelgarzeit zu den Kartoffeln geben und garen.
- Kartoffeln und Eier abschrecken, pellen, Kartoffeln in Scheiben schneiden, Eier vierteln. Die Marinade über die Kartoffeln geben, kurz auskühlen lassen und das restliche Gemüse unterheben. Mit Sonnenblumenkernen bestreuen und mit den Eiern garnieren.

Das passt dazu
Bananen-Schoko-Quark zum Nachtisch. Pürieren Sie 3 Bananen mit 500 g Quark, 100 g Joghurt, 2 – 3 EL Kakao und dekorieren Sie ihn mit 20 g geraspelter Schokolade.

Zeit sparen
Am Morgen: Kartoffeln und Eier garen, abkühlen, verpacken und im Kühlschrank aufbewahren. Für die **Kleinigkeit**: 2 Kartoffeln zusätzlich garen, abkühlen, verpackt kühl aufbewahren.

Topinambur-Kartoffel-Gratin

200 ml Milch, 250 g Crème fraîche, 2 Eier, Salz, Pfeffer, Muskat, 700 g Kartoffeln, 500 g Topinambur, Butterschmalz für die Auflaufform, 2 Gemüsezwiebeln, 1 Apfel, 20 g Butter

- Milch mit Crème fraîche, Eiern und Gewürzen verquirlen. Backofen auf 150 Grad vorheizen. Kartoffeln schälen, Topinambur bürsten, beides sehr fein hobeln und in eine gefettete Auflaufform schichten. Sofort den Guss angießen und 70 – 80 Min. backen.
- Zwiebeln abziehen, Apfel waschen, halbieren, entkernen, beides in dünne Scheiben bzw. Ringe schneiden. Butter in einer Pfanne mit 2 EL Wasser erhitzen, Apfelscheiben und Zwiebelringe darin kräftig anbraten, auf dem Gratin verteilen und servieren.

Das passt dazu
Feldsalat mit Möhrenraspeln und Walnüssen mit Wintervinaigrette (S. 31).

Zeit sparen
Am Abend vorher: Das Gratin vorbereiten, 50 Min. backen, abkühlen, abdecken, am nächsten Tag mit Alufolie bedeckt 30 Min. backen.

Scharfes Rhabarbergemüse

2 Gemüsezwiebeln, 600 g Rhabarber, 20 g Butter, 200 ml Gemüsebrühe, 1 Chilischote, Salz, Honig, Ingwer

- Zwiebel abziehen, fein würfeln, Rhabarber waschen, grobe Fäden entfernen, in 5 cm lange Stücke schneiden. Sehr dicke Rhabarberstangen vorher halbieren.
- Butter mit 2 EL Wasser erhitzen, zuerst die Zwiebeln 5 Min. glasig dünsten, dann den Rhabarber hinzufügen, mit der Gemüsebrühe ablöschen und zugedeckt bei mittlerer Hitze 5 Min. dünsten. Chilischote sehr fein würfeln, zu dem Rhabarber geben. Mit den Gewürzen scharf und süß abschmecken.

Das passt dazu
Kurz gebratenes Schweinefilet mit Sojasauce abgelöscht und Vollkornreis mit ½ TL Kreuzkümmel gegart; Feldsalat mit Wintervinaigrette (S. 31).

Zeit sparen
Am Morgen: Reis 20 Min. garen, zugedeckt ohne Hitzezufuhr ausquellen lassen. Für übermorgen: Reis zusätzlich garen, abkühlen, gut abgedeckt kühl aufbewahren.

Rhabarber unter der Haube

500 g Rhabarber, 2 EL Honig, 2 Eier, 1 Prise Salz, Vanille, Zitronenabrieb, 60 g Zucker, 80 g Mandeln (gemahlen), 50 ml Sahne

- Rhabarber waschen, putzen, in 4 cm lange Stücke schneiden, sehr dicke Stangen vorher längs halbieren. 50 ml Wasser mit dem Honig aufkochen, Rhabarber darin 2 Min. dünsten, er sollte nicht zerfallen. Rhabarber in eine Auflaufform legen. Backofen auf 200 Grad vorheizen.
- Eier trennen, Eiweiß mit den Gewürzen und dem Zucker cremig aufschlagen, Eigelbe nach und nach dazugeben und 1 – 2 Min. weiterschlagen. Mandeln und Sahne vorsichtig unterheben, die Masse auf dem Rhabarber verteilen und 25 Min. backen. Heiß servieren.

Das passt dazu
Als Vorspeise Gemüsecremesuppe (S. 30) mit Champignons, Sauerampfer und geröstetem Brot.

Zeit sparen
Am Abend vorher: Rhabarber waschen, putzen, in einer Dose bzw. Tüte kühl aufbewahren.

Spinatomelett aus dem Backofen

500 g Spinat, 200 g Sellerie, 300 g Champignons, 200 g Mais (aus dem Glas oder TK-Ware), 4 Eier, 50 ml Sahne, Salz, Pfeffer, Muskat, Butterschmalz für die Form, 2 – 3 EL Haferflocken, 100 g Bergkäse (gerieben)

- Spinat und Sellerie waschen, putzen, den Sellerie fein würfeln und beides in wenig Wasser bissfest garen. Champignons mit Küchenkrepp abreiben und je nach Größe halbieren oder vierteln. Mais gut abtropfen lassen bzw. tiefgekühlten Mais in wenig Wasser garen.
- Eier mit Sahne und den Gewürzen gut verquirlen. Backofen auf 170 Grad vorheizen. Eine runde Auflaufform, z. B. eine Quiche-Form (Ø 28 cm), einfetten, mit Haferflocken ausstreuen und das Gemüse darauf gleichmäßig verteilen. Den Guss angießen und den Käse darüber verteilen. 25 – 30 Min. backen.

Das passt dazu
Blattsalat mit Möhrenraspeln und Wintervinaigrette (S. 31) und Tomatenreis: 50 g Tomatenmark mit 150 ml Gemüsebrühe glatt rühren, den Reis darin erwärmen.

Zeit sparen
Am Abend vorher: Spinat waschen, putzen und in einer Dose bzw. Tüte kühl aufbewahren.

FRÜHLING

Die ersten Gemüsesorten werden jetzt reif.

EINKAUFSLISTE

Frisch dazukaufen

- 650 g Kohlrabi, 200 g Weißkohl, 450 g Crème-Champignons, 1 Gemüsezwiebel, 1 Wirsing, 400 g Tiefkühlerbsen
- 1 Bund Petersilie, 2 Kästchen Kresse
- 400 g Rhabarber, 3 Äpfel, 1 Zitrone
- 1 150 ml Milch, 300 ml Sahne, 200 g saure Sahne, 400 g Quark, 200 g Bergkäse, 100 g Feta
- 500 ml Tomatenpassata, 350 g Rindertartar, 8 Vollkornzwieback
- 6 Eier

Aus dem Vorrat

- 100 g rote Linsen, Paniermehl, 250 g Weizenvollkornmehl
- Kartoffeln
- 30 g gemahlene Haselnüsse, Haselnüsse, Sonnenblumenkerne, Sesam
- Paprika edelsüß, Kreuzkümmel, Thymian, Kümmel
- Tomatenmark, Balsamessig, Honig, süßer grober Senf
- Rapsöl, Olivenöl

Mögliche Beilagen

- Blattspinat, Kohlrabi, Radieschen, Frühlingszwiebeln, Blattsalat, Kartoffeln
- Rhabarber
- Vollkornreis, Vanilleeis
- Orange Salatsauce (S. 31)

Kohlrabiblätter – viel zu gut für Hasenfutter!

Kohlrabi ist vor allem bei Kindern mit Abstand die beliebteste Kohlsorte: Man kann ihn wunderbar roh essen und zart gedünstet schmeckt Kohlrabi schön mild. Genießen Sie jetzt die Zeit, in der die Knollen noch nicht holzig sind!

Steckbrief Kohlrabi

Ob rund oder oval, weißlich grün oder blauviolett, die Kohlrabiknolle ist eine der beliebtesten und vielseitigsten Kohlsorten. Die Knolle ist reich an Kalium, Kalzium, Magnesium und Eisen sowie an Folsäure und Vitamin C. Ihr Blattgrün ist allerdings um ein vielfaches nährstoffreicher, besonders an Phosphor und Karotinoiden. Rissige und schorfige Stellen an der äußeren Seite weisen schon mal auf ein holzigeres Innenleben hin. Kohlrabiknollen halten sich 4 – 5 Tage im Gemüsefach des Kühlschranks, das Blattgrün bewahren Sie am besten getrennt in einem Tiefkühlbeutel oder einer Frischhaltedose auf.

Gefüllte Kohlrabi in Tomatensauce

2 Kohlrabi (à ca. 450 g), Salz, 100 g rote Linsen, 1 EL Balsamessig, 1 EL Tomatenmark, 100 g Feta, Salz, Paprika edelsüß, Kreuzkümmel, 500 ml Tomatenpassata, 1 – 2 EL Honig, 50 ml Sahne, Pfeffer, 2 EL Paniermehl, 20 g Butter

- Kohlrabigrün abschneiden, die zarten inneren Blätter aufbewahren. Kohlrabi schälen und quer halbieren, die Hälften in wenig Salzwasser 8 – 10 Min. dünsten bzw. dämpfen. Kohlrabi mit einem Schaumlöffel herausnehmen, abbrausen, abtropfen lassen.
- Gemüsewasser auf 400 ml mit Wasser auffüllen, zum Kochen bringen, die Linsen einstreuen, Essig und Tomatenmark hinzufügen, 5 Min. köcheln lassen und 10 Min. auf der ausgeschalteten Herdplatte zugedeckt ausquellen lassen.
- Kohlrabihälften leicht aushöhlen. Kohlrabifleisch klein würfeln, mit Feta und den Gewürzen zu den Linsen geben. Kohlrabiblätter waschen, fein schneiden, ebenfalls unterziehen.
- Backofen auf 170 Grad vorheizen. Tomatenpassata mit Honig, Sahne, Salz und Pfeffer verrühren, in eine Auflaufform gießen, die Kohlrabihälften hineinsetzen und mit den Linsen füllen. Paniermehl mit Butter verkneten und über der Linsenfüllung zerbröseln. 30 Min. backen.

Das passt dazu
Vollkornreis und Spinatsalat mit Oranger Salatsauce (S. 31).

Zeit sparen
Am Morgen: Reis 20 Min. garen, zugedeckt ohne Hitzezufuhr ausquellen lassen. Für morgen: 150 g Reis zusätzlich garen, abgedeckt kühl aufbewahren.

Gemüsepfannkuchen aus dem Backofen

1 Grundrezept Pfannkuchenteig (S. 28), 200 g Weißkohl, 200 g Crème-Champignons, 400 g Erbsen (TK-Ware), 1 EL Olivenöl, 1 EL süßer grober Senf, Salz, Pfeffer, 1 Bund Petersilie, Butterschmalz für die Form

- Pfannkuchenteig herstellen und quellen lassen. Den Weißkohl vierteln, den groben Strunk herausschneiden und Kohlkopf fein schneiden. Champignons trocken mit Küchenkrepp abreiben und evtl. halbieren.
- Olivenöl mit 1 EL Wasser in einer Pfanne erhitzen. Weißkohl, Champignons und die Erbsen 5 Min. darin anschwitzen. Backofen auf 200 Grad vorheizen. Butterschmalz in eine Auflaufform geben und 8 Min. im Backofen erhitzen.
- Das Gemüse mit dem Senf, den Gewürzen und der gehackten Petersilie vermischen. Die Form aus dem Ofen nehmen und den Teig hineingießen. Die Gemüsemischung darauf verteilen und ca. 15 Min. bei 200 Grad und weitere 15 Min. bei 180 Grad backen, der Teig sollte aufgehen und fest werden.

Das passt dazu
Reissalat mit Kohlrabi, Radieschen, Frühlingszwiebeln und Oranger Salatsauce (S. 31).

Hackfleisch-Kartoffel-Auflauf

1 Gemüsezwiebel, 10 g Butterschmalz zum Anbraten, 350 g Rindertartar, 3 EL Tomatenmark, Salz, Pfeffer, Thymian, 10 große Wirsingblätter, 250 g Champignons, 1 kg Kartoffeln, Butterschmalz für die Form, 150 – 200 g Bergkäse (gerieben), 150 ml Sahne, 200 ml Milch, Kümmel (gemahlen)

- Zwiebel abziehen, würfeln und in Butterschmalz glasig dünsten. Fleisch, Tomatenmark und die Gewürze hinzufügen und ca. 10 Min. unter Rühren garen. Wirsingblätter waschen und die dicken Rippen herausschneiden, Wirsingblätter in kochendem Wasser 2 Min. blanchieren. Unter kaltem Wasser abschrecken und trocknen.
- Champignons mit Küchenkrepp abreiben und in Scheiben schneiden. Kartoffeln schälen, in sehr feine Scheiben schneiden bzw. hobeln. Backofen auf 200 Grad vorheizen. In eine hohe gefettete Auflaufform abwechselnd Wirsingblätter, Hackfleisch, Kartoffeln, Champignons und ¾ vom Käse schichten.
- Sahne, Milch, Salz, Pfeffer und Kümmel verrühren und über den Auflauf gießen. Mit restlichem Käse bestreuen. Etwa 50 Min. backen.

Das passt dazu
Blattsalat mit Oranger Salatsauce (S. 31).

Zeit sparen
Am Abend vorher den Auflauf zubereiten, 40 Min. backen, herunterkühlen, abgedeckt im Kühlschrank aufbewahren. Mit Alufolie bedeckt ca. 25 Min. backen.

Rhabarberauflauf mit Zwieback

400 g Rhabarber, 3 Äpfel (400 g), 8 Vollkornzwieback, 25 g Butter, Butterschmalz für die Form, 30 g gemahlene Haselnüsse, 3 Eier, 100 ml Sahne, 250 ml Milch, 50 g Honig, 30 g Haselnüsse

▪ Rhabarber waschen, putzen, wenn nötig abziehen, evtl. der Länge nach halbieren und in 2 cm lange Stücke schneiden. Äpfel waschen, vierteln, entkernen, in sehr dünne Scheiben schneiden. Zwieback mit Butter bestreichen. Backofen auf 160 Grad vorheizen.

▪ In eine gefettete Auflaufform abwechselnd Rhabarber, Äpfel, Zwieback und gemahlene Nüsse schichten. Die Eier trennen, Eigelb mit Sahne, Milch und Honig verquirlen, Eiweiß halb steif schlagen und unterziehen. Eiermilch über den Auflauf gießen und 40 Min. backen. Haselnüsse grob hacken, über den Auflauf streuen und weitere 5 Min. backen. Schmeckt warm und kalt!

Das passt dazu
Eine Gemüsecremesuppe mit Spinat.

Zeit sparen
Am Abend vorher: Rhabarber und Spinat waschen, putzen, kühl stellen.

Kleinigkeit
Frühlingskräcker

Ein paar Radieschen und 1 Frühlingszwiebel in sehr feine Scheiben schneiden. Vollkornkräcker dünn mit Butter bestreichen, mit Radieschenscheiben belegen, mit Quark bestreichen und mit Frühlingszwiebeln bestreuen.

Kartoffeln aus der Pfanne mit Kohlrabi-Kresse-Quark

1,3 kg Kartoffeln, 2 EL Olivenöl, 400 g Quark, 200 g saure Sahne, 2 EL Rapsöl, 1 Kohlrabi, 2 Kästchen Kresse, Salz, Pfeffer, Paprika edelsüß, Zitronenabrieb und -saft, 30 g Sonnenblumenkerne, 30 g Sesam, Kümmel

▪ Kartoffeln bürsten, klein würfeln. Öl mit 5 EL Wasser in einer hohen großen Pfanne mit Deckel erhitzen, Kartoffeln dazugeben und zugedeckt 5 Min. bei starker Hitze garen, anschließend 10 – 12 Min. bei mittlerer Hitze fertig garen.

▪ Quark, saure Sahne und Öl glatt rühren. Die zarten grünen Blätter vom Kohlrabi waschen und in Streifen schneiden, die Knolle dünn schälen und fein raspeln, zusammen mit der Kresse und den Gewürzen, Zitronensaft und -abrieb unter die Quarkmasse ziehen.

▪ Sonnenblumenkerne 2 Min. trocken in einer Pfanne anrösten, Sesam hinzufügen, weitere 1 – 2 Minuten mitrösten und unter die gegarten Kartoffeln geben, mit Salz, Pfeffer und Kümmel abschmecken. Quark zu den Kartoffeln servieren.

Das passt dazu
Rhabarberkompott mit Vanilleeis zum Nachtisch.

Zeit sparen
Für die **Kleinigkeit**: 1 Portion Kohlrabi-Kresse-Quark zusätzlich zubereiten, abgedeckt kühl stellen.

Alles rund um Ostern

Ostern ist ein Kinder- bzw. Familienfest. Die Kleinen lieben nicht nur Schoko-hasen und die Eiersuche, sondern wollen auch an den kreativen Vorbereitungen beteiligt sein. Eier färben, Hefeteig kneten, Osternester, -zöpfe und -figuren formen. Darüber hinaus gibt es in vielen Familien an den Feiertagen etwas Besonderes zu essen, z. B. Lamm, und hier finden Sie das Rezept für eine perfekte Oster-Lammkeule.

Oster-Lammkeule mit Kräutern der Provence

3 Knoblauchzehen, 2 TL Kräuter der Provence, 1 TL eingelegter grüner Pfeffer, 4 EL Olivenöl, 1 Lammkeule mit Knochen (ca. 1½ kg), Salz, Butterschmalz zum Anbraten, 5 Schalotten, 2 Gläser geschälte Tomaten (700 g), 8 getrocknete Tomaten, 500 ml Gemüsebrühe

▋ Knoblauch abziehen, sehr fein schneiden und mit Kräutern der Provence, grünem Pfeffer und dem Olivenöl zu einer Paste verkneten. Lammkeule waschen, trockentupfen, säubern, rundherum salzen. Backofen auf 160 Grad vorheizen.

▋ Butterschmalz in einem Bräter mit Deckel erhitzen und die Lammkeule von allen Seiten gut anbraten. Die Keule aus dem Bräter nehmen und mit der Kräuterpaste einreiben. Schalotten abziehen, der Länge nach vierteln, in dem Fett anschwitzen. Tomaten vierteln, getrocknete Tomaten in Streifen schneiden und mit der Gemüsebrühe zu den Schalotten geben.

▋ Das Fleisch dazugeben und zugedeckt im Backofen 30 Min. garen. Die Temperatur auf 100 Grad zurückschalten und ohne Deckel weitere 90 Min. garen. Zwischendurch das Fleisch mit dem Saft begießen. Das gegarte Fleisch aus dem Bräter nehmen und zugedeckt ruhen lassen. Die Sauce kräftig abschmecken, evtl. passieren und zu der Lammkeule servieren.

Das passt dazu
Frische Tagliatelle und viel grüner Salat.

Himbeernachtisch

500 g tiefgekühlte Himbeeren, 250 g Crème fraîche, 100 ml Sahne, 250 g Quark, 3 – 4 EL brauner Zucker

▋ Himbeeren gefroren in eine Auflaufform geben. Crème fraîche mit der Sahne leicht aufschlagen, den Quark unterziehen und gleichmäßig über den Himbeeren verteilen. Mit braunem Zucker bestreuen und gut abgedeckt für 24 Stunden kühl stellen, dann servieren.

Hefeteig für Osterhase und Osternest

*20 g Hefe, ca. 300 ml lauwarme Milch, 50 g Honig, 1 Ei,
ca. 500 g Weizenvollkornmehl oder Weizenmehl Type 1050,
50 g weiche Butter*

▌ Die Hefe in etwas lauwarmer Milch auflösen, Honig und Ei unterrühren. Mehl dazugeben, gut verrühren, anschließend die Butter einarbeiten. 1–2 Min. kneten, Feuchtigkeit überprüfen, evtl. noch etwas Mehl oder Milch hinzufügen, weitere 8 Min. zu einem geschmeidigen Teig verkneten (in der Küchenmaschine insgesamt 7 Min.).

▌ Den Teig abgedeckt 30 Min. gehen lassen, bis sich sein Volumen verdoppelt hat und sich Poren an der Oberfläche zeigen. Noch 1-mal kräftig durchkneten und beliebig formen.

Osterhase

Für den Körper

▌ Eine Kugel formen mit einem Durchmesser von ca. 8–9 cm.

Für die Ohren

▌ Ein Oval formen mit einer Länge von 7 cm und einer Breite von ca. 3 cm. Dieses Oval der Länge nach zu ⅔ einschneiden, vorne am nicht zerteilten Ende mit den Fingerspitzen zwei Kuhlen für die Augen drücken und auf den Körper setzen. Das geteilte Ende zu zwei Schlappohren etwas auseinanderziehen. In die Kuhlen jeweils eine Rosine stecken, für die Augen.

Für das Schwänzchen

▌ Eine kleine Kugel mit einem Durchmesser von ca. 1 cm formen und an den Körper ansetzen. Auf ein mit Backpapier ausgelegtes Backblech geben und 10–15 Min. gehen lassen. Backofen auf 180 Grad vorheizen und die Hasen ca. 10–15 Min. backen.

Osternest

▌ Den Teig in 8 Stücke teilen, jedes Stück wiederum zu 3 gleichmäßigen Stangen formen, diese flechten und zu einem Kranz formen, das Loch in der Mitte sollte so groß sein, dass ein Osterei darin Platz hat. Auf ein mit Backpapier ausgelegtes Backblech setzen und wie beschrieben weiter verfahren.

Osterzopf

50 g gehackte Mandeln, 50 g Rosinen, 100 g Ananas aus dem Glas (kleingeschnitten)

▌ Den Teig in 3 gleich große Stücke teilen, jeweils unter einen die Mandeln, die Rosinen bzw. die Ananas kneten. Die 3 Stränge zu einem Zopf flechten, auf ein mit Backpapier ausgelegtes Blech setzen, 15–30 Min. gehen lassen. Backofen auf 180 Grad vorheizen und den Zopf 30–40 Min. backen.

EINKAUFSLISTE

WOCHE 2

Frisch dazukaufen

- 1,4 kg Paksoi, 1,5 kg Spinat, 700 g Kohlrabi, 1 kg Rhabarber
- 2 Bund Schnittlauch
- 1,2 l Milch, 200 ml Sahne, 100 g Joghurt, 120 g Schmand, 120 g Feta, 150 g Bergkäse, 80 g Butter, Hefe
- 40 g Erdnüsse, 4 Scheiben Vollkorntoast, 8 getrocknete Tomaten, 40 g schwarze Oliven, 12 Cannelloni
- 4 Eier

Aus dem Vorrat

- 150 g rote Linsen, Maismehl, 250 g Vollkornnudeln
- Kartoffeln, Knoblauch
- Haselnüsse, Sesam
- Chilischote mild, Muskat, Oregano, Vanille, Curry, Gemüsebrühe
- 250 ml Kokosmilch, Apfeldicksaft, Zucker, Obstessig, Honig
- Olivenöl

Mögliche Beilagen

- Kohlrabi, Sauerampfer, Möhren, Gurken, Radieschen, Blattspinat, Champignons, Kräuter
- Obst
- Quark
- Wintervinaigrette (S. 31)

Paksoi! Mineralstoffe satt!

Wer gerne asiatisch isst, dem ist der grüne Kohl bestimmt schon einmal begegnet. Paksoi (oder auch Pak-Choi, pak-choy oder chinesischer Senfkohl) wird seit 2 000 Jahren in China angebaut, doch mittlerweile wird er auch hier kultiviert und es gibt ihn auch im gut sortierten Supermarkt und auf dem Wochenmarkt zu kaufen.

Steckbrief Paksoi

Paksoi sieht aus wie Mangold, ist milder als Chinakohl und schmeckt roh leicht bitter wie Chicorée. Er ist reich an Kohlenhydraten, Eisen und Kalzium sowie an Vitamin C und B-Vitaminen. Besonders wertvoll sind die dicken fleischigen weißen Rippen, sie enthalten hochwertiges Eiweiß. Paksoi ist besonders magenfreundlich und bläht im Gegensatz zu vielen anderen Kohlarten nicht! Achten Sie beim Einkauf auf knackig feste Blattrippen und fleckenfreie dunkelgrüne Blätter, so hält sich der Kohl in ein feuchtes Küchenhandtuch gewickelt 3 – 4 Tage im Kühlschrank. Sie können Paksoi blanchiert einfrieren.

Rote-Linsen-Eintopf mit Paksoi

800 g Paksoi, 40 g Butter, 2 TL Curry, 150 g rote Linsen, 1 l Gemüsebrühe, 250 ml Kokosmilch, Salz, Chili, Apfeldicksaft, 40 g Erdnüsse, 4 Scheiben Vollkorntoastbrot

▌ Paksoi waschen, putzen, die weißen Stiele würfeln. Die Blätter in Streifen schneiden. Die Hälfte der Butter und 2 EL Wasser in einem großen Topf erhitzen, Curry einrühren, Linsen dazugeben und 1 Min. anschwitzen. Mit der Gemüsebrühe ablöschen, 5 Min. köcheln lassen, Paksoi hinzufügen und weitere 8 Min. köcheln lassen.

▌ Kokosmilch angießen und mit den Gewürzen und dem Apfeldicksaft abschmecken. Erdnüsse schälen und trocken in einer Pfanne leicht anrösten, grob hacken und über den Eintopf geben. Das Brot toasten, mit der restlichen Butter bestreichen und zu dem Linseneintopf servieren.

Das passt dazu
Früchtequark zum Nachtisch.

Zeit sparen
Am Abend vorher: Paksoi waschen, putzen, trocknen in einer Dose bzw. Tüte im Kühlschrank aufbewahren.

Blattspinat mit pochiertem Ei auf Kartoffelpüree

1 kg Kartoffeln, Salz, 1,3 kg Spinat, 1 Knoblauchzehe, 50 ml Sahne, 2 EL Maismehl oder Weizenmehl Type 1050, Pfeffer, 100 ml Milch, 100 g Joghurt, 20 g Butter, Muskat, 2 EL Obstessig, 4 Eier, schwarzer Pfeffer aus der Mühle

▌ Kartoffeln schälen, waschen, würfeln und in wenig Salzwasser 15 Min. dünsten bzw. dämpfen. Spinat waschen, putzen und tropfnass bei kleiner Hitze zugedeckt zusammenfallen lassen.

▌ Knoblauch abziehen, in Scheiben schneiden, mit Sahne, Maismehl, Salz und Pfeffer verrühren, in den Spinat einrühren, 1-mal aufkochen lassen. Evtl. mit Mehl oder Wasser korrigieren.

▌ Kartoffeln abgießen, das Wasser auffangen, Kartoffeln stampfen oder durch eine Presse drücken. Milch, Joghurt, Butter unterrühren und mit Salz und Muskat abschmecken, ggf. mit etwas Kochwasser verdünnen.

▌ Wasser mit Essig aufkochen. Eier aufschlagen, jeweils in eine Tasse geben und einzeln vorsichtig in das nur noch leicht köchelnde Wasser gleiten lassen. Schwimmt das Ei an der Oberfläche, mit einem Schaumlöffel herausnehmen und warm halten. Auf eine großen Platte zuerst das Kartoffelpüree streichen, in der Mitte den Spinat aufsetzen Eier anrichten. Mit Pfeffer aus der Mühle garnieren.

Das passt dazu
Kohlrabifrischkost mit Wintervinaigrette (S. 31), Sauerampferstreifen und gerösteten Kürbiskernen.

Zeit sparen
Am Abend vorher: Spinat waschen, putzen, trocknen und in einer Dose bzw. Tüte kühl aufbewahren. Für die **Kleinigkeit**: 150 g Spinat zusätzlich waschen.

Kleinigkeit
Spinatsalat
6 getrocknete Tomaten in 2 EL Balsamessig einweichen, in Streifen schneiden. 10 grüne Oliven halbieren. 1 Kohlrabi grob raspeln. Alles vermischen, 2 EL Olivenöl unterziehen, mit Kräutersalz und Pfeffer abschmecken. Spinatblätter in mundgerechte Stücke zupfen, mit dem Rest vermengen und mit gerösteten Pinienkernen bestreuen.

Kohlrabi-Kartoffel-Gratin

2 – 3 Kohlrabi (ca. 700 g), 600 g Kartoffeln, 8 getrocknete Tomaten, 40 g schwarze Oliven ohne Stein, 3 EL Olivenöl, 1 TL Oregano, Butterschmalz für die Form, 150 ml Sahne, 100 ml Milch, 200 ml Gemüsebrühe 20 g Pinienkerne

▌ Die zarten Blätter des Kohlrabis abschneiden, waschen, trocknen und zur Seite legen. Kohlrabi und die Kartoffeln schälen, beides in sehr dünne Scheiben schneiden bzw. hobeln. Tomaten, Oliven und die Kohlrabiblätter sehr fein würfeln, mit Oregano und Öl vermischen.

▌ Backofen auf 200 Grad vorheizen. Kartoffeln und Kohlrabi in eine gefettete Auflauf-form abwechselnd mit der Tomaten-Oliven-Masse schichten. Sahne, Milch und Gemü-sebrühe verrühren, über das Gratin gießen. Etwa 40 Min. backen, das Gratin heraus-nehmen, mit Pinienkernen bestreuen und weitere 8 – 10 Min. backen.

Das passt dazu
Spinatsalat mit Champignons und Wintervinaigrette (S. 31).

Zeit sparen
Am Abend vorher: Das Gratin zubereiten, 30 Min. backen, herunterkühlen, abgedeckt im Kühlschrank aufbewahren. Mit Alufolie bedeckt 20 Min. backen.

Cannelloni gefüllt mit Paksoi

600 g Paksoi, Salz, 1 Grundrezept Béchamelsauce (S. 30), 2 Bund Schnittlauch, 1 TL Curry mild, 120 g Schmand, 40 g Sesam, Pfeffer, 12 Cannelloni, Butterschmalz für die Form, 120 g Feta

▌ Paksoi waschen, putzen, die Stiele würfeln, die Blätter in Streifen schneiden. Das Ge-müse in wenig Salzwasser 2 Min. bissfest dünsten bzw. dämpfen. Mit einem Schaum-löffel herausnehmen, abbrausen, abtropfen lassen und in eine Schüssel geben.

▌ Mit dem Gemüsewasser eine Béchamelsauce laut Rezept herstellen. Schnittlauch wa-schen, trocknen, in sehr feine Röllchen schneiden und mit Curry, Schmand, Sesam, Salz und Pfeffer unter das Gemüse rühren.

▌ Backofen auf 180 Grad vorheizen. Cannelloni mit der Gemüsemischung füllen und in eine gefettete Auflaufform legen, Béchamelsauce gleichmäßig darübergießen und mit Käse bestreuen. Ca. 40 – 50 Min. backen. Sollte der Auflauf oben zu braun werden, die Temperatur herunterschalten.

Das passt dazu
Gurken-Radieschen-Frischkost mit Wintervinaigrette (S. 31).

Zeit sparen
Am Abend vorher: Paksoi waschen, putzen, trocknen und in einer Tüte aufbewahren.

Süße Nudeln mit Hasel-nüssen und Rhabarber

1 kg Rhabarber, 80 g Zucker, 750 ml Milch, 20 g Butter, Vanille, 250 g Vollkornnudeln (Hörnchen oder Penne), 50 g Haselnüsse, 2 EL Honig

▌ Rhabarber waschen, putzen, wenn nötig abziehen, evtl. der Länge nach halbieren und in 2 cm lange Stücke schneiden. Zucker mit 100 ml Was-ser aufkochen, Rhabarber dazugeben, 8 Min. köcheln lassen.

▌ Milch mit Butter und etwas Vanille aufkochen, Nudeln hineingeben und zugedeckt bei mittlerer Hitze etwa 20 – 25 Min. köcheln lassen. Gelegent-lich umrühren. Haselnüsse trocken in einer Pfanne anrösten, grob hacken. Süße Nudeln mit den Nüssen bestreu-en, dem Honig beträufeln und zu dem Rhabarberkompott servieren.

Das passt dazu
Als Vorspeise eine gemischte Frischkost-platte mit Kräuterquarkdip.

EINKAUFSLISTE

Frisch dazukaufen

- 800 g Blumenkohl, 1 kg Champignons, 650 g Spinat, 600 g Paksoi, 200 g Möhren, 2 cm Ingwer, 1,2 kg mehlige Kartoffeln
- ½ Bund Petersilie
- 2 Zitronen
- 350 ml Milch, 130 ml Sahne, 80 g Blauschimmelkäse, 300 g Bergkäse, etwas Butter, Hefe
- 4 Scheiben gekochter Schinken, 400 g Putenfilet, 5 Datteln, grüner eingelegter Pfeffer
- 4 Eier

Aus dem Vorrat

- 350 g Weizenvollkornmehl, Maismehl, 150 g Hartweizengrieß
- Kartoffeln, Zwiebeln
- Sesam
- Muskat, Sojasauce, Honig
- Sesamöl, Olivenöl

Mögliche Beilagen

- Chicorée, Blattsalat, Kresse, Gurken, Avocado, Kohlrabi, Frühlingszwiebeln
- Couscous, getrocknete Tomaten, Tomatenpassata
- Weiße Salatsauce (S. 31)

3 WOCHE

Wer sagt denn, dass Gemüse immer grün sein muss?

Leuchtend weiß und knackig frisch kommen jetzt erste Blumenkohlköpfe auf den Markt. Greifen Sie zu – gerade die jungen Exemplare eignen sich auch prima zum roh essen: als Frischkost und als Röschen zum Dippen.

Steckbrief Blumenkohl

Der Blumenkohl wird seit rund 500 Jahren als Käsekohl, italienischer Kohl, Karfiol, Traubenkohl oder Blütenkohl in Europa geschätzt. Er gehört zu den wenigen Gemüsesorten, deren Blütenansätze gegessen werden können. In Italien und Frankreich wird der hellgrüne Romanesco oder die violette Variante bevorzugt, die wesentlich nährstoffreicher sind als ihr weißer Verwandter. Übrigens: Wenn Sie Zitronensaft mit ins Garwasser geben, bleibt die Blume auch schön weiß! Beim Einkauf sollte die Blume prall, gleichmäßig gewölbt und die Hüllblätter sollten grün und saftig sein. So hält sich der Blumenkohl, nachdem Sie die Blätter komplett entfernt haben, in einem feuchten Küchenhandtuch oder einem Tiefkühlbeutel 3–4 Tage im Kühlschrank. Blumenkohl können Sie sowohl roh als auch blanchiert prima einfrieren.

Wer sagt denn, dass Gemüse immer grün sein muss?

Blumenkohlcalzone mit Spinatsauce

1 Grundrezept Hefeteig (S. 28), 800 g Blumenkohl, Salz, 250 g Champignons, 80 g Blau-schimmelkäse, 150 g Bergkäse (gerieben), ½ Bund Petersilie, 4 Scheiben gekochter Schinken, Pfeffer, 2 EL Olivenöl, 1 Grundrezept Gemüsesauce mit Spinat (S. 30).

▌ Hefeteig nach Grundrezept herstellen. Blumenkohl putzen, waschen, den groben Strunk herausschneiden, die Röschen teilen, in wenig Salzwasser zugedeckt ca. 3 Min. bissfest dünsten. Mit einem Schaumlöffel herausnehmen, kalt abbrausen, abtropfen lassen, das Gemüsewasser aufbewahren.

▌ Champignons mit Küchenkrepp abreiben, in Scheiben schneiden. Blauschimmelkäse zerbröckeln, mit dem Bergkäse vermischen. Petersilie waschen, trocknen, zupfen. Hefeteig zu einer großen runden Platte ausrollen und auf ein mit Backpapier ausgelegtes Blech legen.

▌ Die eine Hälfte des Teiges mit 2 Scheiben Schinken belegen, das Gemüse darauf verteilen, mit Käse und Petersilie bestreuen, pfeffern und restlichen Schinken darüberlegen. Teighälfte darüberklappen, Rand mit einer Gabel zusammendrücken, mit 1 EL Olivenöl bestreichen.

▌ Backofen auf 220 Grad vorheizen. Die Calzone 10 Min. gehen lassen, 15 Min. backen, herausnehmen, mit 1 EL Olivenöl bepinseln und weitere 5 – 8 Min. backen. Gemüsesauce mit Spinat zubereiten, hierfür das Gemüsewasser vom Blumenkohl verwenden.

Das passt dazu
Chicoréesalat mit Weißer Salatsauce (S. 31).

Zeit sparen
Am Morgen: Hefeteig kalt anrühren, kurz kneten und kühl 5 – 6 Stunden gehen lassen.

Paksoi mit Putenfilet aus dem Wok

400 g Putenfilet, 2 EL Sojasauce, 2 EL Sesamöl, 600 g Paksoi, 200 g Möhren, 5 Datteln, Honig, Ingwer, Zitronensaft, 2 EL Sesam

▌ Putenfilet waschen, trocknen, in dünne Streifen schneiden und 30 Min. in Sojasauce, vermischt mit Sesamöl, marinieren. Paksoi waschen, putzen, die weißen Stiele würfeln, die Blätter in Streifen schneiden.

▌ Möhren bürsten, in feine Stifte schneiden. Putenfiletstreifen im Wok heiß anbraten. Wenn das Fleisch gar ist, nach oben an den Rand des Woks schieben oder auf das Gitter legen. Zuerst die Möhrenstifte und Paksoistiele anbraten, 2 – 3 Min. garen, anschließend die Blätter 1 Min. mitgaren.

▌ Datteln entkernen, würfeln und dazugeben. Sesam in einer Pfanne trocken anrösten. Das Fleisch zum Gemüse geben und mit Honig, Sojasauce, Ingwer und Zitronensaft leicht scharf abschmecken. Mit Sesam bestreut servieren.

Das passt dazu
Couscous, Blattsalat mit Weißer Salatsauce (S. 31) und Kresse.

Zeit sparen
Am Abend vorher: Paksoi waschen, putzen, trocknen, in einer Dose bzw. Tüte aufbewahren. Am Morgen: Couscous nach der Packungsanweisung z. B. in Brühe einweichen.

Spinatklößchen mit Champignon-ragout

1 Grundrezept Kartoffelteig (S. 28), 400 g Blattspinat,
2 EL Olivenöl, 750 g Champignons, 100 ml Sahne, 100 ml Milch,
1 – 2 EL Weizenvollkornmehl oder Weizenmehl Type 1050, Kräuter-
salz, Zitronensaft, Pfeffer

■ Kartoffelteig nach Grundrezept herstellen. Blattspinat waschen, putzen, grob schneiden. 1 EL Öl in einem Topf mit 1 EL Wasser erhitzen, Spinat dazugeben und zusammenfallen lassen, etwas ausdrücken und unter die Kartoffelmasse kneten.
■ Der Teig sollte nicht kleben und gut formbar sein. Mit feuchten Händen oder 2 Esslöffeln Klößchen formen. Klößchen in kochendes Salzwasser geben. Wenn sie an die Oberfläche kommen, sind sie gar, mit einem Schaumlöffel herausnehmen, abtropfen lassen und warm halten.
■ Champignons mit Küchenkrepp abreiben, putzen und in Scheiben schneiden. Zwiebeln abziehen und würfeln. 1 EL Öl in einer Pfanne mit 1 EL Wasser erhitzen, die Zwiebeln und die Champignons darin anbraten. Sahne, Milch und Mehl glatt rühren, zu den Pilzen geben, 2 Min. köcheln lassen, mit den Gewürzen und dem Zitronensaft abschmecken und zu den Spinatklößchen servieren.

Das passt dazu
Gurkenfrischkost mit Avocado und Kresse in Weißer Salatsauce (S. 31).

Zeit sparen
Am Abend vorher: Spinat waschen, putzen, trocknen, in einer Dose bzw. Tüte verpackt kühl aufbewahren. Kartoffeln garen, abkühlen und gut verpackt im Kühlschrank aufbewahren.

Kartoffelsoufflé mit Käse und grünem Pfeffer

1,2 kg mehlige oder vorwiegend festkochende Kartoffeln,
250 ml Milch, 3 Eier, 50 g Maismehl, 1 EL grüner eingelegter
Pfeffer, Salz, Muskat, 150 g Bergkäse (gerieben), Butterschmalz
für die Form

■ Kartoffeln waschen, bürsten und in wenig Wasser 30 Min. garen, pellen und durch die Kartoffelpresse drücken. Backofen auf 200 Grad vorheizen. Kartoffeln und Milch glatt rühren. Eier trennen, Eigelbe unter die Kartoffelmasse ziehen, Eiweiße zu nicht allzu steifem Schnee schlagen.
■ Mehl, Pfefferkörner und die Gewürze unter den Kartoffelteig kneten, die Masse sollte geschmeidig sein – eventuell Milch oder Mehl dazugeben. Zuerst den Käse einarbeiten, zuletzt den Eischnee unterheben. Die Masse in eine gefettete Auflaufform geben und 35 – 40 Min. backen.

Das passt dazu
Kohlrabigemüse mit Frühlingszwiebeln und getrockneten Tomaten in Tomatenpassata gegart und Gurkenfrischkost.

Zeit sparen
Für die **Kleinigkeit**: 1 Portion Kohlrabigemüse zusätzlich garen, herunterkühlen, gut verpackt im Kühlschrank aufbewahren.

Kleinigkeit
Kohlrabi-Tomaten-Antipasto

Das Gemüse mit Olivenöl und Balsamessig beträufeln und mit gerösteten Pinienkernen bestreut auf einer Platte mit Thunfisch und Oliven anrichten. Dazu passt Ciabatta mit Knoblauchbutter.

EINKAUFSLISTE

Frisch dazukaufen

- 600 g Kohlrabi, 800 g Paksoi, 1 kg Spinat
- 2 Kästchen Kresse,
- 3 Zitronen, 750 g Rhabarber
- 250 ml Milch, 200 g Joghurt, 300 g Schmand, 125 g Quark, 150 g Feta, 80 g Parmesan
- 10 getrocknete Tomaten, 1 Glas Tomaten (350 g), Roggenbrot, 30 g Cranberries
- 11 Eier

Aus dem Vorrat

- 400 g Vollkornreis, 250 g Weizenvollkornmehl, Vollkorngrieß
- Zwiebeln
- 40 g Kokoschips, Pinienkerne, 80 g Cashewkerne
- Paprika edelsüß, Vanillezucker, Gemüsebrühe, Backpulver, Honig, Zucker
- 400 ml Kokosmilch, Olivenöl

Mögliche Beilagen

- Kohlrabi, Radieschen, Blattspinat, Sauerampfer, Blattsalat, Champignons, Kartoffeln
- Weiße Salatsauce (S. 31), Sommervinaigrette (S. 31)

WOCHE

Senföle der Kresse – das natürliche Antibiotikum

Gartenkresse peppt in einer Zeit, wo wir auf frische Gartenkräuter warten, viele Gerichte auf. Das satte Grün und der frische rettigartige, leicht scharfe Geschmack bringen eine oft lang ersehnte Abwechslung in die Küche.

Steckbrief **Kresse**

Die feinen empfindlichen grünen Blättchen liefern jede Menge Vitamin C, B und Betacarotin sowie Kalium, Kalzium und Eisen. Außerdem wirken die scharfen Senföle in der Kresse antibakteriell. Gartenkresse wird im sogenannten Kressebeet in allen gut sortierten Gemüseabteilungen bzw. auf Märkten angeboten. Leicht feucht und eher kühl gelagert hält sich die Kresse 7 – 8 Tage. Ziehen Sie doch selber Kresse, ein Erlebnis, besonders für die Kinder! Sie brauchen dafür:

- 1 Baumwollsocke,
- 1 Kordel,
- Sand,
- 1 Teller,
- Kressesamen.

Füllen Sie das Fußteil der Socke mit Sand, binden Sie oberhalb der Ferse mit der Kordel dann die Socke zu. Das gefüllte Fußteil dann auf einen Teller legen und flach andrücken, sodass eine Fläche von 15 × 7 cm entsteht. Die Kressesamen darauf verteilen und am besten mit Wasser aus der Wäschespritze gut durchfeuchten. Regelmäßig besprüht, ist die Kresse dann nach 7 – 8 Tagen erntefertig. Wer mag, gestaltet die Socke mit aufgenähten Knöpfen zu einem freundlichen Igel.

Reispfanne mit Paksoi

200 g Vollkornreis, 800 g Paksoi, 1 Zwiebel, 2 EL Olivenöl, 100 ml Gemüsebrühe, 1 Glas Tomaten (ca. 350 g), Salz, Pfeffer, Paprika edelsüß, Honig, 80 g Cashewkerne

▌ Reis nach Packungsanweisung garen. Paksoi waschen, putzen, die Stiele würfeln, die Blätter in Streifen schneiden. Zwiebel abziehen und würfeln. Öl mit 2 EL Wasser in einer großen Pfanne erhitzen, die Zwiebel darin anschwitzen, dann die weißen Stiele 1 Min. unter Wenden mitgaren, dann die Blätter hinzufügen, mit der Gemüsebrühe ablöschen und zugedeckt ca. 3 Min. bissfest garen.

▌ Die Tomaten würfeln, mit dem Saft zu dem Gemüse geben und mit den Gewürzen und Honig abschmecken. Den Reis unterziehen. Cashewkerne grob hacken und die Reispfanne damit dekorieren.

Das passt dazu

Kohlrabi-Radieschen-Frischkost in Weißer Salatsauce (S. 31).

Zeit sparen

Am Morgen: Reis 20 Min. garen, zugedeckt ohne Hitzezufuhr ausquellen lassen.

Kresseflan mit Joghurtsauce und Kohlrabicarpaccio

2 Kästchen Kresse, 8 Eier, 100 g Schmand, Salz, Pfeffer, Butterschmalz für die Auflaufform, 200 g Joghurt, 1 TL Paprika edelsüß, Salz, Zitronensaft, 600 g Kohlrabi, 80 g Parmesan, 2 EL Olivenöl, Saft von 1 – 2 Zitronen, 5 getrocknete Tomaten, 20 g Pinienkerne, Pfeffer aus der Mühle

▌ Backofen auf 180 Grad vorheizen. Kresse mit Eiern, Schmand und den Gewürzen pürieren, in eine gefettete längliche Form füllen, in ein Wasserbad stellen und 20 – 30 Min. backen, bis die Eiermasse gestockt ist. Kresseflan stürzen, abkühlen lassen, in Scheiben schneiden.

▌ Joghurt mit Paprikapulver, Salz und wenig Zitronensaft glatt rühren. Die zarten grünen Blätter des Kohlrabis abschneiden, waschen, trocknen und zur Seite legen. Kohlrabi schälen, halbieren und hauchdünn hobeln oder schneiden. Parmesan dünn hobeln. Kohlrabi und Parmesan abwechselnd dachziegelartig anrichten. Öl und Zitronensaft darüberträufeln.

▌ Tomaten in Streifen schneiden, Pinienkerne trocken in einer Pfanne rösten, Kohlrabiblätter fein schneiden, alles über das Kohlrabicarpaccio streuen. Mit viel Pfeffer aus der Mühle dekorieren. Kresseflan mit Joghurtsauce servieren, das Kohlrabicarpaccio dazu reichen.

Das passt dazu:

frisches Roggenbrot. Für Kleinigkeit: ein paar Scheiben Kresseflan aufbewahren.

Zeit sparen

Am Abend vorher: Kresseflan zubereiten, kühl stellen, mindestens 1 Stunde vor dem Essen aus dem Kühlschrank nehmen.

Kleinigkeit
Kresseflan-Sandwich

Eine gebutterte Brötchenhälfte mit Salatblättern und Radieschenscheiben, 1 dünnen Scheibe Kresseflan und 2 Tupfern Tomatenmark belegen. Zweite Brötchenhälfte daraufsetzen.

Kokosmilchreis mit Rhabarberkompott

200 g Vollkornrundkornreis, 400 ml Kokosmilch, 1 Päckchen Vanillezucker, 2 EL Zucker, 30 g Cranberries, 750 g Rhabarber, 50 g Honig, 40 g Kokoschips

■ Reis mit 300 ml Wasser aufsetzen und so lange köcheln lassen, bis das ganze Wasser aufgenommen ist. Kokosmilch, Vanillezucker und Zucker hinzufügen und weitere 30 Min. bei geringer Hitze garen, gelegentlich umrühren, evtl. zusätzlich etwas Wasser oder Kokosmilch hinzufügen. Die Cranberries unterrühren und weitere 10 Min. ohne Hitzezufuhr ausquellen lassen.

■ Rhabarber waschen, putzen, evtl. abziehen und in 2 cm lange Stücke schneiden. Honig mit 100 ml Wasser aufkochen, den Rhabarber hinzufügen, 2 Min. köcheln lassen, Hitze wegnehmen und zugedeckt weitere 5 Min. nachgaren. Kokoschips in einer Pfanne trocken anrösten. Rhabarberkompott zu dem Kokosmilchreis servieren und mit Kokoschips dekorieren.

Das passt dazu
Zur Vorspeise: eine Gemüsecremesuppe nach Grundrezept (S. 30) mit Spinat und Sauerampfer.

Zeit sparen
Am Abend vorher: Kokosmilchreis garen, kühl aufbewahren, 1 Stunde vor dem Essen aus dem Kühlschrank nehmen, etwas warme Kokosmilch unterrühren, damit er cremig wird.

Spinatkuchen vom Blech

1 Grundrezept Quark-Öl-Teig (S. 28), 1 kg Spinat, 2 EL Olivenöl, 5 getrocknete Tomaten, 150 g Feta, 2 EL Vollkorngrieß, 1 Ei, 1 Eigelb, 200 g Schmand, Kräutersalz, Pfeffer, 25 g Pinienkerne

■ Quark-Öl-Teig nach Grundrezept herstellen und auf einem mit Backpapier ausgelegten Blech ausrollen. Spinat waschen, putzen, grob schneiden. Zwiebel abziehen, würfeln. Öl mit 2 EL Wasser in einem großen Topf erhitzen, die Zwiebel darin anschwitzen, den Spinat hinzufügen und 2 Min. dünsten. Mit einem Schaumlöffel herausnehmen und abtropfen lassen.

■ Backofen auf 180 Grad vorheizen. Tomaten in Streifen schneiden, Feta grob reiben, zuerst den Grieß auf den Teig streuen, dann die Tomaten und den Feta. Ei, Eigelb, Schmand und die Gewürze verquirlen. Den Spinat auf dem Teig verteilen, die Eiersahne angießen und die Pinienkerne darauf verteilen. Rund 30 Min. backen.

Das passt dazu
Blattsalat mit Champignons und Sommervinaigrette (S. 31).

Zeit sparen
Am Morgen: Quark-Öl-Teig kneten, gut verpackt und kühl aufbewahren.

EINKAUFSLISTE

Frisch dazukaufen

- 600 – 700 g Mangold, 500 g Möhren, 500 g Kohlrabi, 800 g Blumenkohl, 600 g Paksoi
- 2 Kästchen Kresse, 2 Bund Schnittlauch
- 1 Zitrone
- 200 ml Milch, 50 ml Sahne, 200 g Schmand, 40 g Quark, 100 g Feta, 100 g Mozzarella, 80 g Bergkäse, 20 g Parmesan, etwas Butter
- 400 g Hähnchenbrustfilet, 300 ml Tomatenpassata
- 4 Eier
- Zahnstocher

Aus dem Vorrat

- Maismehl, 150 g weiße Bohnen, 70 g Hartweizengrieß
- Kartoffeln
- Sonnenblumenkerne
- Paprika edelsüß, Curry, Oregano, Basilikum, Thymian, Kümmel, Lorbeerblatt, Gemüsebrühe
- Sojasauce, Tomatenmark, weißer Balsamessig, Honig
- Olivenöl

Mögliche Beilagen

- Blattsalat, Radieschen, Rucola, Zucchini, Möhren, Kartoffeln
- Obst
- Vollkornreis
- Sommervinaigrette (S. 31)

7 WOCHE

Ob weiß, rot oder gelb – Mangold steckt voller sekundärer Pflanzenstoffe

Auf dem Wochenmarkt gibt es mittlerweile neben der klassischen Sorte auch roten oder auch gelben Mangold mit sehr zarten Stielen zu kaufen. Mangold kann man ganz unkompliziert selbst im Garten ziehen. Bei Biosaatgut-Anbietern bekommen Sie Samen für die bunten tollen Sorten.

Steckbrief Mangold

Mangold hat bei uns in den letzten Jahren aufgrund des großen Einflusses französischer und italienischer Kochkunst an Bedeutung gewonnen. Botanisch verwandt ist er mit Roter Bete, aber in der Küche findet er einen ähnlichen Einsatz wie Spinat. Sein Gehalt an Mineralstoffen, B-Vitaminen, Vitamin C und Provitamin A und auch an sekundären Pflanzenstoffen ist sehr hoch. Da Mangold viel Nitrat enthalten kann, ist es empfehlenswert, Vitamin-C-Haltiges mit Mangoldgerichten zu kombinieren, besonders wenn Sie ihn aufwärmen. Beispielsweise mit einem Glas frisch gepressten O-Saft oder mit einem Salat mit frischer Paprika. Denn: Vitamin C vermindert die Umwandlung von Nitrat in das gesundheitsbedenkliche Nitrit bzw. in Nitrosamine. Gewaschen und getrocknet hält sich der Mangold 3 – 4 Tage im Gemüsefach des Kühlschranks.

Kartoffelkuchen mit Mangold

800 g Kartoffeln, 600 – 700 g Mangold, Salz, Butterschmalz für die Form, 4 Eier, 100 g Schmand, Pfeffer, Paprika edelsüß, 100 g Feta, 100 g Schmand, 2 EL Sonnenblumenkerne

▌ Kartoffeln bürsten und in wenig Wasser dünsten bzw. dämpfen. Mangold waschen, putzen, die Blätter in Streifen schneiden und die breiten Stiele würfeln. Zuerst die gewürfelten Stiele 1 Min. in kochendem Salzwasser blanchieren, dann die Blätter hinzufügen und 1 weitere Min. mitgaren. Mit einem Schaumlöffel das Gemüse herausnehmen, abbrausen, abtropfen lassen.

▌ Eier mit Schmand und Salz, Pfeffer und Paprika verquirlen. Feta zerdrücken, mit Schmand und Sonnenblumenkernen vermischen. Backofen auf 180 Grad vorheizen.

▌ Kartoffeln pellen, in dünne Scheiben schneiden und eine gefettete Quiche-Form (Ø 28 cm) damit auslegen. Mangold darauf verteilen, Eiermasse darübergießen. Fetacreme über dem Mangold verteilen. 25 – 30 Min. backen.

Das passt dazu:
Blattsalat mit Radieschen und Sommervinaigrette (S. 31).

Zeit sparen
Für übermorgen: Kartoffeln zusätzlich garen, herunterkühlen, abgedeckt im Kühlschrank aufbewahren.

Hähnchenrouladen mit Kohlrabi-Möhren-Gemüse

400 g Hähnchenbrustfilet, 2 EL Sojasauce, 2 Kästchen Kresse, 100 g Mozzarella, Zahnstocher, Butterschmalz zum Braten, 500 g Möhren, 500 g Kohlrabi, 2 EL weißer Balsamessig, 1 EL Honig, 50 ml Sahne, Salz, Pfeffer, Curry

▌ Hähnchenbrustfilet waschen, trocknen, säubern und in 1 cm dicke Scheiben (12 × 6 cm) schneiden, in Sojasauce marinieren. Kresse schneiden, Mozzarella grob reiben. Fleischscheiben zuerst mit etwas Mozzarella und dann mit Kresse bestreuen, aufrollen und mit einem Zahnstocher feststecken.

▌ Fett in einer Pfanne erhitzen und die Fleischröllchen von allen Seiten 4 – 5 Min. braten. Herausnehmen, warm halten. Möhren bürsten, putzen, Kohlrabi schälen, beides in gleich große Stifte schneiden. Kohlrabigrün waschen, trocknen und in Streifen schneiden.

▌ Möhren- und Kohlrabistifte in dem Fett des Fleisches anbraten und 2 – 3 Min. zugedeckt bissfest dünsten. Mit Essig, Honig und Sahne ablöschen und mit den Gewürzen abschmecken. Die Rouladen dazugeben, 1 Min. mit erwärmen und mit dem Kohlrabigrün garniert servieren.

Das passt dazu
Reis und Blattsalat mit Rucola gemischt mit Sommervinaigrette (S. 31).

Zeit sparen
Am Morgen: Reis 20 Min. garen, zugedeckt ohne Hitzezufuhr ausquellen lassen.

Blumenkohl mit Schnittlauchbéchamel

800 g Blumenkohl, Saft von 1 Zitrone, Salz, 1 Grundrezept Béchamelsauce mit Käse (S. 30), 2 Bund Schnittlauch

▌ Blumenkohl waschen, putzen, den groben Strunk herausschneiden. Strunk würfeln und die Röschen teilen, in wenig Zitronen-Salz-Wasser 5 – 7 Min. bissfest dünsten bzw. dämpfen. Mit einem Schaumlöffel herausnehmen, abtropfen lassen und warm halten.

▌ Mit dem Gemüsewasser eine Béchamelsauce nach Grundrezept herstellen. Schnittlauch waschen, trocknen, in Röllchen schneiden und in die Sauce einrühren und über den Blumenkohl gießen.

Das passt dazu

Bratkartoffeln mit Zucchini-Möhren-Frischkost und Sommervinaigrette (S. 31).

Weiße Bohnensuppe mit Grieß-Parmesan-Klößchen

150 g weiße Bohnen, jeweils 1 TL Oregano, Basilikum, Thymian, Kümmel, 1 Lorbeerblatt, 600 g Paksoi, 2 EL Olivenöl, 300 ml Tomatenpassata, 2 EL Tomatenmark, Salz, Pfeffer, Honig, 30 g Butter, 75 ml Gemüsebrühe, 70 g Hartweizengrieß, 2 EL Quark, 20 g Parmesan (gerieben)

▌ Bohnen über Nacht in 500 ml Wasser einweichen, mit den getrockneten Kräutern und dem Lorbeerblatt aufsetzen und 40 Min. garen. Paksoi waschen, putzen, die Stiele würfeln, die Blätter in Streifen schneiden

▌ Öl mit 2 EL Wasser erhitzen, Paksoi darin 2 Min. dünsten. Paksoi, Tomatenpassata und Tomatenmark zu den Bohnen geben, mit Salz, Pfeffer und Honig abschmecken und weitere 10 Min. garen. Butter mit der Gemüsebrühe erhitzen, Grieß einrühren, 1 Min. köcheln dann auskühlen lassen, Quark und Parmesan unterkneten.

▌ Wasser in einem Topf zum Kochen bringen, mit 2 Teelöffeln kleine Klößchen abstechen und im Wasser gar ziehen lassen. Wenn sie an die Oberfläche kommen, brauchen sie noch 1 – 2 Min. Mit einem Schaumlöffel die Grießklößchen herausnehmen und in die Bohnensuppe geben.

Das passt dazu:

Ein Obstteller als Nachtisch.

Zeit sparen

Am Morgen: Bohnen 30 Min. garen, zugedeckt ohne Hitzezufuhr ausquellen lassen. Für den Vorrat: Klößchen halten sich gut verpackt im Kühlschrank 2 – 3 Tage; tiefkühlgeeignet.

EINKAUFSLISTE

Frisch dazukaufen

- 500 g grüner Spargel, 800 g Kohlrabi, 120 g Zuckerschoten, 2½ Bund Frühlingszwiebeln, 1 Bund Sauerampfer, 1,1 kg Möhren, 1 kg weißer Spargel, 1 kg Spinat
- 1 Bund Bärlauch
- 1 Zitrone
- 400 ml Milch, 150 ml Sahne, 150 g Mozzarella, 100 g Bergkäse, 140 g Butter
- 10 – 12 Lasagneblätter, gesalzenes grobes Erdnussmus, 30 g Erdnüsse

Aus dem Vorrat

- Maismehl, 250 g Polenta, 250 g Vollkornreis
- Zwiebel, Knoblauch
- Sesam
- Muskat, Schabzigerklee, Gemüsebrühe
- weißer Balsamessig, Sojasauce, Rapsöl, Zucker

Mögliche Beilagen

- Blattsalat, Möhren, Kresse, Blumenkohl, Radieschen, Gurken, Schnittlauch
- Vollkornreis
- Sonnenblumenkerne
- Weiße Salatsauce (S. 31), Sommervinaigrette (S.31)

WOCHE 2

Spargel – kaum Energie, dafür reichlich Ballaststoffe

Kein anderes Gemüse signalisiert uns den Frühling und die nahende warme Jahreszeit so sehr wie Spargel. Und weil es heimischen Spargel nur bis zum 24. Juni zu kaufen gibt, schöpfen viele Liebhaber während dieser wenigen Wochen aus dem Vollen. Ob klassisch mit Kartoffeln und Schinken, als Suppe oder Salat – aus Spargel lassen sich feine Gerichte zaubern.

Steckbrief Spargel

Grüner Spargel wurde bereits im alten Griechenland und in Italien hoch geschätzt, doch sein „weißer Bruder" wird erst seit Ende des 19. Jahrhunderts kultiviert. Weißer Spargel enthält viel Eiweiß, Eisen und Kalium sowie die Vitamine B_1, B_2, B_6, C, E und Provitamin A. Grüner Spargel, der wesentlich zarter ist und auch nicht geschält werden muss, weist einen wesentlich höheren Gehalt an Nährstoffen auf. In ein feuchtes Küchenhandtuch gewickelt hält sich Spargel 4 – 5 Tage im Gemüsefach des Kühlschranks.

Gemüseragout mit Sauerampfersauce

500 g grüner Spargel, 400 g Kohlrabi, 120 g Zuckerschoten, 1 Bund Frühlingszwiebeln, 400 ml Gemüsebrühe, 1 Bund Sauerampfer (100 g), 150 ml Sahne, 1 – 2 EL Maismehl, Salz, Pfeffer, Muskatnuss, Zucker

▌ Spargel waschen, putzen, in mundgerechte Stücke schneiden, Kohlrabi schälen, in 3 cm lange Stifte schneiden. Zuckerschoten waschen, putzen, evtl. halbieren, Frühlingszwiebeln waschen, putzen, in 3 cm lange Stücke teilen.

▌ Gemüsebrühe in einem großen Topf aufkochen, zuerst den Spargel und den Kohlrabi zugedeckt 5 Min. garen, dann die Zuckerschoten und die Zwiebeln hinzufügen und weitere 3 Min. garen. Das Gemüse mit einem Schaumlöffel herausnehmen, kalt abbrausen und abtropfen lassen.

▌ Sauerampfer waschen, putzen und mit der Sahne pürieren, das Mehl unterrühren. 300 ml von der Gemüsebrühe abmessen und die Sahne einrühren, 2 Min. köcheln lassen, mit den Gewürzen abschmecken. Das Gemüse hinzufügen, erneut erwärmen und servieren.

Das passt dazu
Vollkornreis und Blattsalat mit geraspelten Möhren und Kresse in Sommervinaigrette (S. 31).

Zeit sparen
Am Morgen: Reis 20 Min. garen, zugedeckt ohne Hitzezufuhr ausquellen lassen.

Polentaschnitten mit Bärlauchbutter

1 l Gemüsebrühe, 250 g Polenta, 700 g Möhren, 1 Zwiebel, 1 EL Rapsöl, Salz, Pfeffer, Schabzigerklee, 50 g Sesam, Butterschmalz zum Ausbacken, 1 Bund Bärlauch, 100 g Butter (Zimmertemperatur), Salz, Zitronenabrieb

▌ Gemüsebrühe aufkochen, die Polenta einrühren, unter ständigem Rühren 5 Min. köcheln lassen, zugedeckt ohne Hitzezufuhr 15 Min. ausquellen lassen. Möhren bürsten, putzen, grob raspeln. Zwiebel abziehen, fein würfeln.

▌ Rapsöl mit 2 EL Wasser in einer Pfanne erhitzen, Zwiebel und Möhre 3 – 4 Min. darin anschwitzen, mit den Gewürzen abschmecken. Möhren unter die Polenta ziehen und in eine gefettete flache Auflaufform streichen.

▌ Polenta auskühlen lassen, stürzen, in 2 – 3 cm breite Streifen schneiden und in Sesam wenden. Polentaschnitten von beiden Seiten 3 – 4 Min. in Butterschmalz goldbraun braten. Bärlauch waschen, trocknen, sehr fein schneiden, mit Butter, Salz und Zitronenabrieb verkneten, zu den Polentaschnitten servieren.

Das passt dazu
Blumenkohlfrischkost mit Weißer Salatsauce (S. 31) und gerösteten Sonnenblumenkernen.

Zeit sparen
Am Morgen: Polenta 5 Min. garen, zugedeckt, ohne Hitzezufuhr ausquellen lassen. Für die Kleinigkeit: Bärlauchbutter mit zubereiten.

Kleinigkeit
Spargelbrötchen mit Bärlauchbutter

Zwei Brötchenhälften mit Bärlauchbutter bestreichen, dazwischen legen Sie ein paar Spargelstangen, Rucolasalat und Fetakäse.

Spargel-Spinat-Lasagne

1 kg weißer Spargel, Salz, 1 kg Spinat, 2 Frühlingszwiebeln, 2 Knoblauchzehen, 2 EL Olivenöl, Salz, Pfeffer, 2 Rezepte Béchamelsauce (S. 30), Butterschmalz für die Form, 10 – 12 Lasagneblätter, 150 g Mozzarella, 100 g Bergkäse (gerieben)

▌ Spargel schälen, putzen, waschen und ca. 5 Min. in wenig Salzwasser dünsten, mit einem Schaumlöffel herausnehmen, kalt abbrausen und abtropfen lassen. Gemüsewasser aufbewahren.

▌ Spinat und Frühlingszwiebeln waschen, putzen, Zwiebeln in feine Ringe schneiden, Knoblauch abziehen und würfeln. Öl mit 2 EL Wasser in einem großen Topf erhitzen, Zwiebeln, Knoblauch und Spinat darin 3 Min. dünsten, mit einem Schaumlöffel herausnehmen, kalt abbrausen, gut abtropfen lassen.

▌ Mit Spargel- und Spinatwasser eine Béchamelsauce laut Rezept herstellen. Backofen auf 170 Grad vorheizen. Eine gefettete Form mit einer Schicht Lasagneblätter auslegen, dann abwechselnd Spargel, Sauce, Lasagneblätter, Spinat und wieder Sauce schichten, mit Spinat enden.

▌ Mozzarella reiben, mit dem Bergkäse vermischen und über dem Spargel verteilen. 40 Min. backen.

Das passt dazu:
Blattsalat mit Radieschen und Sommervinaigrette (S. 31).

Zeit sparen
Am Abend vorher: Spargel schälen, putzen, in ein feuchtes Küchenhandtuch einwickeln, im Kühlschrank aufbewahren. Spinat waschen, putzen, trocknen, in einer Dose bzw. Tüte im Kühlschrank aufbewahren.

Frühlingsgemüse und Erdnusssauce

250 g Vollkornreis, 400 g Möhren, 400 g Kohlrabi, 1 Bund Frühlingszwiebeln, 2 EL Rapsöl, 2 EL Sojasauce, 3 EL weißer Balsamessig, 80 g gesalzenes grobes Erdnussmus, 30 g Erdnüsse

▌ Vollkornreis nach Packungsanweisung kochen. Möhren bürsten, putzen, in 3 cm lange Stifte schneiden. Die zarten Blätter des Kohlrabis abschneiden, waschen, trocknen. Kohlrabi schälen, in 3 cm lange Stifte schneiden.

▌ Zwiebeln waschen, putzen, in 3 cm lange Stücke schneiden. Rapsöl mit 2 EL Wasser in einer Pfanne erhitzen, das Gemüse darin andünsten, mit Sojasauce und Essig ablöschen, zugedeckt 4 Min. bissfest garen.

▌ Erdnussmus mit 150 ml kochendem Wasser glatt rühren, unter das Gemüse rühren, den Reis untermischen, mit Erdnüssen und feingeschnittenen Kohlrabiblättern garniert servieren.

Das passt dazu
Gurkenfrischkost mit Sommervinaigrette (S. 31) und Schnittlauch.

Zeit sparen
Am Morgen: Reis 20 Min. garen, zugedeckt ohne Hitzezufuhr ausquellen lassen.

EINKAUFSLISTE

Frisch dazukaufen

- 400 g Salatgurke, 400 g Möhren, 500 g grüner Spargel, 400 g Kohlrabi, 2 Frühlingszwiebeln, 750 g Mangold
- 1 Bund glatte Petersilie, 1 Bund Dill
- 4 Zitronen
- 500 ml Milch, 100 g Joghurt, 200 g Schmand, 100 g saure Sahne, 50 ml Sahne, 50 g Quark, 50 g Bergkäse, 100 g Frischkäse, 80 g Parmesan, 50 g Butter
- 8 getrocknete Tomaten, 1 Glas Kichererbsen
- 200 g Räucherlachs, 6 Eier

Aus dem Vorrat

- 250 g Hirse, 400–500 g Tagliatelle, 250 g Weizenvollkornmehl, Weizenmehl Type 1050, 150 g Vollkornreis
- Kartoffeln, Knoblauch, Zwiebeln
- Sesam, Sonnenblumenkerne
- Kreuzkümmel, Curry, Gemüsebrühe
- Tomatenmark, Sojasauce, süßer grober Senf, Honig
- Olivenöl

Mögliche Beilagen

- Rucola, Tomaten, Möhren, Gurken, Radieschen, Kopfsalat, Schnittlauch, Kresse
- Pinienkerne
- Sommervinaigrette (S. 31)

Ideal verpacktes Wasser

Da man Gurken bei uns das ganze Jahr über bekommt, wissen viele nicht, wann sie eigentlich Saison haben. Dabei lohnt es sich, gerade jetzt frische, also heimische Freilandgurken auf dem Markt zu kaufen!

Steckbrief Gurke

Gurken, die ursprünglich an den Südhängen des Himalayas wuchsen, werden heute weltweit angebaut. Wo es warm ist, wachsen sie unter freiem Himmel, in kälteren Regionen unter Glas oder Folie. Ihr hoher Wassergehalt (95 %) macht sie so erfrischend und auch beliebt. Der Nährstoffgehalt lässt allerdings auch ein wenig zu wünschen übrig. Im Sommer ist die Gurke, genauso wie auch die Wassermelone, eine bei Kindern sehr beliebte Möglichkeit, Wasser mit Geschmack und leichter Sättigung aufzunehmen. Beim Einkauf sollten Sie auf feste Enden und eine gleichmäßige Farbe achten, so hält sich die Gurke in dünne Folie verpackt 4 – 5 Tage im Kühlschrank.

Hirse mit Gemüse und Knoblauchdip

600 ml Gemüsebrühe, 1 Salatgurke (400 g), 400 g Möhren, 250 g Hirse, Salz, Pfeffer, Zitronensaft, 1 Bund glatte Petersilie, 3 Knoblauchzehen, 200 g Schmand, Kräutersalz, Zitronenabrieb

▌ Gemüsebrühe in einem großen Topf aufkochen, Gurke waschen, putzen, in 3 cm lange Stifte schneiden. Möhren bürsten, putzen, in 3 cm lange Stifte schneiden. Hirse in einem Haarsieb heiß abwaschen.

▌ Gurke, Möhre und Hirse in die kochende Brühe geben, 10 Min. köcheln lassen, weitere 10 Min. auf der ausgeschalteten Herdplatte zugedeckt nachquellen lassen. Mit Salz, Pfeffer und etwas Zitronensaft abschmecken.

▌ Petersilie waschen, trocknen, zupfen, sehr fein schneiden und unter die Hirse mischen. Knoblauch abziehen, sehr fein schneiden, mit Schmand, Kräutersalz und Zitronenabrieb verrühren, zu der Hirse servieren.

Das passt dazu
Rucolasalat mit Sommervinaigrette (S. 31), gerösteten Pinienkernen und Tomaten.

Kartoffelplätzchen mit Räucherlachsstreifen

1 kg Kartoffeln, 3 Eier, 2 – 3 EL Weizenmehl Type 1050, Salz, Butterschmalz zum Ausbacken, 100 g Joghurt, 100 g saure Sahne, 2 EL süßer grober Senf, 1 Bund Dill, Zitronensaft, 200 g Räucherlachs

▌ Kartoffeln schälen und fein, aber nicht musig raspeln, etwas ausdrücken. Eier, Mehl und Salz unterkneten. Butterschmalz in einer großen Pfanne erhitzen. Backofen auf 50 Grad vorheizen.

▌ Einen Saucenlöffel mit Kartoffelteig in das heiße Fett geben und das Kartoffelplätzchen von beiden Seiten goldbraun backen. Auf Küchenkrepp legen, das Fett etwas abtupfen und im Backofen warm stellen.

▌ Joghurt, saure Sahne und Senf verrühren, Dill waschen, trocknen und fein schneiden und mit Salz und etwas Zitronensaft unter die Sauce ziehen. Lachs in 2 cm breite Streifen schneiden, mit der Sauce zu den Kartoffelplätzchen servieren.

Das passt dazu
Gurkenfrischkost mit Radieschen und Sommervinaigrette (S. 31).

Gebratener Spargel mit Tagliatelle

400 – 500 g Tagliatelle, Salz, 500 g grüner Spargel, 2 EL Olivenöl, 8 getrocknete Tomaten, Saft von 1 Zitrone, Pfeffer, 80 g Parmesan (gerieben), schwarzer Pfeffer aus der Mühle

▌ Die Tagliatelle nach Packungsanweisung bissfest garen. Spargel waschen, putzen, in mundgerechte Stücke schneiden. Öl in einer großen hohen Pfanne mit 2 EL Wasser erhitzen, Spargel darin 2 – 3 Min. anbraten.

▌ Tomaten in Streifen schneiden, zu dem Spargel geben, mit dem Zitronensaft und mit Salz und Pfeffer abschmecken. Tagliatelle mit einem Schaumlöffel aus dem Topf nehmen und nicht vollständig abgetropft zu dem Spargel geben. Den Parmesan unterheben, mit Pfeffer aus der Mühle bestreuen und servieren.

Das passt dazu
Rucolasalat mit Sommervinaigrette (S. 31) und geraspelter Möhre.

Gefüllte Pfannkuchen mit Tomatensauce

1 Grundrezept Pfannkuchenteig (S. 28), 2 Kohlrabi mit Grün, 2 Frühlingszwiebeln, 1 EL Olivenöl, 1 TL Kreuzkümmel, 30 g Sesam, 100 g Frischkäse, 50 g Quark, Salz, Pfeffer, Butterschmalz für die Form, 50 g Bergkäse (gerieben), 100 g Tomatenmark, 2 EL Honig oder Zucker, 50 ml Sahne, Paprika

▌ Pfannkuchenteig herstellen und ausbacken. Kohlrabiblätter waschen und in Streifen schneiden. Kohlrabi schälen und sehr grob raspeln. Zwiebeln waschen, putzen, in Ringe schneiden. Olivenöl mit 1 EL Wasser in einer Pfanne erhitzen, Zwiebeln, Kohlrabi und das Kohlrabigrün darin 2 Min. dünsten. Kreuzkümmel und Sesam trocken anrösten. Das Dünstwasser von dem Kohlrabi auffangen.

▌ Frischkäse, Quark, Sesam und Kreuzkümmel unter das Gemüse ziehen. Mit Salz und Pfeffer abschmecken. Backofen auf 200 Grad vorheizen. Pfannkuchen mit dem Gemüse füllen, aufrollen und in eine gefettete Auflaufform legen. Mit Käse bestreut 15 Min. überbacken.

▌ Tomatenmark mit dem Dünstwasser vom Kohlrabi glatt rühren, bis es eine cremige Konsistenz hat. Honig einrühren, 1-mal aufkochen lassen, die Sahne einrühren und mit Salz, Pfeffer und Paprika abschmecken.

Das passt dazu:
Kopfsalat mit Sommervinaigrette (S. 31) und Schnittlauch.

Zeit sparen

Am Abend vorher: Pfannkuchen zubereiten, gut verpackt im Kühlschrank aufbewahren. Für **Kleinigkeit**: ein paar Pfannkuchen zusätzlich zubereiten.

Kleinigkeit
Wrap mit Spargelfüllung

Parmesan mit Schmand und Zitronenschale verrühren, den Pfannkuchen damit bestreichen und mit Spargelstangen und Spinatblättern belegen, anschließend aufrollen.

Mangold-Kichererbsen-Pfanne

150 g Vollkornreis, 750 g Mangold, Salz, Saft von 1 Zitrone, 1 Zwiebel, 1 Knoblauchzehe, 2 EL Olivenöl, 1 Glas Kichererbsen, 3 EL Sojasauce, Pfeffer, Curry, 30 g Sonnenblumenkerne

▌ Reis nach Packungsanweisung kochen. Mangold waschen, putzen, die weißen Stiele fein würfeln, die Blätter in Streifen schneiden. In wenig Zitronen-Salz-Wasser 4 Min. bissfest dünsten bzw. dämpfen. Mit einem Schaumlöffel herausnehmen, abbrausen, abtropfen lassen. Das Gemüsewasser aufbewahren.

▌ Zwiebel und Knoblauch abziehen, würfeln. Öl mit 2 EL Gemüsewasser in einer großen hohen Pfanne erhitzen, Zwiebel und Knoblauch darin andünsten. Kichererbsen über einem Sieb spülen, abtropfen lassen, in die Pfanne geben, unter Wenden leicht anbraten, mit Sojasauce und 100 ml des Gemüsewassers ablöschen.

▌ Das Gemüse und den Reis dazugeben, mit Pfeffer und Curry abschmecken. Sonnenblumenkerne trocken in einer Pfanne anrösten und über die Mangold-Kichererbsen-Pfanne streuen.

Das passt dazu
Möhrenfrischkost mit Kresse und Sommervinaigrette (S. 31).

Zeit sparen

Am Abend vorher: Mangold waschen, putzen, trocknen, in einer Dose bzw. Tüte kühl aufbewahren. Am Morgen: Reis 20 Min. garen, zugedeckt ohne Hitzezufuhr ausquellen lassen.

EINKAUFSLISTE

Frisch dazukaufen

- 2,1 kg weißer Spargel, 2½ Bund Rucola, 2 Bund Radieschen, 1 Salatgurke, 400 g Champignons, 600 g Mangold, 1 Bund Frühlingszwiebeln, 600 g grüner Spargel, 2 Tomaten, 1 kg Spinat
- 1 Bund Schnittlauch, 1 Kästchen Kresse
- 30 ml Milch, 150 ml Sahne, 80 g alter Gouda, 50 g Bergkäse, 250 g Ziegenbrie, 60 g Parmesan, 80 g Pecorino, 70 g Butter, Hefe
- 5 – 6 Scheiben Parmaschinken, 200 g geräuchertes Forellenfilet, 4 Scheiben Roggenbrot, 8 Eier

Aus dem Vorrat

- 350 g Weizenvollkornmehl, 400 – 500 g Vollkornspaghetti, Maismehl
- Kartoffeln, Zwiebel, Knoblauch
- Sonnenblumenkerne, Pinienkerne
- Paprika edelsüß, Gemüsebrühe
- Tomatenmark, weißer Balsamessig, Honig
- Olivenöl

Mögliche Beilagen

- Gurken, Rucola, Möhren, Avocado, Kartoffeln
- Erdbeeren, Kiwi, Zitrone
- Pinienkerne, Mandeln, Tagliatelle
- Quark, Honig, Olivenöl
- Sommervinaigrette (S. 31)

WOCHE

Mediterranes Würzkraut mit erwiesener Heilkraft

Rucola können Sie kinderleicht leicht selbst ziehen, und zwar sowohl im Garten als auch in Balkonkästen und Töpfen. Dünger brauchen die Pflänzchen nicht, so verhindern Sie gleichzeitig hohe Nitratgehalte.

Steckbrief **Rucola**

Seitdem die mediterrane Küche bei uns auch immer wichtiger wird, zählt Rucola oder auch Rauke zu unserem beliebtesten „Grünzeug". Die leicht scharf bis bitter schmeckenden Blätter haben einen hohen Gehalt an Senfölen, Bitterstoffen und Vitamin C, was Rucola einen beachtlichen Gesundheitswert verleiht, welcher allerdings je nach Jahreszeit und Anbaumethode durch extrem hohe Nitratwerte gemindert wird. Bevorzugen Sie daher am besten immer Freilandware, da das Sonnenlicht den Nitratabbau fördert. Sollten Sie selber Rucola im Freien ziehen, dann heißt es abends ernten, nachdem die Sonne ihre Arbeit getan hat. Beim Einkauf sollten die Blätter vom Stängel bis zur Spitze knackig sein. Gewaschen und gut getrocknet in einem Tiefkühlbeutel oder einer Kunststoffdose hält sich Rucola 4 – 5 Tage frisch.

Spargel mit Parmaschinken und Rucola

1,5 kg weißer Spargel, Salz, 5 – 6 Scheiben Parmaschinken, 4 EL Olivenöl, Saft von 1 Zitrone, 1½ Bund Rucola, 60 g Parmesan, Pfeffer aus der Mühle

- Spargel schälen, putzen, waschen, in wenig Salzwasser 5 – 7 Min. bissfest dünsten bzw. dämpfen. Mit einem Schaumlöffel herausnehmen, abbrausen, abtropfen lassen. Spargelwasser aufbewahren.
- Parmaschinken in Streifen schneiden und die Spargelstangen damit locker umwickeln. Öl, Zitronensaft, 5 EL Spargelwasser und Salz verrühren. Rucola waschen, trocknen, putzen, in mundgerechte Stücke schneiden.
- Rucola auf eine Platte geben, die Spargelstangen darauf anrichten, die Sauce angießen. Den Parmesan sehr dünn hobeln oder mit einem Sparschäler abziehen und den Spargel damit dekorieren, mit viel grobem Pfeffer aus der Mühle servieren.

Das passt dazu
Tagliatelle mit Olivenöl.

Zeit sparen

Am Abend vorher: Spargel schälen, putzen, in ein feuchtes Küchenhandtuch gewickelt im Kühlschrank aufbewahren.

Lauwarmer Champignonsalat mit Backkartoffeln

1,5 kg Kartoffeln, 2 EL Olivenöl, Kräutersalz, Pfeffer, 1 Bund Rucola, 2 Bund Radieschen, 1 Salatgurke, 2 EL Olivenöl, Saft von 1 Zitrone, Salz, 400 g Champignons, 1 EL Olivenöl, 3 EL weißer Balsamessig, Kräutersalz, Pfeffer, 1 Bund Schnittlauch, 80 g alter Gouda

- Backofen auf 200 Grad vorheizen. Kartoffeln bürsten, grob würfeln, mit dem Öl vermischen und auf einem Backblech verteilen. Ca. 30 Min. backen, anschließend würzen. Rucola waschen, trocknen, putzen, in mundgerechte Stücke zupfen.
- Radieschen waschen, putzen, in feine Scheiben schneiden. Gurke waschen, putzen, in Stifte schneiden. Öl, Zitronensaft, Salz und Pfeffer verquirlen und mit den Salatzutaten vermischen. Champignons trocken mit Küchenkrepp abreiben, putzen, evtl. halbieren.
- Öl mit 2 EL Wasser in einer Pfanne erhitzen, die Pilze darin anbraten, mit Essig ablöschen und 2 Min. ziehen lassen, würzen und über den Salat geben. Schnittlauch in Röllchen schneiden, Gouda fein hobeln oder mit dem Sparschäler abziehen, beides über den Salat streuen und sofort mit den Kartoffeln servieren.

Das passt dazu
Erdbeerquark als Nachtisch.

Gefülltes Omelett

*600 g Mangold, 1 Bund Frühlingszwiebeln,
1 EL Olivenöl, Salz, Pfeffer, Knoblauch,
Zitronensaft, 30 g Sonnenblumenkerne,
8 sehr frische Eier, 2 EL Milch, Kresse,
Butterschmalz zum Braten, 50 g Bergkäse
(gerieben)*

- Mangold waschen, putzen, die weißen
  Stiele würfeln, die Blätter in Streifen
  schneiden. Frühlingszwiebeln waschen,
  putzen, in Ringe schneiden. Öl mit
  1 EL Wasser erhitzen, zuerst die Stiele
  2 Min. dünsten, dann die Blätter für 1
  weitere Min. hinzufügen. Mit den Gewürzen kräftig abschmecken.
- Sonnenblumenkerne trocken in einer
  Pfanne anrösten, unter den Mangold
  ziehen. Eier, Milch, Salz, Pfeffer und
  Kresse gut verquirlen. Butterschmalz
  in einer Pfanne erhitzen, die Eiermasse einfüllen und bei mittlerer Hitze ca.
  3 Min. stocken lassen.
- Die Pfanne vom Herd nehmen, 1 weitere Min. nachziehen lassen, auf die eine
  Hälfte des Omeletts die Mangoldfüllung
  geben, die andere Hälfte darüberschla-
  gen, Pfanne wieder auf die Herdplatte
  stellen und 2 Min. weiterbraten. Mit
  Käse bestreut servieren.

Das passt dazu
Pellkartoffeln und Gurkenfrischkost mit
Sommervinaigrette (S. 31).

Zeit sparen
Am Abend vorher: Mangold waschen,
putzen, trocknen, in einer Dose bzw.
Tüte kühl aufbewahren.

Pizza mit Spargel und Ziegenbrie

*1 Grundrezept Hefeteig (S. 28), 600 g weißer Spargel, 600 g grüner Spargel, Salz,
80 g Tomatenmark, 4 EL Honig, 3 EL Olivenöl, 2 Tomaten, Salz, Pfeffer, 250 g Ziegenbrie,
1 EL weißer Balsamessig*

- Hefeteig nach Grundrezept herstellen. Spargel waschen, putzen, den weißen schälen und mit dem ungeschälten grünen Spargel ca. 5 Min. in wenig Salzwasser bissfest
  dünsten. Mit einem Schaumlöffel herausnehmen, abbrausen und abtropfen lassen.
  Spargelwasser für die Kleinigkeit aufbewahren.
- Tomatenmark, 2 EL Honig und Olivenöl glatt rühren. Die Tomaten waschen, putzen,
  sehr klein würfeln und Salz und Pfeffer dazugeben. Käse in dünne Scheiben schneiden. Hefeteig auf ein mit Backpapier ausgelegtes Backblech ausrollen, mit Tomatensauce bestreichen.
- Spargel in mundgerechte Stücke schneiden, auf der Pizza verteilen und mit Käse belegen. Essig und 2 EL Honig verrühren und die Käsescheiben damit beträufeln. Backofen
  auf 220 Grad vorheizen. Pizza 10 Min. gehen lassen und anschließend 10–15 Min.
  backen.

Das passt dazu
Rucolasalat mit Pinienkernen und Sommervinaigrette (S. 31).

Zeit sparen
Am Abend vorher: Spargel schälen, putzen, in ein feuchtes Küchenhandtuch wickeln
und im Kühlschrank aufbewahren. Am Morgen: Hefeteig kalt zusammenrühren und
kühl 5–6 Stunden gehen lassen. Für die Kleinigkeit: etwas Spargel zusätzlich garen,
abkühlen lassen, verpackt im Kühlschrank aufbewahren.

Kleinigkeit
Spargelsuppe mit geröstetem Brot

Aus dem Spargelwasser nach Grundrezept Béchamelsauce (S. 30) eine Suppe zubereiten,
mit Milch und Brühe verdünnen. Spargel in Stücke schneiden und dazugeben. Mit Kresse
bestreuen. Brot mit Olivenöl bepinseln und 5 Min. bei 200 Grad rösten.

Spinatcremesuppe mit Räucherforelle

200 g geräuchertes Forellenfilet, Saft von 1 Zitrone, 1 kg Spinat, 1 Zwiebel, 20 g Butter, 1 l Gemüsebrühe, ca. 100 g Kartoffeln, 30–40 g Maismehl, 150 ml Sahne, Kräutersalz, Paprika edelsüß , 100 g Champignons, 1 Knoblauchzehe, 50 g Butter, Pfeffer, 4 Scheiben Roggenvollkornbrot

▌ Forellenfilet in mundgerechte Stücke zerteilen und mit Zitronensaft beträufeln. Spinat waschen, putzen, Zwiebel abziehen und würfeln. Butter mit 2 EL Wasser in einem großen Topf erhitzen, die Zwiebel anschwitzen, Spinat hinzufügen und mit Gemüsebrühe auffüllen.

▌ Kartoffel schälen, sehr fein raspeln, unterrühren und zugedeckt 5 Min. garen. Den Spinat fein pürieren, das Mehl mit der Sahne glatt rühren, in die Suppe einrühren und 2–3 Min. köcheln lassen, mit Kräutersalz, Paprika und etwas Zitronensaft abschmecken.

▌ Champignons trocken mit Küchenkrepp abreiben, Knoblauch abziehen, beides mit der Butter pürieren und mit Kräutersalz und Pfeffer abschmecken. Das Roggenbrot leicht toasten, mit der Champignonbutter bestreichen, Forellenfilets in die Suppe geben und mit dem Brot servieren.

Das passt dazu
Ein Obstteller mit Erdbeeren, Kiwi und Avocado, mit Zitronensaft und flüssigem Honig beträufelt und mit Mandeln bestreut.

Zeit sparen
Am Abend vorher: Spinat waschen, putzen, trocknen und in einer Dose bzw. Tüte kühl aufbewahren.

Spaghetti mit Rucolapesto

1 Bund Rucola, 2 Knoblauchzehen, Saft von 1 Zitrone, 80 g Pecorino (gerieben), ca. 60 ml Olivenöl, Salz, Pfeffer, Zitronenabrieb, 400–500 g Vollkornspaghetti, 30 g Pinienkerne

▌ Rucola waschen, trocknen, putzen. Knoblauch abziehen. Rucola, Knoblauch, Zitronensaft, Pecorino und das Öl in einem Mixer zerkleinern oder mit dem Pürierstab pürieren. Mit den Gewürzen und Zitronenabrieb abschmecken.

▌ Spaghetti nach Packungsanweisung kochen, abgießen und noch feucht mit dem Pesto vermischen. Pinienkerne trocken in einer Pfanne anrösten, die Spaghetti damit bestreuen.

Das passt dazu
Möhrenfrischkost mit Sommervinaigrette (S. 31).

Zeit sparen
Am Abend vorher: Rucolapesto zubereiten, in eine Schraubglas füllen und mit Olivenöl abdecken. So hält es sich kühl mehrere Wochen.

Spargel satt – die besten Rezepte für die Hochsaison

Bei Spargel zahlt es sich aus, nur so viel zu kaufen wie Sie und Ihre Familie am selben Tag essen möchten. Wird er morgens frisch auf dem Acker gestochen, kommt dann auf den Markt und landet ein paar Stunden nach dem Kauf in Ihrer Küche, bleiben nahezu alle seine Vitalstoffe, Vitamine und Mineralien erhalten. Und frisch schmeckt er einfach am besten. Damit die Spargelzeit in Mai und Juni nicht eintönig wird, können Sie Spargel auch einmal als Salat, ganz edel im Risotto oder als Ragout (mit oder ohne Fleischklößchen) probieren – es lohnt sich!

Italienischer Spargelsalat mit Artischockenherzen

750 g weißer Spargel, 750 g grüner Spargel, Salz, 1 EL weißer Balsamessig oder Himbeeressig, 1 EL Zitronensaft, 1 EL grober süßer Senf, 2 EL Spargelwasser, Pfeffer, 2 EL Olivenöl, 2 EL Rapsöl, 2 Frühlingszwiebeln, 3 Tomaten, 8 Artischockenherzen, 20 g Pinienkerne, ½ Bund Rucola

▌ Spargel putzen, waschen. Weißen Spargel schälen. Beide Sorten in wenig Salzwasser 6 Min. bissfest dünsten bzw. dämpfen. Spargel mit einem Schaumlöffel aus dem Wasser nehmen, abtropfen lassen und kühl stellen, in mundgerechte Stücke schneiden.

▌ In einer großen Schüssel Essig, Zitronensaft, Senf, Spargelwasser, Salz und Pfeffer gut vermischen, dann die Öle unterrühren. Zwiebeln und Tomaten waschen, putzen, würfeln bzw. in feine Ringe schneiden, mit den gewürfelten Artischockenherzen und dem Spargel unter die Sauce ziehen.

▌ Pinienkerne in einer Pfanne trocken anrösten, abkühlen lassen. Rucola waschen, trocknen und grob schneiden, mit den Pinienkernen über den Salat streuen.

Das passt dazu
Pellkartoffeln oder mit Olivenöl geröstetes Brot.

Käse-Spargel-Creme mit Brot und Rucola

200 g grüner Spargel, 2 Frühlingszwiebeln, 1 EL Olivenöl, Salz, Pfeffer, 40 g Pecorino (gerieben), 180 g Frischkäse, Saft und Schale von 1 Limette, 1 Bund Rucola, 4 Scheiben Schwarzbrot

▌ Spargel waschen, putzen, Spargelköpfe abschneiden, die Stangen sehr fein würfeln. Frühlingszwiebeln waschen, putzen, würfeln. Öl mit 1 EL Wasser erhitzen, Spargelwürfel und Frühlingszwiebeln darin 3 Min. dünsten, mit Salz und Pfeffer würzen, abkühlen lassen.

▌ Pecorino, Frischkäse, Limettensaft, -abrieb, Salz und Pfeffer glatt rühren, Spargelköpfe grob würfeln und mit dem gegarten Spargel unter die Käsemasse ziehen. Rucola waschen, trocknen, in mundgerechte Stücke zupfen, die Brote damit belegen und die Spargelcreme darauf verteilen.

Warmer Couscous mit grünem Spargel und Minzejoghurt

40 g Rosinen, 60 ml Apfelsaft, 400 ml Gemüsebrühe, 200 g Couscous, 500 g grüner Spargel, 2 EL Olivenöl, 200 g Kichererbsen aus dem Glas, Saft von 1 großen Zitrone, Salz, Pfeffer, 30 g Mandeln, ½ Bund Minze, 250 g griechischer Joghurt, Chili, Zitronenabrieb

▮ Rosinen in Apfelsaft einweichen. Gemüsebrühe erhitzen und in den Couscous einrühren, mindestens 30 Min. quellen lassen. Spargel waschen, putzen, in mundgerechte Stücke schneiden.

▮ Öl in einer großen hohen Pfanne mit 2 EL Wasser erhitzen und den Spargel darin kräftig anbraten. Kichererbsen über einem Sieb abtropfen lassen und dazugeben, mit Zitronensaft ablöschen, salzen, pfeffern.

▮ Couscous und die Rosinen unterrühren. Unter gelegentlichem Rühren 2–3 Min. garen. Mandeln trocken in einer Pfanne anrösten, hacken und dazugeben. Minze waschen, trocknen, zupfen und sehr fein schneiden, mit Joghurt, Salz, Chili und Zitronenabrieb verrühren, zu dem Couscous servieren.

Grün-weißes Spargelgemüse mit Hackbällchen

1 Zwiebel, 300 g Rindertartar, 100 g Weizengrieß, 1 Ei, 1 EL milder Senf, Salz, Pfeffer, 600 g weißer Spargel, 600 g grüner Spargel, 1 Grundrezept Béchamelsauce (S. 30), Saft von 1 Zitrone, 2 Schälchen Kresse

▮ Backofen auf 200 Grad vorheizen. Zwiebel abziehen, fein würfeln und mit Tartar, Grieß, Ei, Senf, Salz und Pfeffer zu einem Teig kneten. 2,5 cm große Bällchen formen und auf ein mit Backpapier ausgelegtes Backblech setzen, 20–25 Min. backen.

▮ Spargel putzen, waschen. Weißen Spargel schälen. Beide Sorten halbieren und in wenig Wasser 7–10 Min. bissfest dünsten oder dämpfen. Der grüne Spargel gart kürzer. Spargel mit einem Schaumlöffel abtropfen lassen und auf einem Teller abgedeckt warm halten.

▮ Béchamelsauce nach Grundrezept in einer großen Pfanne mit dem Spargelwasser herstellen. Mit Zitronensaft abschmecken. Spargel hinzufügen, 1-mal vorsichtig umrühren, Hackbällchen darauf verteilen und reichlich Kresse bestreut servieren.

Das passt dazu
Kopfsalat mit Roter Salatsauce (S. 31).

Risotto mit grünem Spargel

2 Zwiebeln, 2 Knoblauchzehen, 2 EL Olivenöl, 200 g Vollkornrundkornreis oder Risottoreis, 300 g grüner Spargel, 6 getrocknete Tomaten, ½ Bund Petersilie, 100 g Parmesan (gerieben), Saft und Schale von 1 Zitrone, Salz, Pfeffer

▮ Zwiebeln und Knoblauch abziehen, sehr fein würfeln. Öl mit 2 EL Wasser in einem großen Topf erhitzen, Zwiebel und Knoblauch darin andünsten, Reis hinzufügen und 1–2 Min. darin wenden, bis der Reis mit dem Öl überzogen ist.

▮ Spargel putzen, waschen und in wenig Wasser 6 Min. bissfest dünsten bzw. dämpfen. Mit einem Schaumlöffel herausnehmen, warm stellen. Spargelwasser auf 0,8 l mit Wasser auffüllen und zum Kochen bringen. Ca. 2 Suppenkellen heißes Wasser zum Risotto geben, umrühren und warten, bis das Wasser ganz aufgenommen ist. Diesen Vorgang mehrere Male wiederholen, bis der Reis gar und cremig ist.

▮ Spargel in mundgerechte Stücke schneiden, Tomaten in Streifen schneiden, Petersilie waschen, trocknen, zupfen und mit dem Spargel, dem Parmesan und den Tomaten unter das Risotto ziehen. Mit Zitronensaft, -schale, Salz und Pfeffer abschmecken.

Das passt dazu
Grüner Salat mit Radieschen und Kohlrabi und Sommervinaigrette (S. 31).

EINKAUFSLISTE

Frisch dazukaufen

- 1,7 kg Zucchini, 150 g Möhren, 3 Bund Frühlingszwiebeln, 1 kg Mangold, 300 g Kirschtomaten, 700 g Blattspinat, 1,2 kg weißer Spargel, 700 g Blumenkohl, 6 Tomaten, 500 g Kohlrabi
- 1 Bund glatte Petersilie, ½ Bund Minze
- 2 Zitronen, 2 Sommeräpfel, 2 cm Ingwer
- 370 ml Sahne, 50 g Joghurt, 150 g Quark, 50 g Blauschimmelkäse, 180 g Parmesan, 250 g Bergkäse
- 300 g Putenfilet
- 4 getrocknete Tomaten, 40 g Cashewkerne, 1 Vollkornbaguette
- 3 Eier

Aus dem Vorrat

- 180 g Weizenvollkornmehl, 60 g Paniermehl, 400–500 g Vollkornspaghetti, Maismehl
- Zwiebeln, Knoblauch
- Pinienkerne
- Schabzigerklee, Curry, Paprika, Oregano, Schwarzkümmel, Gemüsebrühe
- Tomatenmark, Sojasauce, Honig
- Rapsöl, Olivenöl

Mögliche Beilagen

- Kopfsalat, Radieschen, Blattsalat, Möhren, Kohlrabi, Gurken, 1 Kästchen Kresse, Kartoffeln
- gemischte Beeren
- Vollkornreis, Mandeln, Sesam, Vanilleeis, Weiße Salatsauce (S. 31), Sommervinaigrette (S. 31)

WOCHE 7

Frisch und jung am allerbesten

Wer einmal selbst Zucchini im Garten angepflanzt hat, weiß, dass aus Zucchini innerhalb von wenigen Tagen „Zucchone" werden können. Bis zu einem halben Meter lang, mit harter Schale und festen Kernen haben sie nicht mehr viel gemein mit den jungen und zarten Exemplaren, die man besser zu früh als zu spät erntet. Eine Delikatesse sind die ganz jungen Zucchini, die noch ihre Blüte tragen.

Steckbrief Zucchini

Je kleiner die Zucchini geerntet werden, umso fester und aromatischer ist ihr Fleisch, unabhängig von ihrer Farbe. Auf dem Markt finden Sie dunkelgrüne mit weißen Streifen oder Flecken, weiße oder gelbe Zucchini. Sie sind reich an Kalium, Magnesium und Eisen sowie an Vitamin C und Folsäure, obgleich sie extrem viel Wasser enthalten. Getrennt von Früchten gelagert halten sie sich bis zu 1 Woche im Gemüsefach des Kühlschranks.

Putenbrustfilet aus dem Wok

1 Bund Frühlingszwiebeln, 2 Knoblauchzehen, 2 cm Ingwer, 4 EL Sojasauce, 2 EL Rapsöl, 300 g Putenbrustfilet, 1 kg Mangold, Butterschmalz zum Anbraten, Salz, Pfeffer, Zitronenabrieb, 300 g Kirschtomaten, 40 g Cashewkerne

▮ Frühlingszwiebeln waschen, putzen, in sehr feine Ringe schneiden. Knoblauch und Ingwer abziehen, in Scheiben schneiden, alles mit Sojasauce und Öl vermischen. Das Fleisch waschen, trockentupfen, säubern, in feine Streifen schneiden, in der Marinade mindestens 1 Stunde durchziehen lassen.

▮ Mangold waschen, putzen, die weißen Stiele würfeln, die Blätter in Streifen schneiden. Butterschmalz in einem Wok oder einer Pfanne erhitzen, die Fleischstreifen darin anbraten. Mangold hinzufügen, unter Wenden mit anschwitzen, mit der Marinade ablöschen und 2 Min. garen, mit den Gewürzen abschmecken.

▮ Tomaten waschen, putzen, halbieren, Cashewkerne trocken in einer Pfanne anrösten, beides untermischen, 2 Min. ziehen lassen und servieren.

Das passt dazu
Vollkornreis und Blattsalat mit Sommervinaigrette (S. 31).

Zeit sparen
Am Abend vorher: Das Fleisch marinieren, in einer mit einem Teller abgedeckten Porzellanschüssel im Kühlschrank aufbewahren, Mangold waschen, putzen, trocknen, halbieren und in einer Dose bzw. Tüte kühl aufbewahren. Am Morgen: Vollkornreis 20 Min. garen, zugedeckt ohne Hitzezufuhr ausquellen lassen.

Zucchinikuchen vom Blech mit Möhrensauce

3 Eier, 50 ml Olivenöl, 180 g Weizenvollkornmehl, Salz, Pfeffer, Schabzigerklee oder Curry, 1 kg Zucchini, 150 g Bergkäse (gerieben), 50 g Pinienkerne, 1 Grundrezept Gemüsesauce Möhre (S. 30)

▮ Eier, Öl, Mehl und die Gewürze zu einem Teig verrühren. Backofen auf 200 Grad vorheizen. Zucchini waschen, putzen, grob raspeln, mit Käse und Pinienkernen unter den Teig ziehen. Die Masse auf ein mit Backpapier ausgelegtes Blech glatt verstreichen, ca. 25 Min. bei 200 Grad backen.

▮ Die Möhrensauce nach Grundrezept zubereiten und zum Zucchinikuchen servieren.

Das passt dazu
Kopfsalat mit Radieschen und Sommervinaigrette (S. 31).

Zeit sparen
Am Abend vorher: Zucchinikuchen 15 Min. backen, herunterkühlen, abdecken, kühl aufbewahren, mit Alufolie bedeckt 15–20 Min. aufbacken. Oder Sie backen den Kuchen am Abend vorher durch, schneiden ihn in Rauten und braten diese.

Spargel und Spinat mit dreierlei Käse überbacken

700 g Blattspinat, Salz, Butterschmalz für die Auflaufform, 1,2 kg weißer Spargel, 100 g Parmesan (gerieben), 100 g Bergkäse (gerieben), 50 g Blauschimmelkäse, 60 g Paniermehl, 100 ml Sahne, ½ Bund glatte Petersilie

▌ Spinat waschen, putzen, die groben Stiele herausschneiden und in wenig Salzwasser 2 Min. dünsten bzw. dämpfen. Spinat mit einem Schaumlöffel in eine große gefettete Auflaufform legen. Spargel schälen, putzen, waschen und in wenig Salzwasser 8 – 10 Min. bissfest dünsten bzw. dämpfen.

▌ Backofen auf 200 Grad vorheizen. Blauschimmelkäse klein würfeln und mit dem restlichen Käse mit Paniermehl und Sahne vermengen. Petersilie waschen, trocknen, zupfen, grob schneiden und unter die Käsemischung geben.

▌ Spinat mit ⅓ der Käsemischung bestreuen. Spargel mit einem Schaumlöffel herausnehmen, abtropfen lassen und nebeneinander auf die Käseschicht legen. Gemüsewasser für die Kleinigkeit aufbewahren. Restliche Käsemischung darüber verteilen. 10–15 Min. goldbraun überbacken.

Das passt dazu

Pellkartoffeln und Möhren-Kohlrabi-Frischkost mit Sommervinaigrette (S. 31).

Zeit sparen

Am Abend vorher: Spinat waschen, putzen, trocknen und in einer Dose bzw. Tüte kühl aufbewahren. Spargel schälen, in ein feuchtes Handtuch wickeln, kühl aufbewahren. Für morgen: Kartoffeln mitgaren, abkühlen lassen, abgedeckt kühl aufbewahren.

Kleinigkeit
Frühlingsgemüsesuppe

Im Spargelwasser Kohlrabi, Möhre, Frühlingszwiebel und ein paar Spargelspitzen bissfest garen, mit gekörnter Brühe und Zitronensaft abschmecken und mit frischem Vollkornbaguette essen.

Lauwarmer marinierter Blumenkohl

1 großer Blumenkohl, Salz, 1 Bund Frühlingszwiebeln, 1 EL Olivenöl, 150 g Tomatenmark, 3 EL Olivenöl, 1 EL Honig oder Zucker, 4 Tomaten, 4 getrocknete Tomaten, Pfeffer, Paprika, Oregano, 30 g Pinienkerne

▌ Blumenkohl waschen, putzen und in Röschen teilen. In wenig Salzwasser bissfest dünsten oder dämpfen. Gemüsewasser aufbewahren. Frühlingszwiebeln waschen, putzen, in Ringe schneiden. Öl mit 1 EL Wasser erhitzen und die Zwiebeln darin kurz andünsten.

▌ Tomatenmark mit Öl, Honig und 2 Tomaten pürieren, mit wenig Gemüsewasser die richtige Konsistenz einstellen. Die beiden restlichen Tomaten sowie die getrockneten Tomaten fein würfeln und mit den Zwiebeln unter die Tomatensauce ziehen. Mit Salz, Pfeffer, Paprika und Oregano kräftig abschmecken.

▌ Den heißen Blumenkohl auf einer Platte anrichten und mit der Sauce übergießen. Pinienkerne trocken in einer Pfanne anrösten und über den Blumenkohl streuen.

Das passt dazu

Sesambratkartoffeln und Blattsalat mit Sommervinaigrette (S. 31).

Kohlrabisuppe mit geröstetem Brot

2 Kohlrabi (500 g), 1 Bund Frühlingszwiebeln, 2 Sommeräpfel, 2 EL Olivenöl, 1 EL Curry, 800 ml Gemüsebrühe, 100 ml Sahne, Salz, Pfeffer, 150 g Quark, 50 g Joghurt, ½ Bund Minze, ½ TL Schwarzkümmel, Kräutersalz, 1 Vo.llkornbaguette, 1 EL Olivenöl

■ Die zarten Blätter des Kohlrabis abschneiden, waschen, trocknen und zur Seite legen. Kohlrabi schälen und würfeln. Frühlingszwiebeln waschen, putzen, in Ringe schneiden. Äpfel waschen, vierteln, entkernen, würfeln.

■ Öl mit 2 EL Wasser erhitzen, Curry einrühren, das Gemüse dazugeben, 2 Min. anschwitzen, mit der Gemüsebrühe ablöschen und 6 Min. bissfest garen. Das Gemüse pürieren, die Sahne angießen und mit Salz und Pfeffer abschmecken.

■ Kohlrabiblätter sehr fein schneiden und die Suppe damit dekorieren. Backofen auf 240 Grad vorheizen. Quark und Joghurt glatt rühren, die Minze waschen, trocknen, zupfen, fein schneiden und mit den Gewürzen unter die Quarkmasse ziehen.

■ Das Baguette der Länge nach halbieren, mit Öl bestreichen und 3 – 4 Min. im Backofen rösten. Knoblauchzehe abziehen und über das geröstete Brot reiben, mit dem Quark bestreichen und zu der Suppe servieren.

Das passt dazu
Beerensalat zum Nachtisch mit 1 Kugel Vanilleeis.

Zeit sparen
Am Abend vorher: die Suppe zubereiten, schnell herunterkühlen und zugedeckt kühl aufbewahren.

Pasta mit Zucchinistreifen und Limette

400 – 500 g Vollkornspaghetti, 700 g kleine Zucchini, 2 EL Olivenöl, 2 Tomaten, 2 Knoblauchzehen, ½ Bund glatte Petersilie, 100 ml Sahne, 50 ml Milch, 80 g frischer Parmesan (gerieben), ½ TL Zitronenabrieb, Salz, Pfeffer

■ Spaghetti nach Packungsanweisung bissfest garen. In der Zwischenzeit die Zucchini waschen, putzen und der Länge nach mit einem Sparschäler in dünne Streifen ziehen. Olivenöl mit 2 EL Wasser in einer großen Pfanne erhitzen, die Zucchini dazugeben, kurz anbraten und bei geringer Hitze ca. 5 Min. unter Wenden garen.

■ Tomaten waschen, putzen, Knoblauch abziehen, beides sehr fein würfeln und 2 Min. mitgaren. Petersilie waschen, trocknen, zupfen und mit Sahne, Milch, Parmesan und dem Zitronenabrieb unter das Zucchini-Tomaten-Gemüse ziehen. Mit Salz und Pfeffer abschmecken und auf den Spaghetti servieren.

Das passt dazu
Eine gemischte Frischkost aus Radieschen, Gurke, Möhre und Kohlrabi mit Weißer Salatsauce (S. 31) und Kresse bestreut.

EINKAUFSLISTE

WOCHE 2

Frisch dazukaufen

- 750 g weißer Spargel, 350 g Brokkoli, 2 rote Zwiebeln, 700 g Zucchini, 750 g Kirschtomaten, 800 g Brokkoli, 4 Tomaten, 600 g Landgurken, 3 Frühlingszwiebeln, 100 g Blattsalat, ½ Salatgurke, 800 g Spinat, 75 g Sellerie, 75 g Möhre
- 5 Zweige Thymian, 1 Bund Petersilie
- 1 Zitrone
- 600 ml Milch, 100 g Schmand, 100 g Crème fraîche, 50 g Joghurt, 30 ml Sahne, 50 g Blauschimmelkäse, 150 g Bergkäse, 140 g Parmesan, 100 g Mozzarella, 100 g Feta, 120 g Butter, Hefe
- 6 Scheiben gekochter Schinken, 300 g Rinderhackfleisch, 600 g Fischfilet, 9 Eier
- 500 ml Tomatenpassata, 4 Baguettebrötchen

Aus dem Vorrat

- 550 g Weizenvollkornmehl, 250 g Vollkorn-Rundkornreis, Maismehl, Paniermehl, 50 g Kartoffelstärke
- Zwiebeln, Knoblauch
- Pinienkerne, Mandeln
- grüner Pfeffer, Muskat, Oregano, Basilikum, Gemüsebrühe
- Tomatenmark, Zucker
- Olivenöl

Mögliche Beilagen

- Blattsalat, Tomaten, Gurken, Frühlingszwiebeln, Möhren, Kräuter, Kohlrabi, Kartoffeln
- Erdbeeren
- Sonnenblumenkerne, Quark, Eis

Jetzt rüsten Sie sich gegen Freie Radikale!

Brokkoli ist extrem gesund – nicht nur wegen seines hohen Vitamin- und Mineralstoffgehalts, sondern auch, weil ihm Wissenschaftler eine krebshemmende Wirkung zuschreiben. Verschiedene Antioxidanzien stärken die Immunabwehr, sodass Freien Radikalen der Garaus gemacht werden kann.

Steckbrief Brokkoli

Brokkoli auch Brökelkohl, Sprossenbrokkoli oder Spargelkohl genannt, kam Anfang der 60er Jahre zunächst nur als Tiefkühl-Importware, später dann auch als heimische Ware auf den Markt. Er ist wesentlich nährstoffreicher als sein Verwandter, der Blumenkohl.
Neben Mineralstoffen wie Kalium, Kalzium, Magnesium und Eisen ist der Gehalt an Vitamin C und Karotinoiden besonders hervorzuheben. Frisch ist der Brokkoli dann, wenn seine Blütenknospen blaugrün und geschlossen sind, die Blätter sattgrün und der Stiel knackig mit einer frischen Schnittfläche. In Folie oder einem Tiefkühlbeutel locker verpackt, hält sich der Brokkoli im Kühlschrank 2–3 Tage. Blanchiert können Sie Brokkoli prima einfrieren.

Spargelquiche mit Brokkoli

1 Grundrezept Mürbeteig (S. 28), 750 g weißer Spargel, 350 g Brokkoli, Salz, 1 Ei, 2 Eigelb, 100 ml Milch, 100 g Schmand, 50 g Blauschimmelkäse, 50 g Bergkäse (gerieben), grüner Pfeffer, Muskat, 30 g Mandeln, 2 EL Paniermehl

▪ Mürbeteig nach Grundrezept herstellen. Spargel schälen, waschen, putzen. Brokkoli waschen, putzen, die Röschen teilen, den Strunk würfeln. Das Gemüse in wenig Salzwasser bissfest 3 – 5 Min. dünsten bzw. dämpfen. Mit einem Schaumlöffel herausnehmen, abbrausen und gut abtropfen lassen.

▪ Das Gemüsewasser für Kleinigkeit aufbewahren. Eier, Milch, Schmand, Käse und Salz, grünen Pfeffer und Muskat gut verrühren. Backofen auf 180 Grad vorheizen. Mandeln hacken, mit Paniermehl vermischen und auf dem Teig verteilen. Das Gemüse schön darauf drapieren, den Guss angießen und die Quiche 30 – 35 Min. backen.

Das passt dazu
Gemischter Blattsalat mit Tomaten, Gurke und Sommervinaigrette (S. 31).

Zeit sparen
Am Abend vorher: Mürbeteig zubereiten, eine Quiche-Form damit auslegen, abdecken, kühl stellen; Spargel schälen, in ein feuchtes Küchenhandtuch wickeln und kühl aufbewahren. Für die Kleinigkeit: Eiweiß aufbewahren.

Kleinigkeit
Fetasoufflé

200 g Feta mit dem Gemüsewasser cremig kneten, 2 Eiweiße steif schlagen und unter die Käsemasse ziehen. In kleine feuerfeste gefettete Förmchen die Masse einfüllen und bei 200 Grad 5 – 10 Min. backen, die Oberfläche darf leicht gebräunt sein. Dazu passen Tomaten, Oliven und frisches Ciabatta!

Zucchinirisotto mit Tomatenragout

2 rote Zwiebeln, 2 EL Olivenöl, 250 g Vollkorn-Rundkornreis, 1 l Gemüsebrühe, 500 g Zucchini, 5 Zweige Thymian, 60 g Parmesan gerieben, Salz, Pfeffer, Zitronensaft, Zitronenabrieb, 750 g Kirschtomaten, 2 EL Olivenöl, Knoblauch

▪ Zwiebel abziehen, würfeln. Öl in einem hohen Topf mit 2 EL Wasser erhitzen, Zwiebeln darin andünsten, Reis hinzufügen und 1 – 2 Min. darin wenden, bis die Reiskörner mit dem Öl überzogen sind.

▪ 2 Suppenkellen Brühe angießen, umrühren und warten, bis die Brühe ganz aufgenommen ist. Diesen Vorgang mehrere Male wiederholen, bis der Reis gar und cremig ist. Zucchini waschen, putzen, grob reiben unter den Reis ziehen und 5 Min. mit erhitzen.

▪ Thymian waschen, trocknen, zupfen, mit dem Parmesan ins Risotto rühren, mit Salz, Pfeffer, Zitronensaft und -abrieb abschmecken. Tomaten waschen, trocknen, halbieren. Öl in einer Pfanne mit 2 EL Wasser, Salz, Pfeffer und Knoblauch erhitzen, Tomaten darin 2 Min. anbraten und zu dem Risotto servieren.

Das passt dazu
Blattsalat mit Sommervinaigrette (S. 31) und Frühlingszwiebeln.

Brokkoli mit Käsesauce überbacken

800 g Brokkoli, Salz, 1 Grundrezept Béchamelsauce (S. 30), 100 g Bergkäse (gerieben), 4 Scheiben gekochter Schinken, 30 g weiche Butter, 3 EL Paniermehl

▌ Brokkoli waschen, putzen, die groben Strünke schälen und würfeln, die Röschen auseinander teilen, in wenig Salzwasser 4 Min. dünsten bzw. dämpfen. Brokkoli mit einem Schaumlöffel herausnehmen, abbrausen, abtropfen lassen und in eine Auflaufform legen. Backofen auf 180 Grad vorheizen.

▌ Béchamelsauce mit dem Gemüsewasser nach Rezept herstellen und den Käse hineinrühren. Schinken in Streifen schneiden, über dem Brokkoli verteilen, die Käsesauce darübergießen. Butter und Paniermehl mit einer Gabel verkneten und über dem Auflauf zerbröseln. 10 Min. im Backofen überbacken.

Das passt dazu
Pellkartoffeln und Möhrenfrischkost mit Sommervinaigrette (S. 31) und gerösteten Sonnenblumenkernen.

Zeit sparen
Für übermorgen: Kartoffeln mitkochen, abkühlen lassen und zugedeckt kühl aufbewahren.

Italienische Gemüsewaffeln

50 ml Olivenöl, 2 – 3 Eier, ca. 250 – 300 ml Milch, 250 g Weizenvollkornmehl, 1 Zwiebel, 1 Knoblauchzehe, 2 Tomaten, 1 Zucchino, 2 Scheiben gekochter Schinken, 80 g Parmesan (gerieben), Salz, Pfeffer, Oregano, Basilikum, Butterschmalz für das Waffeleisen

▌ Öl, Eier und Milch verquirlen, das Mehl hinzufügen und glatt rühren. 15 Min. quellen lassen. Zwiebel und Knoblauch abziehen und sehr fein würfeln. Tomate und Zucchino waschen, putzen, die Tomate würfeln und den Zucchino grob raspeln.

▌ Schinken in kleine Würfel schneiden. Das Gemüse, Schinken, Käse und die Gewürze unter den Teig ziehen. Nacheinander Waffeln aus dem Teig backen und auf einem Gitter bei 60 Grad im Backofen warm halten.

Das passt dazu
Kräuterquark und Möhren, Kohlrabi und Gurke als Fingerfood.

Zeit sparen
Für den Vorrat: Waffeln können Sie verpackt 2 Tage im Kühlschrank aufbewahren; tiefkühlgeeignet, einfach im Toaster aufbacken.

Gurkengemüse mit Hackfleisch

Butterschmalz zum Braten, 350 g Rinderhackfleisch, Salz, Pfeffer, 2 Landgurken (ca. 600 g) oder Schmorgurken, 3 Frühlingszwiebeln, 500 ml Tomatenpassata, 1 EL gekörnte Brühe, ½ Bund Oregano, 100 g Crème fraîche

▌ Butterschmalz in einer Pfanne erhitzen, das Fleisch darin kräftig anbraten, mit 2 Kochlöffeln auseinanderreißen, mit Salz und Pfeffer würzen. Gurken waschen, putzen, würfeln. Frühlingszwiebeln waschen, putzen, in Ringe schneiden, beides zu dem Fleisch geben.

▌ Tomatenpassata angießen, gekörnte Brühe einrühren, zugedeckt 20 Min. garen. Oregano waschen, trocknen, zupfen, mit der Crème fraîche zu dem Gurkengemüse geben und weitere 10 Min. ohne Deckel köcheln lassen.

Das passt dazu
In Scheiben geschnittene Kartoffeln, dachziegelartig in eine Auflaufform gelegt mit Olivenöl beträufeln und überbacken, Blattsalat mit Sommervinaigrette (S. 31).

Zeit sparen
Am Abend vorher: Gurkengemüse mit Hackfleisch nur 10 Min. garen, herunterkühlen, kühl aufbewahren und mittags 1-mal aufkochen und 5 – 10 Min. nachziehen lassen.

Baguettebrötchen mit Salat und Fischbackling

600 g Fischfilet, 2 Zwiebeln, 1 Bund Petersilie, 50 g Kartoffelstärke, 2 Eier, Salz, Pfeffer, 50 g Paniermehl, 100 g Blattsalat (z. B. Rucola), ½ Salatgurke, 2 Tomaten, 100 g Tomatenmark, 2 EL Olivenöl, 1 TL Zucker, 4 Baguettebrötchen

▮ Fischfilet waschen, trockentupfen, entgräten und kleinschneiden. Zwiebeln abziehen, sehr fein würfeln, Petersilie waschen, trocknen und zupfen. Fisch, Zwiebeln, Petersilie, Stärke, Eier, Salz und Pfeffer grob pürieren. Kühl 15 Min. ziehen lassen.

▮ Den Backofen auf 180 Grad vorheizen. Aus der Fischmasse 8 Backlinge formen, diese in Paniermehl wenden und auf einem mit Backpapier ausgelegten Backblech 20 – 25 Min. backen. Salat waschen, trocknen und in mundgerechte Stücke zupfen.

▮ Gurke waschen, in dünne Scheiben schneiden bzw. hobeln. Tomate waschen, putzen, sehr fein würfeln, mit Tomatenmark, Öl, Zucker, Salz und Pfeffer verrühren. Die Brötchen aufschneiden, mit Tomatencreme bestreichen, Salatblätter und Gurkenscheiben darauf verteilen und jeweils 1 Fischbackling mittig aufsetzen.

Das passt dazu
Zum Nachtisch Erdbeeren mit Eis.

Zeit sparen
Am Abend vorher: Fischbacklinge zubereiten, 15 – 20 Min. backen, abkühlen lassen und verpackt kühl aufbewahren. Mittags weitere 10 Min. aufbacken.

Spinatrolle mit Sellerie-Möhren-Sauce

1 Grundrezept Hefeteig (S. 28), 800 g Spinat, 100 g Mozzarella, 100 g Feta, 50 g Pinienkerne, 2 Knoblauchzehen, Salz, Pfeffer, Oregano, 2 EL Paniermehl, 2 EL Joghurt, 1 Grundrezept Gemüsesauce mit Möhre und Sellerie (S. 30)

▮ Hefeteig nach Grundrezept herstellen. Spinat waschen, putzen und tropfnass in einem hohen Topf bei mittlerer Hitze zusammenfallen lassen. 2 Min. zugedeckt dünsten bzw. dämpfen. Mit einem Schaumlöffel herausnehmen, abbrausen und abtropfen lassen.

▮ Mozzarella und Feta grob reiben. Pinienkerne trocken anrösten und hacken. Knoblauchzehen abziehen, in feine Scheiben schneiden. Spinat mit Knoblauch und den Gewürzen vermischen. Hefeteig auf Blechgröße ausrollen, ⅔ der Fläche zuerst mit den Pinienkernen und dem Paniermehl, dann mit dem Spinat, zuletzt mit dem Käse bestreuen.

▮ Aufrollen, die Enden rechts und links einschlagen und auf ein mit Backpapier ausgelegtes Blech setzen. Backofen auf 200 Grad vorheizen. Spinatrolle mit Joghurt einstreichen, 10 Min. gehen lassen und 30 Min. backen. Gemüsesauce mit Möhre und Sellerie nach Rezept herstellen und dazu servieren.

Das passt dazu
Kohlrabifrischkost mit Weißer Salatsauce (S. 31).

Zeit sparen
Am Abend vorher: Spinat waschen, putzen, trocknen und in einer Dose oder Tüte verpackt kühl aufbewahren. Am Morgen: Hefeteig kalt zusammenrühren und 5 – 6 Stunden kalt gehen lassen.

Himmlische Erdbeeren

Rund 1000 Erdbeersorten gibt es, die sich in Form, Farbe und Geschmack sowie in ihrer Erntezeit unterscheiden. Spätere Sorten und kleine Erdbeeren sind aromatischer und nährstoffreicher. Was viele nicht wissen: unreif gepflückte Erdbeeren reifen nicht nach. Freilanderdbeeren sind von Mitte Mai bis Anfang Oktober zu bekommen, wobei die Haupterntemonate Juni und Juli sind. Erdbeeren liefern reichlich Eisen und Vitamin C und wurden früher wegen ihres hohen Gehaltes an Salicylsäure gegen Rheuma und Gicht eingesetzt. Übrigens, wer von Erdbeeren Ausschlag bekommt, sollte sie nur in Verbindung mit Fett, z.B. mit viel Sahne verzehren. Die Früchte sollten möglichst vorsichtig transportiert werden, damit sie keine Druckstellen bekommen. Sie sind dann maximal 2 Tage gut verschlossen im Kühlschrank haltbar.

Rucola mit Erdbeeren und grünem Pfeffer

200 g Rucola, 100 g Staudensellerie, 250 g Erdbeeren, 1 TL eingelegter grüner Pfeffer, Saft von 1 Zitrone, Salz, 2 EL Olivenöl, 1 EL Rapsöl, 30 g Pinienkerne

■ Rucola waschen, putzen, trocknen und in mundgerechte Stücke zupfen. Staudensellerie waschen, putzen und sehr fein schneiden. Erdbeeren waschen, putzen, in dünne Scheiben schneiden. Grünen Pfeffer grob hacken.

■ Zitronensaft mit 3 EL Wasser und Salz verrühren, Olivenöl und Rapsöl einrühren. Pinienkerne trocken in einer Pfanne rösten. Rucola und Staudensellerie mit der Sauce vermischen und auf einer Platte anrichten, Erdbeeren darauf verteilen, den Pfeffer darüberstreuen und mit den Pinienkernen dekorieren.

Das passt dazu
Eine Creme aus Ziegenfrischkäse mit etwas Honig verfeinert und frisches Brot.

Erdbeernocken

1 kg Erdbeeren, 250 ml Milch, 40 g Zucker, 1 Päckchen Vanillezucker, 30 – 40 g Hartweizengrieß, 125 ml Sahne, 125 g Quark, 1 EL Zitronensaft, 1 EL Puderzucker, Zitronenmelisse

■ Erdbeeren waschen, trocknen, putzen, 500 g davon pürieren und 3 EL des Pürees beiseite stellen. Restliche Erdbeeren in Scheiben schneiden und mit dem Püree vermischen.

■ Milch, Zucker und Vanillezucker aufkochen, den Grieß einrühren, 2 – 3 Min. köcheln lassen, 3 EL Erdbeerpüree unterrühren und ausquellen lassen. Sahne steif schlagen, mit Quark und Zitronensaft vorsichtig unter den Grieß ziehen.

■ Erdbeerpüree auf Tellern verteilen, mit 2 EL Nocken aus der Grießmasse abstechen, daraufsetzen und mit Puderzucker bestreuen, mit Zitronenmelisse garnieren.

Erdbeerquark mit Baiser

2 Eiweiß, 1 Prise Salz, 100 g Puderzucker, 500 g Erdbeeren, 50 g Erdbeerfruchtaufstrich, 150 ml Sahne, 500 g Quark

■ Backofen auf 150 Grad vorheizen. Eiweiß mit Salz in einer breiten großen Schüssel sehr langsam steif schlagen (Achtung: Schüssel, Schneebesen und Eiweiß müssen fettfrei sein!). Nach und nach den Puderzucker einrieseln lassen. Die Masse ist richtig, wenn sie matt glänzt und beim Herausnehmen des Schneebesens sanfte Spitzen bildet.

■ Mit einem Esslöffel kleine Häufchen auf ein mit Backpapier ausgelegtes Backblech setzen. Temperatur des Backofens auf 80 Grad reduzieren und die Baisers ca. 3 – 4 Stunden trocknen. Abkühlen lassen und vorsichtig vom Papier lösen.

■ Erdbeeren waschen, putzen, die Hälfte davon mit dem Fruchtaufstrich pürieren, die anderen Erdbeeren kleinschneiden. Die Sahne steif schlagen und mit dem Fruchtpüree unter den Quark heben. Baiser grob zerkrümeln und vorsichtig mit den Erdbeeren unter die Quarkmasse ziehen. Mindestens 1 Stunde kühl stellen.

Kalt gerührte Erdbeermarmelade

150 g Aprikosen oder Apfelringe, 120 ml Apfelsaft, 300 g Erdbeeren, Zitronenabrieb, Honig

▌ Aprikosen grob schneiden und über Nacht im Apfelsaft einweichen. Erdbeeren waschen, putzen, trockentupfen. Aprikosen sehr cremig pürieren, Erdbeeren hinzufügen und kurz mitpürieren.

▌ Mit Zitronenabrieb und evtl. etwas Honig abschmecken, in 2 heiß ausgewaschene Gläser füllen und im Kühlschrank aufbewahren. Die Marmelade ist 10 – 14 Tage haltbar und lässt sich auch einfrieren.

Erdbeer-Zitronen-Sorbet

15 Blätter Zitronenmelisse, 350 g Erdbeeren, 500 g Zitronensorbet oder -eis, 150 ml Holunderbionade oder Prosecco

▌ Zitronenmelisse und Erdbeeren waschen, trocknen, putzen und pürieren. Mindestens 1 Stunde kühl stellen.

▌ 10 Min. vor dem Servieren das Zitronensorbet aus dem Tiefkühler nehmen, in eine Schüssel füllen, mit zwei Gabeln etwas lockern, Erdbeerpüree und Bionade zügig darunterziehen, sofort servieren.

Tipp für Erwachsene:
Bereiten Sie das Sorbet mit Holunderbionade zu, so können alle davon essen, und geben Sie den Erwachsenen eine Kugel Sorbet in ein Glas Prosecco!

Erdbeeren mit Schokospitze

500 g Erdbeeren, 25 g schwarze Schokolade, 25 g Milchschokolade, 25 g weiße Schokolade, 20 g Kokosraspeln

▌ Erdbeeren waschen, gut trockentupfen, den grünen Stielansatz nicht entfernen. Die verschiedenen Schokoladensorten getrennt voneinander schmelzen.

▌ Die Erdbeeren am Stielansatz fassen und durch die Schokolade ziehen, auf ein Gitter legen und trocknen lassen. Mit Kokosraspeln bestreut servieren.

Erdbeeren mit Joghurt und Mandeln

600 g Erdbeeren, 250 g Joghurt, 250 g Quark, 50 g Honig oder Zucker, 100 g gemahlene Mandeln, 1 TL Zitronenabrieb, 40 g weiße Schokolade

▌ Erdbeeren waschen, putzen, trocknen und in dünne Scheiben schneiden. Joghurt, Quark, Honig, Mandeln und Zitronenabrieb gut verrühren.

▌ In einer Glasschüssel abwechselnd Erdbeeren und Joghurt-Mandel-Creme schichten. Die Schokolade fein raspeln und das Dessert großzügig damit bestreuen. Gut abgedeckt 30 Min. kühl stellen.

EINKAUFSLISTE

Frisch dazukaufen

- 900 g Möhren, 800 g Brokkoli, 1 Bund Frühlingszwiebeln, 800 g Tomaten, 800 g Zucchini, 800 g Landgurken, 700 g Kohlrabi
- 3 Bund Schnittlauch, 1 Bund glatte Petersilie, 15 – 20 Salbeiblätter, 2 Bund Dill, 1 Kästchen Kresse
- 1 Zitrone
- 200 ml Milch, 190 ml Sahne, 100 g Joghurt, 100 g Feta, 250 g Ricotta, 40 g Pecorino, 110 g Butter
- 80 g schwarze Oliven ohne Stein, 60 g magere Schinkenwürfel, 9 Eier

Aus dem Vorrat

- 230 g Weizenvollkornmehl, 90 g Weizenmehl Type 1050, 250 g Vollkornreis, Maismehl, Paniermehl
- Knoblauch, Zwiebeln
- Sesam, Mandeln, grob gemahlene Haselnüsse
- Koriander, Curry, Gemüsebrühe, Honig
- Olivenöl

Mögliche Beilagen

- Rucola, Gurken, Radieschen, Blattsalat, Tomaten, Eisbergsalat, Champignons
- Vollkornreis, Käsetortellini, Curry
- Sommervinaigrette (S. 31)

WOCHE **3**

Eine Woche, die Sie rundum mit Vitamin A versorgt

Wussten Sie, dass Möhren und Karotten nicht identisch sind? Die Bezeichnungen Möhre und Karotte werden in der Regel synonym verwendet, dabei handelt es sich um zwei in Form und Geschmack unterschiedliche Speisemöhren. Die Möhre ist länglich, walzen- bis kegelförmig, die Karotte hingegen rundlich, kurz, gedrungen und zur Spitze hin wie ein Kreisel geformt.

Steckbrief **Möhren**

Sie ist bekannt als Mohrrübe, Wurzel, gelbe Rübe oder Rübli. Die Möhre ist die älteste Gemüsesorte, die wir auf dem Markt haben. Die gelb- bis orangeroten, aufgrund ihres hohen Fruchtzuckergehaltes recht süßlich schmeckenden Möhren, stehen uns das ganze Jahr zur Verfügung. Die kleinen Frühmöhren, meist als Bundmöhren mit Grün, haben einen hohen Zuckergehalt, ein saftiges Fruchtfleisch und werden von Ende Februar bis Mai verkauft. Die Sommermöhren sind größer und schwerer, weniger süß und kommen maschinell gewaschen und verpackt von Juni bis September in den Handel. Die Spät- und Dauermöhren oder auch Lagermöhren genannt sind groß, können auch leicht bitter sein und sind von November bis März im Handel. 200 g Möhren reichen aus, um den Tagesbedarf eines Erwachsenen an Vitamin A zu decken. Außerdem sind sie reich an Ballaststoffen, Mineralstoffen, Vitamin K und Folsäure. Auch ohne den Tropfen Öl können Sie Vitamin A gut verwerten (es handelt sich um ein Vitamin, das wir nur zusammen mit Fett aufnehmen können). Ein im 1 – 2 stündigen Abstand gegessenes Käsebrot oder ein Glas Milch erfüllen den gleichen Zweck.

Möhren-Schnittlauch-Quiche

1 Grundrezept Mürbeteig (S. 28), 2 Eier, 2 Eigelb, 200 ml Milch, 100 ml Sahne, 100 g Joghurt, Salz, Pfeffer, Koriander, Curry, 500 g Möhren, 3 Bund Schnittlauch, 100 g Feta, 30 g Sesam

- Mürbeteig nach Grundrezept herstellen. Eier, Eigelb, Milch, Sahne, Joghurt und die Gewürze gut verquirlen. Eiweiß für die Kleinigkeit kühl aufbewahren. Möhren bürsten, putzen, sehr fein raspeln. Schnittlauch waschen, trocknen, in sehr feine Röllchen schneiden. Feta grob reiben.
- Backofen auf 180 Grad vorheizen. ⅔ des Sesams auf dem Teig verteilen, Möhren, Schnittlauch und Feta locker vermischen, daraufgeben. Den Guss angießen, mit dem restlichen Sesam bestreuen und rund 30 Min. backen.

Das passt dazu
Rucolasalat mit Gurke und Radieschen mit Sommervinaigrette (S. 31).

Zeit sparen
Am Abend vorher: Mürbeteig zubereiten, eine Quiche-Form damit auslegen, abdecken und kühl stellen.

Kleinigkeit
Überbackene Früchte

Pfirsiche und Aprikosen in eine Auflaufform schichten. Eiweiß mit 1 EL Honig, Vanille und Zitronenabrieb cremig schlagen, über die Früchte verteilen und bei 120 Grad im Backofen 10 – 15 Min. backen.

Brokkoli auf Tomaten-Oliven-Ragout

800 g Brokkoli, Salz, 1 Bund Frühlingszwiebeln, 4 EL Olivenöl, 800 g Tomaten, 80 g schwarze Oliven ohne Stein, Pfeffer, Honig, 1 Bund glatte Petersilie, 2 Knoblauchzehen, 20 g Mandeln

- Brokkoli waschen, putzen, die Röschen auseinander teilen, den groben Strunk sehr fein würfeln, das Gemüse in wenig Salzwasser ca. 2 Min. bissfest dünsten bzw. dämpfen. Mit einem Schaumlöffel herausnehmen, abbrausen, abtropfen lassen, warm halten.
- Frühlingszwiebeln waschen, putzen, in 4 cm lange Stücke schneiden. 1 EL Öl in einer Pfanne mit 1 EL Wasser erhitzen, die Zwiebeln darin andünsten. Tomaten waschen, putzen, in Scheiben schneiden und mit den Zwiebeln 5 Min. zugedeckt dünsten.
- Oliven vierteln, mit Pfeffer und Honig zu den Tomaten geben. Petersilie waschen, trocknen, zupfen. Knoblauch abziehen. Beides mit den Mandeln sehr fein schneiden und mit 3 EL Olivenöl vermengen. Auf eine tiefe Platte das Tomaten-Oliven-Ragout geben, den Brokkoli darauf verteilen und mit dem Petersilienöl beträufeln.

Das passt dazu
Käsetortellini und Blattsalat mit Sommervinaigrette (S. 31).

Möhrenbällchen auf Zucchinigemüse

250 g Möhren, 20 g Butter, 1 EL Honig, 250 g Ricotta, gesalzen, 70 – 90 g Weizenmehl Type 1050, 1 Ei, 1 Eigelb, Salz, Pfeffer, 15 – 20 Salbeiblätter, 3 EL Olivenöl, 800 g Zucchini, 40 g Pecorino (gerieben)

- Möhren bürsten, putzen, fein raspeln. Butter mit 1 EL Wasser in einer Pfanne erhitzen, die Möhren darin 2 Min. garen und 1 Min. mit dem Honig karamellisieren. Auf einem Teller abkühlen lassen. Ricotta mit Mehl, Ei, Eigelb, Salz, Pfeffer verrühren, die Möhren unterziehen.
- Wasser in einem großen breiten Topf erhitzen und am Siedepunkt halten. Aus der Masse mit bemehlten Fingern 10 – 12 Bällchen formen, im Wasser 8 – 10 Min. garziehen, mit einem Schaumlöffel herausnehmen, abtropfen und warm halten.
- Salbeiblätter waschen, trocknen, 2 EL Öl mit 2 EL Wasser erhitzen und die Salbeiblätter anbraten, salzen, die Möhrenbällchen darin wenden. Zucchini waschen, putzen, in dünne Scheiben schneiden. 1 EL Öl mit 1 EL Wasser erhitzen, die Zucchini 5 Min. bissfest darin dünsten, mit Salz und Pfeffer abschmecken und zu den Möhrenbällchen servieren. Mit Pecorino bestreuen.

Das passt dazu
Blattsalat mit Sommervinaigrette (S. 31).

Zeit sparen
Am Abend vorher: Möhrenbällchen zubereiten, abkühlen lassen und zugedeckt kühl aufbewahren.

Landgurkengemüse mit Dill und Reis

250 g Vollkornreis, 800 g Landgurken, 1 Zwiebel, 20 g Butter, 60 g magere Schinkenwürfel, 200 ml Gemüsebrühe, 60 ml Sahne, 1 – 2 EL Maismehl, Kräutersalz, Zitronensaft, 2 Bund Dill

▪ Reis nach Packungsanweisung zubereiten. Gurken waschen, putzen, der Länge nach halbieren, die groben Kerne mit einem Löffel herausschaben und in ca. 1 cm dicke „Halbmonde" schneiden. Zwiebel abziehen, würfeln.

▪ Butter mit 2 EL Wasser in einer großen hohen Pfanne erhitzen, Zwiebel und Schinken darin anbraten, nach 2 Min. die Gurken hinzufügen, unter Wenden 1 Min. anschwitzen, mit der Gemüsebrühe ablöschen. Zugedeckt bei kleiner Hitze 5 – 8 Min. garen.

▪ Sahne mit Mehl glatt rühren, zu den Gurken geben, 2 Min. köcheln lassen, bis die Sauce etwas andickt, mit Kräutersalz und Zitronensaft abschmecken. Dill waschen, trocknen, sehr fein schneiden und kurz vor dem Servieren unter das Gemüse ziehen, den Reis dazu reichen.

Das passt dazu

Tomatenfrischkost mit Sommervinaigrette (S. 31).

Zeit sparen

Am Morgen: Reis 20 Min. garen, zugedeckt ohne Hitzezufuhr bis zum Mittag ausquellen lassen. Für morgen: Reis zusätzlich garen.

Gebackener Kohlrabi mit Möhrensauce

2 große Kohlrabi (ca. 700 g), Salz, 30 g Weizenvollkornmehl, 2 Eier, Pfeffer, 30 – 40 g Paniermehl, 30 – 40 g grob gemahlene Haselnüsse, Butterschmalz zum Ausbacken, 1 Grundrezept Gemüsesauce (S. 30) (Möhre, mit Apfelsaft, Sahne, Curry abgeschmeckt), 1 Kästchen Kresse

▪ Die zarten Blätter der Kohlrabi abschneiden, waschen, trocknen. Kohlrabi schälen, in 1,5 cm dicke Scheiben schneiden, in wenig Salzwasser 5 Min. bissfest dünsten bzw. dämpfen. Mit einem Schaumlöffel herausnehmen, kalt abbrausen, abtropfen lassen. Gemüsewasser für die Sauce verwenden.

▪ 3 Suppenteller bereitstellen, in den 1. das Mehl geben, in den 2. die Eier mit Salz und Pfeffer verquirlen und im 3. Teller Paniermehl mit Haselnüssen mischen. Kohlrabischeiben erst in Mehl wenden, dann durch das Ei ziehen und zuletzt im Paniermehl wälzen.

▪ Butterschmalz in einer Pfanne erhitzen und die Kohlrabischeiben darin goldbraun braten. Gemüsewasser und Apfelsaft mischen und die Sauce nach dem Grundrezept herstellen. Kohlrabiblätter sehr fein schneiden und mit der Kresse kurz vor dem Servieren in die Sauce streuen.

Das passt dazu

Reis in Butter mit Curry, Eisbergsalat mit Radieschen und Champignons und Sommervinaigrette (S. 31).

EINKAUFSLISTE

Frisch dazukaufen

- 2,8 kg frische Erbsen, 700 g Möhren, 400 g Brokkoli, 600 g Zucchini, 900 g Tomaten, 800 g Mangold
- frische Minze, 1 Kästchen Kresse, 1 Bund glatte Petersilie
- 1 Zitrone
- 130 ml Sahne, 400 g Schmand, 50 g Quark, 100 g Blauschimmelkäse, 100 g Bergkäse, 100 g Feta, 80 g Butter
- 2 Dosen Thunfisch in Wasser, 10 Kapern, 10 schwarze Oliven ohne Stein, 4 Scheiben Vollkornbrot
- 7 Eier

Aus dem Vorrat

- 250 g Bulgur, 200 g Weizenvollkornmehl, 400 – 500 g Vollkornpenne, Maismehl, Paniermehl
- Zwiebel, Knoblauch
- 30 g gemahlene Mandeln, Mandeln
- Paprika edelsüß, Curry, Rosmarin, Gemüsebrühe
- weißer Balsamessig, Olivenöl

Mögliche Beilagen

- Kopfsalat, Gurken, Tomaten, Zucchini, Möhren, Blattsalat, Champignons, Frühlingszwiebeln, Kartoffeln
- Erdbeeren
- Sesam, Quark, Sommervinaigrette (S. 31)

WOCHE

Tanken Sie hochwertiges Eiweiß und Ballaststoffe

Das Märchen von der Prinzessin auf der Erbse ist allseits bekannt, dass aber 1433 in England per Gerichtsbeschluss entschieden wurde, dass nur derjenige Erbsen verzehren durfte, der mindestens den Titel eines Barons trägt, lässt die Erbse in einem neuen Licht erscheinen.

Steckbrief Erbsen

Sie haben es in sich, diese kleinen grünen kirschkerngroßen Kugeln, die vor Luftschadstoffen geschützt in einer Schote wachsen. Kein anderes Gemüse ist so eiweißreich und gleichzeitig reich an Ballaststoffen. 1 kg Erbsenschoten ergeben rund 300 g Erbsen. Dieser Aufwand wird in der Regel gescheut, sodass Tiefkühlerbsen eine beliebte Alternative geworden sind. Die ausschließlich im Sommer erhältlichen Zuckerschoten hingegen, die geerntet werden, solange die Erbsen noch sehr klein sind, sind mittlerweile roh und gegart nicht mehr aus der Gemüseküche wegzudenken. Da Erbsen und Zuckerschoten nach dem Pflücken noch nachreifen, sollten Sie sie höchstens 1 – 2 Tage in ein feuchtes Küchenhandtuch gewickelt im Kühlschrank aufbewahren. Sie können Erbsen roh und blanchiert einfrieren.

Bulgur mit frischen Erbsen und Möhren

1,5 kg frische Erbsen, 1 Zwiebel, 1 EL Olivenöl, 250 g Bulgur, ca. 600 ml Gemüsebrühe, 200 g Möhren, 100 g Feta, 100 g Schmand, Pfeffer, Paprika edelsüß, frische Minze

- Die Erbsen enthülsen, Zwiebel abziehen, fein würfeln. Öl mit 1 EL Wasser erhitzen und die Zwiebel darin anbraten. Bulgur hinzufügen und unter Rühren mit erhitzen. Gemüsebrühe angießen und den Bulgur bei mittlerer Hitze 10 Min. köcheln lassen.
- Möhren waschen, putzen, sehr fein würfeln und mit den Erbsen zu dem Bulgur geben. Unter gelegentlichem Rühren 5–8 Min. mitgaren. Feta mit der Gabel zerdrücken, Schmand und Gewürze unterrühren und zu dem Bulgur servieren.

Das passt dazu
Kopfsalat mit Gurke, Tomate und Sommervinaigrette (S. 31).

Zeit sparen
Am Abend vorher: Erbsen enthülsen, in einer Dose oder Tüte kühl aufbewahren.

Blumenkohl-Brokkoli-Quiche

1 Grundrezept Mürbeteig (S. 28), 1 Blumenkohl (600 g), 400 g Brokkoli, Salz, 2 Eier, 1 Eigelb, 200 g Schmand, Kräutersalz, Pfeffer, Curry, 30 g Mandeln (gemahlen), 100 g Bergkäse (gerieben), 1 Kästchen Kresse

- Mürbeteig nach Grundrezept herstellen. Den groben Strunk des Blumenkohls herausschneiden, die Röschen teilen, waschen. Brokkoli waschen, den Strunk fein würfeln, die Röschen teilen.
- Das Gemüse in wenig Salzwasser 2–3 Min. bissfest garen, mit einem Schaumlöffel herausnehmen, abbrausen, abtropfen lassen. Backofen auf 180 Grad vorheizen.
- Eier, Eigelb (Eiweiß für Kleinigkeit aufbewahren!), Schmand und die Gewürze verquirlen. Mandeln auf dem Teig verteilen, das Gemüse schön darauf drapieren, den Guss angießen und mit Käse bestreuen. Ca. 35 Min. backen. Quiche mit der Kresse dekorieren.

Das passt dazu
Zucchini-Möhren-Frischkost mit Sommervinaigrette (S. 31).

Zeit sparen
Am Abend vorher: Mürbeteig zubereiten, eine Quiche-Form damit auslegen, kühl stellen.

Kleinigkeit
Überbackenes Tomatenbrot

1 Eiweiß cremig schlagen, 2 EL Quark, 2 EL Parmesan und frische Kräuter unterziehen. Brot mit Olivenöl bestreichen, Tomatenscheiben und Käsecreme darauf verteilen und bei 180 Grad 10 Min. überbacken.

Möhrensoufflé

500 g Möhren, 10 g Butter, 1 TL Curry mild, 200 ml Gemüsebrühe, 70 g Mandeln, 3 Eier, 50 g Quark , Salz, Pfeffer, glatte Petersilie, Butterschmalz für die Form

- Möhren unter fließendem Wasser bürsten und in 1–2 cm große Stücke schneiden. Butter mit 1 EL Wasser in einem Topf erhitzen, die Möhren mit dem Curry darin 2 Min. anbraten, die Gemüsebrühe angießen und mit geschlossenem Deckel 8–10 Min. köcheln lassen.
- Die Mandeln fein hacken, die Eier trennen, das Eiweiß steif schlagen und das Eigelb mit Quark, den Gewürzen und gehackter Petersilie verrühren. Backofen auf 190 Grad vorheizen. Die Möhren mit der Brühe fein pürieren und nach und nach die Mandeln, die Eigelb-Quarkmasse und zum Schluss den Eischnee unterrühren.
- Die Masse in eine gefettete Auflaufform (Inhalt mindestens 1,5 l) und auf das heiße Backblech setzen. Das Soufflé 35–40 Min. backen. Sofort servieren, bevor es wieder zusammenfällt.

Das passt dazu
Pellkartoffeln, gemischter Blattsalat mit Champignons und Frühlingszwiebeln und Sommervinaigrette (S. 31).

Zeit sparen
Für morgen: Kartoffeln mitkochen, herunterkühlen und zugedeckt im Kühlschrank aufbewahren.

Gebackene Zucchinischeiben auf Thunfischcreme

600 g Zucchini, 2 Knoblauchzehen, 4 EL Olivenöl, Salz, Pfeffer, Rosmarin, 2 Dosen Thunfisch in Wasser, 2 EL Olivenöl, 30 ml Sahne, 10 Kapern, 2 EL weißer Balsamessig, 500 g Tomaten, ½ Bund glatte Petersilie

- Zucchini waschen, putzen, in 0,5 cm dicke Scheiben schneiden. Backofen auf 200 Grad vorheizen. Knoblauch abziehen, würfeln, mit Öl, Salz, Pfeffer und Rosmarin verrühren. Zucchinischeiben damit bestreichen, auf ein mit Backpapier ausgelegtes Backblech legen und ca. 10 Min. backen.
- Thunfisch abtropfen lassen, mit Öl, Sahne, Kapern, Essig, Salz und Pfeffer sehr fein pürieren. Tomaten waschen, putzen, in dünne Scheiben schneiden, auf einer Platte anrichten. Petersilie waschen, trocknen, zupfen, fein schneiden. Thunfischcreme auf den Tomaten verstreichen, die heißen Zucchinischeiben darüberlegen und mit Petersilie bestreuen.

Das passt dazu
Sesambratkartoffeln und Erdbeeren zum Nachtisch.

Zeit sparen
Am Abend vorher: Die Thunfischcreme zubereiten und abgedeckt kühl aufbewahren.

Nudelauflauf mit Mangold

400 – 500 g Vollkornpenne, 800 g Mangold, 100 ml Sahne, 1 EL Maismehl, 200 ml Gemüsebrühe, Pfeffer, Muskat, Zitronensaft, Salz, 2 Tomaten, 100 g Blauschimmelkäse, 40 g Paniermehl

- Penne nach Packungsanweisung garen. Mangold waschen, putzen, die weißen Stiele fein würfeln, die Blätter in Streifen schneiden, in der Gemüsebrühe ca. 5 Min. dünsten. Mit einem Schaumlöffel herausnehmen, abbrausen, abtropfen lassen. Backofen auf 200 Grad vorheizen.
- Sahne mit Maismehl glatt rühren, in die Gemüsebrühe einrühren und 5 Min. köcheln lassen, mit den Gewürzen abschmecken. Tomaten waschen, putzen, sehr fein würfeln, locker mit Käse und Paniermehl mischen. Nudeln, Mangold und Sahnesauce in eine Auflaufform geben und mit den Tomatenbröseln bestreuen. Etwa 10 – 15 Min. backen.

Das passt dazu
Ein gemischter bunter Salat mit Möhre, Gurke und Sommervinaigrette (S. 31).

Zeit sparen
Am Abend vorher: Mangold waschen, putzen, trocknen, halbieren und in einer Dose oder Tüte kühl aufbewahren.

Erbsensuppe mit Tomatenbruschetta

1,3 kg Erbsenschoten, 2 Zwiebeln, 1 EL Olivenöl, ca. 1 l Gemüsebrühe, 3 Tomaten, 2 Knoblauchzehen, 10 schwarze Oliven ohne Stein, 2 EL Olivenöl, Salz, Pfeffer, Minze, Zitronensaft, Petersilie, 100 g Schmand, 4 Scheiben Vollkorntoastbrot oder Vollkornbaguette

- Die Erbsen enthülsen, Zwiebeln abziehen und würfeln. Olivenöl mit 1 EL Wasser in einem großen Topf erhitzen, die Zwiebeln darin andünsten. Die Gemüsebrühe angießen und die Erbsen hinzufügen. Bei mittlerer Hitze ca. 10 Min. köcheln lassen.
- Die Tomaten waschen, putzen, den Knoblauch abziehen und beides sehr fein würfeln. Oliven kleinschneiden und mit den Tomaten, Knoblauch, Öl, Salz, Pfeffer, Minze und Zitronensaft vermischen.
- Die Suppe sehr fein pürieren, evtl. noch etwas Wasser hinzufügen, mit Salz, Pfeffer und Petersilie abschmecken und den Schmand einrühren. Das Brot toasten und die Tomaten auf dem noch heißen Brot verteilen, mit der Suppe servieren.

Das passt dazu
Erdbeerquark zum Nachtisch.

Zeit sparen
Am Abend vorher: Die Erbsen enthülsen und gut verpacken kühl aufbewahren.

SOMMER

Jetzt gibt's Beeren, und viele
Gemüsesorten schmecken
nun am besten.

EINKAUFSLISTE

Frisch dazukaufen

- 500 g Schalotten, 1 kg frische Erbsen, 1,4 kg Zucchini, 600 g Gemüsezwiebeln, 600 g Tomaten, 700 g Brokkoli, 800 g Kohlrabi, 1 Bund Frühlingszwiebeln
- 2 Zweige Rosmarin, 3 Zweige Oregano, 2 Bund glatte Petersilie, ½ Bund Basilikum, 5 Zweige Thymian
- 2 Zitronen
- 400 ml Milch, 200 ml Sahne, 100 g Parmesan, 150 g Mozzarella, 60 g Pecorino, 60 g Butter
- 80 g getrocknete Tomaten, 200 g Vollkornlasagneplatten, 500 g Putenbrust

Aus dem Vorrat

- 200 g rote Linsen, Maismehl
- Muskat, Kreuzkümmel, Gemüsebrühe
- Tomatenmark, Balsamessig, weißer Balsamessig, Honig
- Olivenöl

Mögliche Beilagen

- Blattsalat, Rucola, Paprika, Fenchel, Zucchini, Kartoffeln
- Bulgur, Vollkornreis, Gnocchi
- Pinienkerne, Kreuzkümmel
- gekochter Schinken
- Weiße Salatsauce (S. 31), Rote Salatsauce (S. 31)

7 WOCHE

Zwiebeln – zum Weinen gesund

Zwiebeln sind als Würzzutat in vielen Gerichten enthalten, ohne dass man sie bewusst wahrnimmt. Zu Unrecht! Sie funktionieren bestens als eigenständiges Gemüse, werden beim Backen oder Garen süßlich und schmecken Kindern meist sehr gut.

Steckbrief Zwiebeln

Ein Essen ohne Zwiebel, Bolle oder Zipolle? Kaum vorstellbar, weil jeder von uns rund 6 kg Zwiebeln pro Jahr verspeist. Zwiebeln sind neben Salz das wichtigste Gewürz in der Küche. Das Angebot an unterschiedlichen Zwiebeln ist sehr groß, hier nur ein kleiner Überblick:

- Haushaltszwiebeln, Küchen- oder Gewürzzwiebeln: unterschiedliche Größen, mattgelbe bis bräunliche Schale, würzig und scharf
- Gemüsezwiebeln: besonders groß, hellbraune Schale, weiches, mildes und saftiges Fleisch
- weiße Zwiebeln, italienische Haushaltszwiebel: weiße Haut, weißes Fleisch, zartes Aroma
- rote Zwiebeln: dunkelrote Schale, rotes Fleisch, mild-würzig bis süßlich
- Frühlingszwiebeln, Lauchzwiebeln: kleine, maximal 4 cm dicke weiße Zwiebeln mit einem knapp 40 cm langen dunkelgrünen Schaft, sehr fein
- Schalotten: klein, länglich, rötlich-braune Schale, sehr feiner aromatischer Geschmack
- Perl- und Silberzwiebeln: sehr klein, weiße Schale, mild

Beim Einkauf sollten Zwiebeln prall, trocken und ohne Keimling sein, so halten sie sich trocken und kühl gelagert mehrere Monate. Geschnitten oder gewürfelt lassen sich Zwiebeln einfrieren.

Zwiebeln – zum Weinen gesund

Putenstückchen mit Schalotten und Erbsen

500 g Putenbrust, 2 EL Maismehl, 1 Zweig Rosmarin, Butterschmalz zum Anbraten, Salz, Pfeffer, ca. 500 ml Gemüsebrühe, 2 EL weißer Balsamessig, 4 EL Tomatenmark, 500 g Schalotten, 20 g Butter, 1 kg frische Erbsen, 50 ml Sahne

▪ Backofen auf 170 Grad vorheizen. Das Fleisch waschen, trockentupfen, säubern, in Würfel schneiden und mit Mehl bestäuben. Rosmarin waschen, trocknen, zupfen und grob schneiden. Butterschmalz erhitzen, das Fleisch und den Rosmarin darin von allen Seiten anbraten, salzen und pfeffern, mit Gemüsebrühe, Essig und Tomatenmark ablöschen, zugedeckt 25 Min. im Backofen schmoren.

▪ Schalotten abziehen. Butter mit 2 EL Wasser erhitzen, die Schalotten darin 3 Min. anbraten, anschließend zu dem Fleisch geben und weitere 15 Min. schmoren. Die Erbsen enthülsen, mit der Sahne zu dem Fleisch geben und weitere 10 Min. schmoren.

Das passt dazu
Reis und bunter Blattsalat mit Roter Salatsauce (S. 31).

Zeit sparen
Am Abend vorher: Erbsen enthülsen. Am Morgen: Reis 20 Min. garen und zugedeckt ohne Hitzezufuhr bis mittags ausquellen lassen.

Zucchinilasagne

800 g Zucchini, Salz, 2 Grundrezepte Béchamelsauce (S. 30), 50 g Tomatenmark, 100 g Parmesan (gerieben), 50 g getrocknete Tomaten, 3 Zweige Oregano, 200 g Lasagneplatten, Butterschmalz für die Form

▪ Zucchini waschen, putzen, der Länge nach in 0,5 cm dicke Scheiben schneiden, in wenig Salzwasser 1 – 2 Min. bissfest dünsten bzw. dämpfen. Mit einem Schaumlöffel herausnehmen, abbrausen, abtropfen lassen. Mit dem Gemüsewasser die Béchamelsauce nach Grundrezept herstellen, Tomatenmark und Parmesan einrühren.

▪ Backofen auf 160 Grad vorheizen. Getrocknete Tomaten in feine Streifen schneiden, Oregano waschen, trocknen, zupfen. Eine gefettete Form lagenweise mit Lasagneplatten, Zucchini, Béchamelsauce, Tomaten und Oregano füllen, mit Béchamelsauce abschließen. Etwa 50 Min. backen.

Das passt dazu
Rucolasalat mit Paprikawürfeln, Pinienkernen und Sommervinaigrette (S. 31).

Zeit sparen
Am Abend vorher: Lasagne mit Zucchini zubereiten und 35 – 40 Min. backen, herunterkühlen und zugedeckt kühl aufbewaren. Mit Alufolie abgedeckt 20 Min. aufbacken.

Zwiebelgemüse in Sahnesauce

600 g Gemüsezwiebeln, 20 g Butter, 2 – 3 EL Maismehl oder Weizenmehl Type 1050, 400 ml Gemüsebrühe, 150 ml Sahne, Salz, Pfeffer, Muskat, Zitronensaft, 1 Bund glatte Petersilie

▪ Zwiebeln abziehen, halbieren und sehr fein schneiden bzw. hobeln. Butter mit 2 EL Wasser in einem großen Topf erhitzen, die Zwiebeln darin ca. 10 Min. glasig dünsten.

▪ Das Mehl über die Zwiebeln streuen und vermischen, unter Rühren die Gemüsebrühe angießen, 1-mal kurz aufkochen lassen und bei geringer Hitze weitere 8 – 10 Min. köcheln lassen.

▪ Die Sahne angießen und mit Gewürzen und Zitronensaft das Gemüse fein abschmecken. Petersilie waschen, zupfen, grob schneiden und kurz vor dem Servieren unterrühren.

Das passt dazu
Pellkartoffeln, gekochter Schinken und frischer grüner Blattsalat mit Sommervinaigrette (S. 31).

Zeit sparen
Für übermorgen: Kartoffeln mitkochen, abkühlen und zugedeckt im Kühlschrank aufbewaren.

Zucchini-Tomaten-Gratin

600 g Zucchini, 600 g Tomaten, ½ Bund Basilikum, 1 Zweig Rosmarin, 5 Zweige Thymian, 5 EL Olivenöl, Salz, Pfeffer, Zitronenabrieb, 150 g Mozzarella

- Zucchini und Tomaten waschen, putzen, in 0,5 cm dicke Scheiben schneiden, abwechselnd dachziegelartig in eine Auflaufform schichten. Backofen auf 160 Grad vorheizen.
- Kräuter waschen, trocknen, zupfen und sehr fein schneiden, mit dem Olivenöl und den Gewürzen verrühren, das Gemüse damit großzügig einstreichen, 30 Min. backen. Mozzarella grob reiben, auf dem Gemüse verteilen und bei 180 Grad weitere 6–8 Min. überbacken.

Das passt dazu
Gnocchi und Blattsalat mit Fenchel und Roter Salatsauce (S. 31).

Rote Linsen in Zitronenmarinade mit Brokkoli

200 g rote Linsen, 550 ml Gemüsebrühe, 2 EL Balsamessig, 700 g Brokkoli, Salz, Saft von 1 Zitrone, 3 EL Olivenöl, 1 TL Honig, Zitronenabrieb, Kreuzkümmel, Honig, 60 g Pecorino, grober Pfeffer aus der Mühle

- Linsen in Gemüsebrühe und Balsamessig 5 Min. köcheln lassen und zugedeckt ohne Hitzezufuhr 15 Min. ausquellen lassen. Brokkoli waschen, putzen, den Strunk fein würfeln, die Röschen teilen, das Gemüse in wenig Salzwasser 4 Min. dünsten bzw. dämpfen, mit einem Schaumlöffel herausnehmen, abbrausen, abtropfen lassen, warm halten.
- Gemüsewasser (maximal 50 ml) mit Zitronensaft, Öl, Honig, Salz, Zitronenabrieb, Kreuzkümmel und Honig verquirlen. Auf eine Platte die Linsen geben, den Brokkoli darauf anrichten und die Marinade angießen. Pecorino fein hobeln oder mit dem Sparschäler abziehen, die Linsen damit bestreuen. Mit viel Pfeffer aus der Mühle bestreut servieren.

Das passt dazu
Bratkartoffeln mit Kreuzkümmel und Rucolasalat mit Roter Salatsauce (S. 31).

Zeit sparen
Am Morgen: Die Linsen garen und zugedeckt ohne Hitzezufuhr bis mittags ausquellen lassen. Mittags die Linsen mit ein wenig Gemüsewasser langsam erwärmen. Für Kleinigkeit: 20 g Linsen zusätzlich garen.

Kohlrabigemüse

2–3 Kohlrabi (ca. 800 g), 1 Bund Frühlingszwiebeln, 1 EL Olivenöl, 1 Bund glatte Petersilie, 2 Tomaten, 4 getrocknete Tomaten, 2 EL Olivenöl, wenig Salz, Pfeffer

- Die Blätter vom Kohlrabi abschneiden, waschen, trocknen und beiseite legen. Kohlrabi schälen und in 5 cm lange Stifte schneiden. Frühlingszwiebeln waschen, putzen und ebenfalls in 5 cm lange Stücke schneiden.
- Olivenöl mit 1 EL Wasser in einer Pfanne erhitzen, Kohlrabistifte und Frühlingszwiebeln darin wenden und zugedeckt bei mittlerer Hitze 8–10 Min. bissfest dünsten.
- Petersilie waschen, trocknen, zupfen. Tomaten waschen, putzen und mit den getrockneten Tomaten, der Petersilie, dem Olivenöl und den Gewürzen pürieren. Kohlrabiblätter sehr fein schneiden und 1 Min. mit dem Kohlrabi dünsten. Petersilien-Tomaten-Mix unter das heiße Gemüse ziehen und sofort servieren.

Das passt dazu
Bulgur in Gemüsebrühe gegart, Zucchinifrischkost mit Weißer Salatsauce (S. 31).

Zeit sparen
Am Morgen: Bulgur 10 Min. köcheln und zugedeckt ohne Hitzezufuhr ausquellen lassen.

Kleinigkeit
Sandwich mit Linsenaufstrich

60 g gegarte rote Linsen mit 1 EL Olivenöl, 30 g Feta, 1 EL Schmand pürieren, mit Kreuzkümmel und Knoblauch abschmecken. Zwei Brötchenhälften damit bestreichen und mit Tomatenscheiben und Rucolasalat belegt zusammenklappen.

EINKAUFSLISTE

Frisch dazukaufen

- 2½ Bund Frühlingszwiebeln, 1 kg Zucchini, 1,5 kg Tomaten, 800 g Brokkoli, 1 kg Mangold, 2 rote Paprika, 600 g Blumenkohl
- 1 Zweig Thymian, 2 Bund Basilikum
- 2 Zitronen, 600 g Blaubeeren
- 300 ml Milch, 150 g Joghurt, 50 g Quark, 80 g Pecorino, 120 g Parmesan, 200 g Feta, 50 g Butter
- 4 Kabeljaufilets, 100 g Mais aus dem Glas, 5 getrocknete Tomaten, 10 grüne Oliven

Aus dem Vorrat

- 200 g Dinkelvollkornmehl, 180 g Beluga-Linsen, Paniermehl, 150 g Polenta, 400 – 500 g Vollkornspaghetti
- Kartoffeln, Knoblauch, Zwiebeln
- Pinienkerne
- Oregano, Vanille, Backpulver, Zucker, Honig, Puderzucker, Tomatenmark, Gemüsebrühe
- Olivenöl, Balsamessig

Mögliche Beilagen

- Avocado, Gurken, Minze, Kräuter, Möhren, Fenchel, Tomaten, Kohlrabi, Blattsalat, Eisbergsalat, Kartoffeln
- Beeren
- Vollkornreis, Quark, Frischkäse, Joghurt, Vanilleeis
- Weiße Salatsauce (S. 31), Rote Salatsauce (S. 31)

WOCHE 2

Einfach himmlisch!

Sommerzeit ist Beerenzeit. Kein anderes Obst enthält so viele gesunde Ballaststoffe wie die kleinen Früchte. Frische Beeren gibt es nur wenige Wochen im Sommer, roh lassen sie sich aber problemlos einfrieren.

Steckbrief **Beeren**

Himbeeren sind reich an Eisen und Magnesium sowie an Vitamin C und Ballaststoffen. Sie sollten prall, trocken und frei von Schimmel sein und am selben Tag verzehrt werden. Im reifen Zustand lässt sich die Himbeere leicht von ihrem stielförmigen Fruchtboden lösen.

Heidelbeeren oder auch Blaubeeren kommen entweder als Kulturheidelbeere oder wilde Waldheidelbeere in den Handel. Die wilden Beeren sind durch und durch blau gefärbt, wohingegen die Kulturheidelbeere ein helles Fleisch hat und der Farbstoff direkt unter der Schale liegt. Sie sind reich an Eisen, Kalium und Vitamin C und verschiedenen Fruchtsäuren. Sie sollten prall, nicht aufgeplatzt oder schimmlig sein, so halten sich Kulturheidelbeeren bis zu einer Woche im Kühlschrank.

Johannisbeeren egal ob schwarz, weiß oder rot, sind von Natur aus sauer und teilweise herb im Geschmack. Sie sind besonders reich an Vitamin C, Kalium und Eisen. Beim Einkauf sollten Sie darauf achten, dass an den Rispen kein Schimmel ist. Die Früchte sind frisch, wenn sie glänzen und prall aussehen. Zugedeckt halten sie sich 3 – 4 Tage im Kühlschrank.

Joghurt-Blaubeer-Muffins

50 g Butter, 200 g Dinkelvollkornmehl oder Dinkelmehl Type 1050, 1 Päckchen Weinsteinbackpulver, 75 g Zucker, 1 Msp. Vanillepulver oder 1 Päckchen Vanillezucker, 2 Eier, 150 g Joghurt, 1 TL Zitronenabrieb, 600 g Blaubeeren, 1 EL Puderzucker

- Die Butter in einem Topf leicht erhitzen. Mehl und Backpulver in eine Schüssel sieben, Zucker und Vanille untermischen. Eier, Joghurt und Zitronenabrieb mit der Butter verquirlen.
- Blaubeeren waschen, putzen und trocknen. Backofen auf 160 Grad vorheizen. 12 Papierförmchen in die Mulden eines Muffinblechs setzen.
- Die Eier-Joghurt-Mischung mit einem Kochlöffel locker in die Mehlmischung einrühren, 300 g der Blaubeeren vorsichtig unterziehen. Teig auf die Förmchen verteilen und 25 Min. backen. Noch heiß mit Puderzucker bestreuen und mit den restlichen Blaubeeren dekoriert servieren.

Das passt dazu
1 Kugel Vanilleeis. Vorher gibt es eine Frischkostplatte mit Avocadodip und Kräuterquark.

Sommerliche Linsensuppe

2 Bund Frühlingszwiebeln, 200 g Kartoffeln, 180 g Beluga-Linsen oder Puy-Linsen, 2 EL Olivenöl, 200 g Zucchini, 50 g Pinienkerne, 3 Tomaten, 100 g Feta, 100 g Tomatenmark, Salz, Pfeffer, Thymian, evtl. Balsamessig

- Frühlingszwiebeln waschen, putzen und mit dem ganzen Grün in Ringe schneiden. Kartoffeln schälen und würfeln. Linsen über einem Sieb waschen. Öl mit 2 EL Wasser in einem großen Topf erhitzen, Zwiebeln, Kartoffeln und Linsen darin 2 Min. wenden und mit 1,5 l Wasser ablöschen. Zugedeckt bei mittlerer Hitze 20 Min. köcheln lassen.
- Zucchini waschen, putzen, fein würfeln und zu der Suppe geben, weitere 10 Min. köcheln lassen. Pinienkerne in einer kleinen Pfanne ohne Fett rösten. Tomaten waschen, putzen und sehr fein würfeln.
- Feta mit einer Gabel etwas zerkrümeln. Tomatenmark in die Suppe einrühren und mit den Gewürzen und evtl. etwas Essig kräftig abschmecken. Kurz vor dem Servieren die Tomatenwürfel 1 Min. in der Suppe ziehen lassen, mit Pinienkernen und Feta bestreut servieren.

Das passt dazu
Beerensalat zum Nachtisch.

Zeit sparen
Am Abend vorher: Linsensuppe zubereiten, 3 Min. nach der Zugabe der Zucchini herunterkühlen und zugedeckt kühl stellen. Tomatenwürfel, Feta und Pinienkerne erst kurz nach dem Erwärmen hinzufügen.

Pesto-Kabeljau mit Zucchini

4 Kabeljaufilets à 200 g, Saft von 1 Zitrone, 800 g Zucchini, 6 EL Olivenöl, Salz, Pfeffer, 2 Bund Basilikum, 2 Knoblauchzehen, 40 g Pinienkerne, 60 g Parmesan (gerieben), 3–4 Tomaten, 2 EL Paniermehl

- Fischfilets waschen, trocknen, säubern und mit Zitronensaft beträufeln. Backofen auf 180 Grad vorheizen. Zucchini waschen, putzen und mit einem Hobel oder einer Schneidemaschine der Länge nach in Scheiben schneiden.
- Mit 2 EL Öl, Salz und Pfeffer vermengen und in eine flache große Auflaufform schichten. 10 Min. im Backofen backen. Basilikum waschen, trocknen, die Blätter abzupfen. Knoblauch abziehen und mit Basilikum, den Pinienkernen, Parmesan und 4 EL Öl pürieren, mit Salz würzen.
- Fischfilet von beiden Seiten großzügig mit Pesto bestreichen. Tomaten waschen, putzen und in Scheiben schneiden. Zucchini aus dem Backofen nehmen. Fischfilets darauflegen, mit Tomatenscheiben belegen und mit Paniermehl bestreuen. 10–15 Min. überbacken.

Das passt dazu
Möhrenfrischkost mit Weißer Salatsauce (S. 31) und Reis.

Zeit sparen
Am Morgen: Reis 20 Min. garen und zugedeckt ohne Hitzezufuhr ausquellen lassen.

Einfach himmlisch!

Polentaküchlein mit Brokkoligemüse

300 ml Gemüsebrühe, 300 ml Milch, 150 g Polenta, 2 Frühlingszwiebeln, 60 g Parmesan (fein gerieben), 100 g Mais aus dem Glas, 1 Ei, 50 g Quark, Kräutersalz, Oregano, 800 g Brokkoli, Salz, 1 EL Olivenöl

▪ Gemüsebrühe und Milch aufkochen, Polenta einrühren und 5 – 10 Min. köcheln lassen. Auf der ausgeschalteten Herdplatte zugedeckt 15 – 20 Min. ausquellen lassen. Backofen auf 180 Grad vorheizen.

▪ Zwiebeln waschen, putzen, fein schneiden, mit Polenta, Parmesan, Mais, Ei, Quark und den Gewürzen vermischen, kleine Küchlein formen, auf ein mit Backpapier ausgelegtes Blech setzen und etwa 20 Min. goldgelb backen.

▪ Brokkoli waschen, putzen, den groben Strunk würfeln, die Röschen teilen, das Gemüse in wenig Salzwasser dünsten bzw. dämpfen. Mit einem Schaumlöffel herausnehmen, mit Öl beträufeln und zu den Polentaküchlein servieren. Gemüsewasser evtl. für die Kleinigkeit aufbewahren.

Das passt dazu
Tomaten-Gurken-Frischkost mit Weißer Salatsauce (S. 31).

Am Morgen: Polenta 5 Min. köcheln lassen und zugedeckt ohne Hitzezufuhr ausquellen lassen.

Kleinigkeit
Brokkolisuppe mit Polentawürfeln

200 g Brokkoli in dem Gemüsewasser garen, mit gekörnter Brühe und Muskat würzen. 1 – 2 Polentabacklinge würfeln und 2 Min. in der Suppe ziehen lassen. Mit Tomatenwürfeln dekorieren.

Mangoldgemüse mit Feta

1 kg Mangold, 2 Zwiebeln, 2 rote Paprika, 2 EL Olivenöl, 2 Knoblauchzehen, Kräutersalz, Paprika edelsüß, 100 g Feta

▪ Mangold waschen, putzen, die weißen Stiele fein würfeln, die Blätter in Streifen schneiden. Zwiebeln abziehen, würfeln. Paprika waschen, putzen, sehr fein würfeln.

▪ Öl in einer großen hohen Pfanne mit 2 EL Wasser erhitzen, Zwiebeln darin anschwitzen, Paprika und Mangold hinzufügen, evtl. ein wenig Wasser dazugeben und ca. 4 Min. dünsten.

▪ Knoblauch abziehen, in Scheiben schneiden, mit den Gewürzen zu dem Gemüse geben. Feta würfeln, auf den Mangold legen, kurz ziehen lassen und servieren.

Das passt dazu
Backofenkartoffeln und bunter Sommersalat mit Roter Salatsauce (S. 31).

Am Abend vorher: Mangold waschen, putzen, trocknen, halbieren und in einer Dose oder Tüte aufbewahren.

Spaghetti und Blumenkohl auf Tomatenragout

400 – 500 g Vollkornspaghetti, 600 g Blumenkohl, Salz, 600 g Tomaten, 2 EL Olivenöl, 5 getrocknete Tomaten, 10 grüne Oliven, 20 g Tomatenmark, Pfeffer, Honig, Knoblauch, 80 g Pecorino (gerieben)

▪ Spaghetti nach Packungsanweisung zubereiten. Blumenkohl putzen, waschen, den groben Strunk herausschneiden, die Röschen teilen und in wenig Salzwasser zugedeckt 3 Min. bissfest garen. Mit einem Schaumlöffel herausnehmen, abbrausen, abtropfen lassen. Gemüsewasser aufbewahren.

▪ Tomaten waschen, putzen, vierteln. Öl in einer großen Pfanne mit 4 EL Gemüsewasser erhitzen, Tomaten darin zugedeckt 4 Min. dünsten. Getrocknete Tomaten und Oliven kleinschneiden und mit dem Tomatenmark und den Gewürzen und Knoblauch einrühren.

▪ Blumenkohlröschen auf das Tomatenragout setzen, 5 Min. ziehen lassen und zu den Spaghetti servieren. Mit Pecorino bestreuen.

Das passt dazu
Eisbergsalat mit Gurke und Roter Salatsauce (S. 31).

EINKAUFSLISTE

Frisch dazukaufen

- 3 – 4 Auberginen, 4 Tomaten, 500 g Schalotten, 800 g Möhren, 1 kg Bundmöhren, 2 Bund Frühlingszwiebeln, 500 g Brokkoli, 500 g Blumenkohl
- 1 Bund glatte Petersilie, 1 Bund Minze
- 2 Zitronen, 1 Limette, 200 g Johannisbeeren, 200 g Blaubeeren, 100 g Brombeeren
- 200 ml Buttermilch, 100 ml Sahne, 400 g Schmand, 100 g Quark, 80 g Feta, 150 g Bergkäse, 100 g Parmesan, 220 g Butter
- 30 g Cashewkerne, 6 Eier

Aus dem Vorrat

- Weizenvollkorngrieß, 350 g Weizenvollkornmehl
- 200 g rote Linsen, Paniermehl
- Knoblauch
- Oregano, Muskat, Vanille, Curry, Zimt, Vanille, Gemüsebrühe, Honig, Zucker, Puderzucker
- 250 g Tomatenmark, weißer Balsamessig

Mögliche Beilagen

- Tomaten, Gurken, Möhren, Frühlingszwiebeln, Blumenkohl, Kohlrabi, Zucchini, Blattsalat, Kartoffeln
- Maismehl, Wildreismischung, Tagliatelle
- Lammfilet
- Sommervinaigrette (S. 31)

Lieb gewonnene Eierfrüchte

Auberginen gehören in orientalische Dips und dürfen bei italienischen Antipasti und in der französischen Ratatouille nicht fehlen. Weil sie sehr viel Wasser enthalten und teilweise bitter sind, salzt man Auberginenscheiben vor der Zubereitung, damit sie Flüssigkeit und damit die darin gelösten Bitterstoffe verlieren.

Steckbrief Aubergine

Wer denkt bei Auberginen, Eierfrüchten oder Melanzani nicht direkt an Italien? Dabei stammt die dunkelviolette, glänzende, keulenförmige pralle Frucht aus Indien. Sie ist 15 – 25 cm lang und kann bis zu 1 kg schwer sein. Da sie zu 92 % aus Wasser besteht, liefert sie nicht viele Nährstoffe, diese liegen jedoch überwiegend in der Schale (Vitamin C, B_1 und B_6). Ist der Stiel frisch und grün, die Schale unverletzt, fleckenfrei, glatt und prall, ist die Aubergine reif. Sie bleibt bei etwa 10 Grad 1 – 1 ½ Wochen frisch. Kälte lässt sie eher faulen.

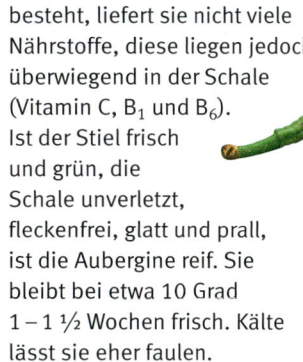

Auberginenauflauf

3 – 4 Auberginen, Salz, 4 Tomaten, 200 g Tomatenmark, 3 EL Olivenöl, 1 EL Zucker oder Honig, Salz, Pfeffer, Oregano, Knoblauch, 100 g Parmesan (gerieben), 3 – 4 EL Weizenvollkorngrieß, 1 – 2 EL Olivenöl

■ Auberginen waschen, putzen und in ca. 0,5 cm dicke Scheiben schneiden, salzen und auf einem Teller abgedeckt 30 Min. ziehen lassen. Tomaten waschen, putzen und in sehr feine Würfel schneiden, mit Tomatenmark, Öl, Zucker und den Gewürzen verrühren. Backofen auf 160 Grad vorheizen.

■ Auberginenscheiben über einem Sieb waschen und abwechselnd mit der Tomatensauce, dem Parmesan und dem Grieß in eine Auflaufform schichten. Das Olivenöl darüberträufeln und den Auflauf 70 – 80 Min. backen. Die Auberginenscheiben müssen richtig weich sein. Schmeckt warm, lauwarm und kalt!

Das passt dazu

Pellkartoffeln und gemischte Frischkost mit Tomaten, Gurken, Möhren, Frühlingszwiebeln und Sommervinaigrette (S. 31).

Zeit sparen

Für übermorgen: Pellkartoffeln mitkochen, abkühlen lassen und abgedeckt kühl aufbewahren.

Lieb gewonnene Eierfrüchte

Beerenkuchen mit Joghurtsauce

3 Eier, 80 g Butter, 120 g Honig, 150 g Weizenvollkornmehl oder Weizenmehl Type 1050, 50 g gemahlene Mandeln, Zitronenabrieb, Vanille, 200 ml Buttermilch, 200 g Johannisbeeren, 200 g Blaubeeren, 100 g Brombeeren oder Stachelbeeren, Butterschmalz für die Form, 1 EL Puderzucker, 250 ml Joghurt, 1 EL Honig, Vanille

■ Eier trennen, Eigelb mit Butter und Honig cremig aufschlagen. Mehl, Mandeln und Gewürze mischen, mit der Buttermilch abwechselnd unter die Eigelbmasse rühren. Eischnee halb steif schlagen, unterziehen. Backofen auf 180 Grad vorheizen.

■ Beeren waschen, abtropfen lassen, verlesen und vorsichtig unter den Teig ziehen. In eine gefettete Auflaufform füllen und 30 Min. backen. Mit Puderzucker bestreuen und heiß servieren. Joghurt mit Honig und Vanille verrühren und dazu reichen.

Das passt dazu

Als Vorspeise Blumenkohlcremesuppe.

Zeit sparen

Am Abend vorher: Blumenkohlsuppe zubereiten, schnell herunterkühlen und zugedeckt kühl stellen.

Rote Linsen mit Schalotten und Curryschmand

500 ml Gemüsebrühe, 200 g rote Linsen, 1 EL Tomatenmark, 120 ml weißer Balsamessig, 3 EL Honig, 500 g Schalotten, 500 g Möhren, Salz, Pfeffer, 1 Bund glatte Petersilie, 200 g Schmand, Curry, Zimt

■ Gemüsebrühe aufkochen, Linsen und Tomatenmark hinzufügen, 8 Min. zugedeckt köcheln lassen, 10 Min. auf der ausgeschalteten Herdplatte ausquellen lassen. In einer großen hohen Pfanne Essig, Honig und 50 ml Wasser zum Kochen bringen.

■ Schalotten abziehen, dazugeben, offen 10 Min. köcheln lassen. Möhren bürsten, putzen, in feine Scheiben schneiden, zu den Schalotten geben, bissfest garen. Linsen unter das Gemüse ziehen, mit Salz und Pfeffer abschmecken. Petersilie waschen, trocknen, zupfen, unter die Linsen geben. Schmand mit Curry, Zimt und Salz verrühren, dazu servieren.

Das passt dazu

Bröselkartoffeln (Kartoffeln in Scheiben schneiden, in eine Auflaufform schichten, mit Paniermehl und Butterflöckchen bestreuen, 20 Min. backen) und Kohlrabi-Zucchini-Frischkost mit Sommervinaigrette (S. 31).

Zeit sparen

Am Morgen: Linsen 5 Min. garen, zugedeckt ohne Hitzezufuhr ausquellen lassen.

Möhrengemüse mit Minze-Limetten-Butter

1 Bund Minze, 1 Limette, 70 g weiche Butter, Pfeffer, 1 kg zarte Bundmöhren, Salz, 1 EL Honig, 30 g Cashewkerne

 Minze waschen, trocknen, zupfen und sehr fein schneiden. Limette heiß abwaschen, trocknen, die Schale fein abreiben, mit der Minze unter 60 g Butter kneten, mit Pfeffer würzen, kalt stellen. Möhren bürsten, putzen, das Grün von 1 Möhre aufbewahren.

 Möhren im Ganzen in sehr wenig Salzwasser 5–8 Min. bissfest dünsten oder dämpfen, mit einem Schaumlöffel herausnehmen, abbrausen, abtropfen lassen. 10 g Butter mit 1 EL Gemüsewasser und dem Honig erhitzen, die Möhren von allen Seiten darin wenden.

 Cashewkerne grob hacken. Das Möhrengrün waschen, trocknen, sehr fein schneiden. Möhren auf eine Platte legen, die Minze-Limetten-Butter in Flöckchen darauf verteilen und mit Möhrengrün und Cashewkernen bestreuen.

Das passt dazu

Wildreis, Lammfilet und gemischter Blattsalat mit Sommervinaigrette (S. 31).

Zeit sparen

Am Abend vorher: Minze-Limetten-Butter zubereiten, kühl stellen. Am Morgen: Reis 20 Min. garen und zugedeckt ohne Hitzezufuhr ausquellen lassen.

Quiche mit frischen Erbsen und Möhren

1 Grundrezept Mürbeteig (S. 28), 1 kg Erbsenschoten, 300 g Möhren, 2 Bund Frühlingszwiebeln, Salz, 2 Eier, 200 g Schmand, 100 g Quark, Kräutersalz, Muskat, 2 EL Weizengrieß, 150 g Bergkäse (gerieben)

 Mürbeteig nach Grundrezept herstellen. Erbsen enthülsen, Möhren bürsten, putzen, in 8 cm lange Streifen schneiden, Frühlingszwiebeln waschen, putzen, der Länge nach halbieren, ebenfalls in 8 cm lange Streifen schneiden.

 Das Gemüse in wenig Salzwasser portionsweise 3–4 Min. dünsten, mit einem Schaumlöffel herausnehmen, abbrausen, abtropfen lassen.

 Eier mit Schmand, Quark und den Gewürzen verquirlen. Grieß gleichmäßig auf dem Teig verteilen, Frühlingszwiebeln und Möhren sternförmig darauf verteilen, die Erbsen und den Käse darüberstreuen, den Schmandguss angießen. 25 Min. backen.

Das passt dazu

Gemischter Blattsalat mit Gurke und Sommervinaigrette (S. 31).

Zeit sparen

Am Abend vorher: Mürbeteig zubereiten, eine Quiche-Form damit auslegen, abdecken und im Kühlschrank aufbewahren. Erbsen enthülsen, verpacken und kühl stellen.

Blumenkohl-Brokkoli-Gemüse mit Mandelkruste

500 g Brokkoli, 500 g Blumenkohl, Salz, 100 ml Sahne, Pfeffer, Muskat, Zitronensaft, 80 g Mandeln, 80 g Feta, 40 g Paniermehl

 Brokkoli und Blumenkohl waschen, putzen, die Röschen teilen, die groben Strünke würfeln, in wenig Salzwasser ca. 5 Min. bissfest dünsten bzw. dämpfen. Mit einem Schaumlöffel herausnehmen, abbrausen und abtropfen lassen. Die Strünke mit dem Gemüsewasser und der Sahne pürieren, mit den Gewürzen abschmecken.

 Backofen auf 220 Grad vorheizen. Das Gemüsepüree in eine Auflaufform füllen, die Röschen daraufsetzen. Mandeln grob hacken und trocken in einer Pfanne anrösten. Feta mit einer Gabel zerdrücken, mit Mandeln und Paniermehl vermischen und das Gemüse damit bestreuen, 10–15 Min. überbacken.

Das passt dazu

Tagliatelle und Zucchini-Möhren-Frischkost mit Sommervinaigrette (S. 31).

Gesund grillen: bei Würstchen zahlt sich Bio aus

Um eine Grillwurst herzustellen, braucht der Metzger nur Fleisch, Speck, Salz, Wasser, Gewürze und Kräuter. Stehen die Metzger bei Biokreis, Bioland, Demeter oder Naturland unter Vertrag, haben Zusatzstoffe wie Geschmacksverstärker, Nitritpökelsalze und Phosphate in ihrer Wurst nichts zu suchen. Laut dem deutschen Lebensmittelhandbuch müssen Grillwürste mindestens 75 Prozent Muskelfleisch enthalten, bei Biogrillern findet man nicht selten auch einen Fleischanteil von 90 Prozent.

Kleines Zutatenlexikon

Nitritpökelsalz:
Nitrit schützt Fleisch- und Wurstwaren vor bakterieller Faulung und erhält seine rote bzw. rosa Farbe. Durch Erhitzen von Nitritpökelsalz enthaltenden Fleisch- und Wurstwaren entstehen Nitrosamine, die nachweislich krebserregend sind.

Phosphate:
Phosphate werden als Hilfsstoff (beim Zerkleinern des Fleisches) eingesetzt. Sie machen Käse und Wurst schnittfest und dennoch geschmeidig. Phosphate behindern die Kalziumaufnahme und stehen unter Verdacht, Osteoporose zu begünstigen.

Geschmacksverstärker:
Das Salz der Glutaminsäure, Glutamat, lässt die Wurstwaren trotz des hohen Wasseranteils intensiv schmecken. Kann Kopfschmerzen verursachen.

Grillschalen verwenden

Verwenden Sie zum Grillen am besten emaillierte Grillschalen, das sind Wellbleche mit Schlitzen. Entlang der Wellenkämme, durch die die Hitze direkt an das Gargut kommt, sammelt sich austretendes Fett und tropft so nicht in die Glut, was zum Auflodern der Flamme führen würde und das Entstehen von polyzyklischen aromatischen Kohlenwasserstoffen (PAK) fördert. Diese sind nachweislich gesundheitsschädlich.

Stockbrot

1 Grundrezept Hefeteig (S. 28), 3 EL Olivenöl, Stöcke, ca. 1 m lang, im Wald gesucht (z. B. Buche, Birke, Eiche) und entrindet

▌ Hefeteig nach Grundrezept zubereiten, nach der 1. Gehzeit das Olivenöl einkneten und den Teig nochmals 15 Min. gehen lassen, durchkneten und in 16 – 18 Kugeln teilen.

▌ Die Kugeln zu 30 cm langen Strängen rollen und um das eine Ende des Stockes wickeln. Vorsichtig am bzw. über dem Feuer backen. Das Brot vom Stock ziehen, kurz auskühlen lassen und mit Kräuterquarkcreme gefüllt oder mit einem Würstchen genießen.

Hummus

1 Knoblauchzehe, 1 Glas Kichererbsen, 2 – 3 EL Olivenöl, Saft von 1 Zitrone, 30 g Sesam, Salz, Kreuzkümmel

▌ Knoblauch abziehen und mit den restlichen Zutaten, Kichererbsen mit Einmachflüssigkeit, gut durchpürieren, mit Salz und Kreuzkümmel kräftig abschmecken. In ein Schraubglas füllen, und kühl aufbewahren.

Passt gut zu:
Brot, Folienkartoffeln, Crackern oder gegrilltem Tofu.

Mariniertes Lachsfilet

2 Frühlingszwiebeln, 2 Knoblauchzehen, 3 – 4 EL Olivenöl, Saft und Schale von 1 Zitrone, 1 Zweig Rosmarin, 4 Stücke Lachs à 150 – 200 g

▌ Frühlingszwiebeln waschen, putzen und in feine Ringe schneiden. Knoblauchzehen abziehen und in dünne Scheiben schneiden. Alles zusammen mit Zitronensaft und -schale in das Öl einrühren. Den Lachs waschen und trockentupfen.

▌ Rosmarinzweig waschen, in einen tiefen Teller geben, den Lachs darauflegen und mit der Sauce marinieren. Mit einem Teller abdecken und im Kühlschrank mindestens 2 Stunden, besser über Nacht, ziehen lassen. Fisch herausnehmen, abtropfen lassen und in einer Grillschale von beiden Seiten jeweils 5 – 7 Min. grillen.

Kräuterquarkcreme

250 g Quark, 50 g Frischkäse, 100 g Joghurt, 3 EL frische Kräuter, Kräutersalz, Pfeffer, Paprika

▌ Quark mit Frischkäse und Joghurt glatt rühren. Kräuter waschen, trocknen, zupfen, sehr fein schneiden und unter den Quark ziehen, mit den Gewürzen abschmecken.

Passt gut zu:
aufgeschnittener Rohkost, als Brotaufstrich, zu Pell- oder Backofenkartoffeln.

Bunte Geflügel-Grill-Spieße

250 g Putenfilet, 3 EL Sojasauce, 1 EL Olivenöl, 1 rote Paprika, 1 gelbe Paprika, 1 Zucchino, Schaschlikspieße, Kräutersalz, Pfeffer

▌ Putenfilet waschen, säubern, trockentupfen und in mundgerechte Würfel schneiden, in eine Schüssel geben und mit Sojasauce und Olivenöl ca. 2 Stunden abgedeckt im Kühlschrank marinieren.

▌ Paprika und Zucchino waschen, putzen würfeln. Gemüse und Fleischwürfel bunt aufspießen, mit etwas Kräutersalz und Pfeffer bestreut grillen.

Couscous verde

250 g Couscous, 500 ml heiße Brühe, 1 Bund glatte Petersilie, 1 Bund Minze, 3 Knoblauchzehen, Saft von 2 Zitronen, ca. 100 ml Olivenöl, Salz, Kreuzkümmel, 1 Salatgurke, 25 g Pinienkerne, 1 Zitrone

▌ Couscous mit der heißen Brühe vermischen, mindestens 30 Min. quellen lassen. Petersilie und Minze waschen, trocknen, zupfen, die zarten Stiele der Petersilie mit verwenden. Knoblauch abziehen. Die Kräuter mit Knoblauch, Zitronensaft, Olivenöl, Salz und Kreuzkümmel pürieren, unter den Couscous ziehen.

▌ Gurke waschen, putzen, der Länge nach halbieren, sehr fein hobeln oder raspeln, mit dem Couscous vermengen. Pinienkerne in einer Pfanne trocken anrösten, Zitrone schälen, filetieren, in Stücke schneiden und den Couscous damit dekorieren.

EINKAUFSLISTE

Frisch dazukaufen

- 1,85 kg Spitzkohl, 3 Auberginen, 1,2 kg Tomaten, 1 Kopfsalat, 1 Salatgurke, 200 g Möhren, 100 g Staudensellerie, 800 g Zucchini
- 1 Bund glatte Petersilie, 3 Bund Basilikum, 2 Kästchen Kresse, 5 Zweige Thymian
- 3 Zitronen, 250 g Himbeeren
- 300 ml Sahne, 50 g Quark, 100 g Feta, 150 g Ziegenfrischkäse, 80 g Parmesan, Hefe
- Zahnstocher, 120 ml Apfelsaft, 1 Vollkornbaguette, 2 Scheiben Vollkorntoast, 500 g Hähnchenbrustfilet, 250 g Lachsfilet, 4 Eier

Aus dem Vorrat

- 300–400 g Vollkornspaghetti, Paniermehl, 250 g Hirse, 530 g Weizenvollkornmehl, 150 g Polenta
- Knoblauch
- Mandeln, Sesam
- Vanillezucker, süßer grober Senf, Gemüsebrühe, Honig, weißer Balsamessig
- Olivenöl, Rapsöl, Kürbiskernöl

Mögliche Beilagen

- Blattsalat, Eisbergsalat, Gurken, Möhren, Brokkoli, Tomaten, Kartoffeln
- Erdbeeren, Beeren
- Vollkornreis, Quark, Zitroneneis
- Rote Salatsauce (S. 31), Weiße Salatsauce (S. 31), Sommervinaigrette (S. 31)

WOCHE

Gegart doppelt gesund

Spitzkohl braucht man, im Gegensatz zu herkömmlichem Weißkohl, nur kurz zu garen. Er hat sehr zarte Blätter und schmeckt auch prima als Frischkost. Für alle, denen Weißkohl manchmal etwas zu streng schmeckt, ist Spitzkohl sicherlich eine ganz feine Alternative.

Steckbrief Spitzkohl

Wenn Sie sich wundern über den spitzen Weißkohl, den Sie jetzt frisch auf dem Markt bekommen, dann handelt es sich um den wesentlich zarteren und aromatischer schmeckenden Verwandten des Weißkohls, den Spitzkohl. Spitzkohl ist reich an Magnesium, Kalzium, Kalium und Eisen sowie an Vitamin K, Folsäure und Ascorbigen, einer Vorstufe des Vitamin C, das beim Garen erst seine Wirksamkeit entwickelt. Die Kohlköpfe gibt es praktischerweise in allen Größen: von 300 g bis hin zu 2 kg. Verpackt in einem feuchten Küchenhandtuch hält sich der Spitzkohl 3 – 4 Tage im Kühlschrank. Blanchiert können Sie Spitzkohl problemlos einfrieren.

Spitzkohl mit Lachs auf Spaghetti

250 g Lachsfilet, Saft von 1 Zitrone, 850 g Spitzkohl, 1 EL Olivenöl, 150 ml Sahne, 300 – 400 g Vollkornspaghetti, 1 Bund glatte Petersilie, Salz, Pfeffer

▌ Spaghetti nach Packungsanweisung zubereiten. Lachsfilet waschen, trocknen und in mundgerechte Stücke schneiden, mit Zitronensaft beträufeln. Die äußeren Blätter von dem Spitzkohl entfernen, den Kohl waschen, vierteln, den Strunk herausschneiden und Spitzkohl fein schneiden bzw. hobeln.

▌ In einer großen und hohen Pfanne das Öl mit 1 EL Wasser erhitzen und den Spitzkohl darin unter Wenden 2 Min. andünsten. Die Sahne angießen und weitere 3 Min. bei mittlerer Hitze und geschlossenem Deckel weitergaren. Lachsstückchen auf dem Gemüse verteilen – die Sahne sollte nicht mehr kochen – und 4 – 5 Min. gar ziehen lassen.

▌ Petersilie waschen, trocknen, zupfen, grob schneiden, Spitzkohl mit Salz und Pfeffer abschmecken, großzügig mit Petersilie bestreuen und auf den Spaghetti anrichten.

Das passt dazu
Gemischter Blattsalat mit Roter Salatsauce (S. 31).

Auberginenpäckchen mit Basilikum-Feta-Füllung

3 Auberginen, Salz, Zahnstocher, 2 Knoblauchzehen, 1 Bund Basilikum, 100 g Feta, 2 EL Paniermehl, 4 EL Olivenöl, Salz, Pfeffer, 600 g Tomaten, 1 EL Honig

▌ Auberginen waschen, putzen, der Länge nach in 3 – 4 mm dicke Scheiben schneiden, salzen und mindestens 30 Min. ziehen lassen. Auberginen abwaschen, 5 – 6 Min. in wenig Wasser dünsten bzw. dämpfen, herausnehmen, abbrausen und abtropfen lassen. Das Gemüsewasser aufbewahren.

▌ Knoblauch abziehen, würfeln, Basilikum waschen, trocknen, zupfen, sehr fein schneiden, Feta mit der Gabel zerdrücken, alles zusammen mit Paniermehl und den Gewürzen verkneten. Zwei Auberginenscheiben zu einem Kreuz legen, in die Mitte die Füllung geben und die 4 Enden zusammenfalten, mit einem Zahnstocher fixieren.

▌ Tomaten mit Öl, Honig, Gemüsewasser und etwas Salz pürieren. Backofen auf 180 Grad vorheizen. Die Tomatensauce in eine Auflaufform füllen, die Auberginenpäckchen hineinsetzen und 30 – 35 Min. backen.

Das passt dazu
Vollkornreis und Eisbergsalat mit Gurke, Möhre und Weißer Salatsauce (S. 31).

Zeit sparen
Am Morgen: Reis 20 Min. garen und zugedeckt ohne Hitzezufuhr ausquellen lassen.

JULI

Himbeercreme mit Hirse

150 ml Sahne, 350 ml Milch, 250 g Hirse, 250 g Himbeeren, 1 EL Zitronensaft, 1 Päckchen Vanillezucker, 1 – 2 EL Honig, 40 g Mandeln

▪ Sahne mit der Milch aufkochen, die Hirse einrühren und 10 – 15 Min. köcheln lassen, anschließend ohne Hitzezufuhr zugedeckt ausquellen lassen.

▪ Himbeeren waschen, verlesen, 150 g davon mit Zitronensaft, Vanillezucker und Honig pürieren, unter die Hirse ziehen, Mandeln trocken in einer Pfanne rösten, grob hacken und die Himbeercreme damit bestreuen. Mit den restlichen Himbeeren dekorieren.

Das passt dazu
Als Vorspeise eine Gemüsecremesuppe nach Grundrezept (S. 30) mit Brokkoli.

Zeit sparen
Am Morgen: Hirse 10 Min. garen und bis zum Mittag ausquellen lassen.

Sommersalat mit Hähnchenbrustfilet

1 Kopfsalat, 1 Salatgurke, 200 g Möhren, 100 g Staudensellerie, 2 EL süßer grober Senf, 2 EL Rapsöl, 1 EL Olivenöl, 1 EL Kürbiskernöl, 3 EL weißer Balsamessig, Salz, Pfeffer, 2 Eier, 180 g Weizenvollkornmehl oder Weizenmehl Type 1050, 120 ml Apfelsaft, 2 EL Sesam, 500 g Hähnchenbrustfilet, Butterschmalz zum Braten, 2 Kästchen Kresse, 1 Vollkornbaguette, 2 – 4 EL Olivenöl, 2 Knoblauchzehen

▪ Salat waschen, putzen, trocknen, in mundgerechte Stücke zupfen. Gurke waschen, putzen, in feine Stifte schneiden. Möhren bürsten, putzen, in sehr dünne Scheiben schneiden. Staudensellerie waschen, putzen, in sehr dünne Scheiben schneiden.

▪ Aus Senf, Öl, Essig, Salz und Pfeffer eine Sauce herstellen. Eier trennen, Eiweiß zu halb steifem Schnee schlagen. 150 g Mehl, Apfelsaft, Sesam, Salz, Pfeffer und die Eigelbe glatt rühren, den Eischnee unterziehen.

▪ Das Fleisch waschen, trockentupfen, säubern und in sehr feine Scheiben schneiden. Das Fleisch erst in Mehl wenden, dann durch den Teig ziehen, anschließend im heißen Butterschmalz knusprig braten.

▪ Salat und Gemüse mit dem Dressing vermengen und auf einer Platte anrichten. Das Fleisch darauf verteilen und mit reichlich Kresse bestreuen. Backofen auf 220 Grad vorheizen. Das Baguette der Länge nach halbieren, mit Olivenöl beträufeln 5 Min. rösten. Knoblauch abziehen und über die krosse Oberfläche des Baguettes reiben, zu dem Salat servieren.

Das passt dazu
Erdbeerquark zum Nachtisch.

Zwiebel-Tomaten-Kuchen

1 Grundrezept Hefeteig (S. 28), 2 – 3 Bund Frühlingszwiebeln, 500 g Tomaten, 150 g Feta, 100 g Crème fraîche, 2 EL Olivenöl, Salz, Pfeffer, 1 Zweig Rosmarin

■ Hefeteig nach Grundrezept herstellen. Frühlingszwiebeln waschen, putzen, in 8 – 10 cm lange Stücke schneiden, 2 Min. in wenig Wasser dünsten bzw. dämpfen. Tomaten waschen, putzen, in Scheiben schneiden.

■ Feta fein reiben, mit Crème fraîche, Öl und mit Salz und Pfeffer verrühren. Rosmarin waschen, trocknen, zupfen. Teig auf ein mit Backpapier ausgelegtes Backblech rollen, mit der Käsecreme bestreichen, Lauchzwiebeln und Tomaten darauf verteilen und mit den Rosmarinnadeln bestreuen.

■ Backofen auf 200 Grad vorheizen. Kuchen 10 Min. gehen lassen und 20–25 Min. backen.

Das passt dazu
Ein gemischter Sommersalat mit Sommervinaigrette (S. 31).

Zeit sparen
Am Morgen: Hefeteig kalt zusammenrühren und 5 – 6 Stunden kalt gehen lassen.

Spitzkohl mit Ziegenfrischkäse und Thymian

1 kg Spitzkohl, Salz, 1 EL Olivenöl für die Form, 5 Zweige Thymian, 150 g Ziegenfrischkäse, Pfeffer, 2 Scheiben Vollkorntoast, 2 EL Olivenöl, Salz

■ Die äußeren Blätter vom Spitzkohl entfernen, den Kohl waschen, achteln, den groben Strunk herausschneiden und die Achtel in wenig Salzwasser dünsten bzw. dämpfen, mit einem Schaumlöffel herausnehmen, abbrausen, abtropfen lassen und in eine gefettete Auflaufform legen.

■ Das Gemüsewasser für die Kleinigkeit aufbewahren. Backofen auf 180 Grad vorheizen. Thymian waschen, trocknen, zupfen, mit dem Käse vermischen und dem Pfeffer würzen, über den Spitzkohl verteilen. Brot in kleine Würfel schneiden, mit Öl und Salz vermischen und über den Käse streuen. 20 Min. überbacken.

Das passt dazu
Pellkartoffeln und ein Beerensalat mit 1 Kugel Zitroneneis zum Nachtisch.

Zeit sparen
Für die Kleinigkeit: 400 g Kartoffeln mitkochen, herunterkühlen und verpackt kühl aufbewahren.

Kleinigkeit
Kartoffelsalat mit Avocado

150 ml Gemüsewasser mit 2 EL Olivenöl, weißem Balsamessig, Kräutersalz und Senf verrühren. 400 g Kartoffeln, 1 Apfel, 1 Avocado würfeln und unter die Sauce ziehen. Mit 2 geschnittenen Frühlingszwiebeln bestreuen.

Polenta mit Zucchini-Basilikum-Kruste

600 ml Gemüsebrühe, 150 g Polenta, 2 Eier, 80 g Parmesan (gerieben), 50 Quark, Kräutersalz, Pfeffer, 800 g Zucchini, 4 EL Olivenöl, 2 Bund Basilikum, 50 g Mandeln, Salz, Zitronenabrieb, 4 – 5 Tomaten

■ Gemüsebrühe aufkochen, Polenta einrühren, 5 Min. köcheln lassen und zugedeckt ohne Hitzezufuhr 30 Min. quellen lassen. Backofen auf 180 Grad vorheizen. Eier, Parmesan, Quark, Kräutersalz und Pfeffer unter die Polenta ziehen, den Teig auf ein mit Backpapier ausgelegtes Blech streichen und 10 Min. backen.

■ Zucchini waschen, putzen, grob raspeln. 1 EL Öl mit 1 EL Wasser in einer Pfanne erhitzen, die Zucchiniraspeln ca. 1 Min. unter Wenden darin anschwitzen, mit Kräutersalz und Pfeffer abschmecken.

■ Basilikum waschen, trocknen, zupfen und mit 3 EL Öl, Mandeln, Salz und Zitronenabrieb pürieren. Basilikumcreme auf die vorgebackene Polenta streichen, die Zucchini darüber verteilen. Tomaten waschen, putzen, in Scheiben schneiden und die Zucchini damit zudecken. Etwa 25 Min. backen.

Das passt dazu
Blattsalat mit Sommervinaigrette (S. 31).

Zeit sparen
Am Morgen: Polenta 5 Min. köcheln und zugedeckt ausquellen lassen.

EINKAUFSLISTE

Frisch dazukaufen

- 1,2 kg grüne Bohnen, 3 Bund Frühlingszwiebeln, 1,7 kg Möhren, 400 g Tomaten, 200 g Schalotten, 1 Aubergine, 1 rote Paprika, 1 grüne Paprika, 1 Zucchini, 1,2 kg frische Erbsen, 2 milde Peperoni, 100 g Mungobohnensprossen, 1 Eisbergsalat
- 1 Bund glatte Petersilie, 3 Zweige Koriander, 3 Zweige Oregano, 3 Zweige Thymian, 1 Zweig Rosmarin, 1 Kästchen Kresse
- 250 g Schmand, 150 g Quark, 100 g Parmesan, 150 g Bergkäse, 70 g Butter
- 50 g geröstete Cashewkerne, 400 g Hähnchenbrustfilet, 5 Eier

Aus dem Vorrat

- 400 g Vollkornpenne, 300 g Weizenvollkornmehl
- Kartoffeln, Knoblauch
- Curry, Kreuzkümmel, Paprika edelsüß, Sojasauce, Gemüsebrühe
- Honig, Zucker
- weißer Balsamessig, Olivenöl

Mögliche Beilagen

- Rucola, Avocado, Tomaten, Blumenkohl, Frühlingszwiebeln, Blattsalat, rote, grüne, gelbe Paprika
- Blaubeeren
- Vollkornreis
- Quark, gekochter Schinken
- Sommervinaigrette (S. 31), Weiße Salatsauce (S. 31)

WOCHE 7

Gesunde Kohlenhydrate, die lange satt halten

Ob Busch- oder Stangenbohnen, Schnitt- oder Brechbohnen, gelb oder grün – Bohnen schmecken in der Suppe, zu Spaghetti mit Butter, Olivenöl, Knoblauch und Parmesan oder kalt und mariniert als Salat. Kaum ein anderes Gemüse lässt sich so vielfältig variieren.

Steckbrief Bohnen

Abgesehen von ihrem Gehalt an Mineralstoffen, wie Magnesium, Kalzium, Kalium und Eisen und Vitaminen wie Folsäure, B_2, B_6, C und Provitamin A, liefern Bohnen jede Menge Kohlenhydrate und Ballaststoffe. Bohnen bzw. allgemein Hülsenfrüchte sollten gegart verzehrt werden, da sie Stoffe enthalten, die zum einen den Eiweißabbau erschweren und zum anderen die roten Blutkörperchen verklumpen lassen. 2 oder 3 Bohnen roh beim Pflücken oder Putzen zu essen, das macht nichts, aber diese Menge sollte möglichst nicht überschritten werden. In ein feuchtes Küchenhandtuch gewickelt oder in einer Kunststoffdose halten sich die Bohnen 2–3 Tage im Kühlschrank.

Nudeln mit grünen Bohnen

700 g grüne Bohnen, 1,3 l Gemüsebrühe, 400 g Vollkornpenne, 2 Knoblauchzehen, 1 Bund glatte Petersilie, Saft und Schale von 1½ Zitronen, 100 g Parmesan (gerieben), Salz, Pfeffer, 3 EL Olivenöl

▪ Die Bohnen waschen, putzen und evtl. auf eine Länge von 5–6 cm halbieren. Die Gemüsebrühe in einem großen Topf zum Kochen bringen, Bohnen und Nudeln hinzufügen und 10 Min. bissfest garen. Die Brühe sollte zum größten Teil von den Nudeln aufgenommen sein.

▪ Knoblauch abziehen und in feine Scheiben schneiden, Petersilie waschen, putzen und zupfen, die Zitrone abreiben und pressen, alles zusammen unter die Nudeln geben und 2 Min. ziehen lassen. Mit Salz und Pfeffer abschmecken. Den Topf von der Herdplatte nehmen, den Parmesan unterrühren, mit Olivenöl beträufeln und servieren.

Das passt dazu

Tomatenfrischkost mit Sommervinaigrette (S. 31).

Zeit sparen

Am Abend vorher: Bohnen, waschen, putzen und in einer Dose bzw. Tüte gekühlt aufbewahren.

Kartoffelgulasch mit Koriandergrün

2 Bund Frühlingszwiebeln, 4 EL Olivenöl, 1 TL Curry mild, 1 TL Kreuzkümmel, 700 g Möhren, 600 g Kartoffeln, 2 Zitronen (unbehandelt), 400 ml Gemüsebrühe, Salz, Pfeffer, 3 Zweige Koriandergrün, 50 g Cashewkerne (geröstet)

▪ Frühlingszwiebeln waschen, putzen und in 10 cm lange Stücke schneiden. Olivenöl mit 2 EL Wasser in einem backofengeeigneten Topf mit Deckel erhitzen. Frühlingszwiebeln mit Curry und Kreuzkümmel darin anbraten.

▪ Möhren und Kartoffeln unter fließendem Wasser bürsten. Möhren in 5 cm lange Stücke schräg schneiden, Kartoffeln der Länge nach halbieren. Möhren und Kartoffeln mit anbraten. Backofen auf 180 Grad vorheizen.

▪ Die Schale von 1 Zitrone und den Saft von 2 Zitronen hinzufügen, Gemüsebrühe angießen, salzen und pfeffern. Mit geschlossenem Deckel 50 Min. im Backofen garen. Koriandergrün waschen, trocknen, fein zupfen und zusammen mit den Cashewkernen das Kartoffelgulasch garnieren.

Das passt dazu

Gekochter Schinken und Quark mit Blaubeeren zum Nachtisch.

Ratatouille

400 g Tomaten, 200 g Schalotten, 2 EL Olivenöl, 1 Aubergine (200 g), 1 rote und 1 grüne Paprika, 1 Zucchino (200 g), 3 Zweige Oregano, 3 Zweige Thymian, 1 Zweig Rosmarin, 2 Knoblauchzehen, Salz, Pfeffer, Zucker

▪ Tomaten mit heißem Wasser übergießen, die Haut abziehen, achteln. Schalotten abziehen. Öl mit 2 EL Wasser in einem großen Topf erhitzen, Schalotten darin 8 Min. dünsten. Restliches Gemüse waschen, putzen.

▪ Die Aubergine sehr klein würfeln, zu den Schalotten geben, 4 Min. dünsten. Die Paprika größer würfeln und die Zucchini in Scheiben schneiden, hinzufügen, 6 Min. dünsten. Zum Schluss die Tomaten dazugeben.

▪ Kräuter waschen, trocknen, zupfen, Knoblauch abziehen, in Scheiben schneiden, für die letzten 2 Min. Garzeit unter das Gemüse ziehen. Mit Salz, Pfeffer und Zucker abschmecken.

Das passt dazu

Vollkornreis und Rucolasalat mit Avocado und Sommervinaigrette (S. 31).

Zeit sparen

Am Morgen: Vollkornreis 20 Min. garen, zugedeckt ohne Hitzezufuhr ausquellen lassen. Für übermorgen: Reis zusätzlich garen, verpacken und kühl aufbewahren.

Kartoffel-Erbsen-Plätzchen mit Möhrendip

300 g Möhren, 1 EL Olivenöl, 150 g Quark, 1 Kästchen Kresse, Kräutersalz, Zitronenabrieb, Honig, 1,2 kg Erbsen, 500 g Kartoffeln, 1 Ei, 1 EL Weizenvollkornmehl oder Weizenmehl Type 1050, Paprika edelsüß, Butterschmalz zum Ausbacken

■ Möhren bürsten, putzen, in 2 cm dicke Scheiben schneiden. Öl mit 1 EL Wasser in einem Topf erhitzen, Möhrenscheiben darin wenden und bei kleiner Hitze 7 – 8 Min. bissfest dünsten, pürieren und kurz auskühlen lassen. Mit Quark, Kresse, Kräutersalz, Zitronenabrieb und Honig verrühren und kalt stellen.

■ Erbsen enthülsen, in wenig Wasser 5 Min. garen, mit einem Schaumlöffel herausnehmen, abbrausen und abtropfen lassen. ⅔ der Erbsen pürieren. Kartoffeln schälen, grob raspeln, gut ausdrücken und mit Erbsenpüree, den Erbsen, Ei, Mehl, Kräutersalz und Paprika vermischen.

■ Butterschmalz in einer Pfanne erhitzen, 1 EL der Masse in die Pfanne geben, etwas andrücken und von beiden Seiten 4 Min. goldbraun braten. Mit Küchenkrepp abtupfen und bei 60 Grad im Backofen warm halten. Mit dem Möhrendip servieren.

Das passt dazu
Blumenkohlfrischkost mit Weißer Salatsauce (S. 31).

Zeit sparen
Am Abend vorher: Erbsen enthülsen und gut verpackt kühl aufbewahren. Möhrendip zubereiten, abdecken und im Kühlschrank aufbewahren.

Grüne Bohnen mit Hähnchenbrustfilet

400 g Hähnchenbrustfilet, 2 EL Sojasauce, 2 EL Olivenöl, 850 g grüne Bohnen, Salz, Pfeffer, weißer Balsamessig, Honig, 2 milde rote Peperoni, 100 g Mungobohnensprossen

■ Das Fleisch waschen, trockentupfen, säubern, in sehr feine Streifen schneiden und mit Sojasauce und Öl mindestens 30 Min. zugedeckt marinieren. Bohnen waschen, putzen, in 5 cm lange Stücke schneiden und in wenig Salzwasser 6 Min. knackig dünsten bzw. dämpfen. Mit einem Schaumlöffel herausnehmen, abbrausen, abtropfen lassen.

■ Die Hähnchenbrustfiletstreifen von allen Seiten im Wok kross anbraten, die Bohnen hinzufügen, mit den Gewürzen, Essig und Honig abschmecken. Peperoni waschen, putzen, sehr fein würfeln, Mungobohnensprossen abbrausen, beides in den Wok geben, 2 Min. ziehen lassen und servieren.

Das passt dazu
Tomaten-Reis-Salat mit Sommervinaigrette (S. 31) und Frühlingszwiebeln.

Zeit sparen
Am Abend vorher: Das Fleisch marinieren und in einer mit einem Teller abgedeckten Porzellanschüssel im Kühlschrank aufbewahren. Bohnen waschen, putzen und kühl aufbewahren.

Möhren-Eisbergsalat-Quiche

1 Grundrezept Mürbeteig (S. 28), 700 g Möhren, 1 Bund Frühlingszwiebeln, Saft von 1 Zitrone, 1 Eisbergsalat, 2 Eier, 1 Eigelb, 250 g Schmand, Salz, Kräutersalz, Curry, 150 g Bergkäse (gerieben)

■ Mürbeteig nach Grundrezept herstellen. Möhren bürsten, putzen, der Länge nach vierteln, Zwiebeln waschen, putzen, der Länge nach halbieren, beides in wenig Zitronen-Salz-Wasser 4 Min. bissfest dünsten, mit einem Schaumlöffel herausnehmen, abbrausen, abtropfen lassen. Backofen auf 180 Grad vorheizen.

■ Die äußeren Blätter des Eisbergsalates entfernen, vierteln, den Strunk herausschneiden und die Blätter in feine Streifen schneiden, auf dem Teig verteilen. Die Möhren sternförmig darauf anordnen und die Lauchzwiebeln in die Zwischenräume legen. Ei, Eigelb (Eiweiß für die Kleinigkeit aufbewahren), Schmand und die Gewürze verquirlen, angießen und mit Käse bestreuen. 30 – 35 Min. backen.

Das passt dazu
Gemischter Blattsalat mit Paprika und Sommervinaigrette (S. 31).

Zeit sparen
Am Abend vorher: Mürbeteig zubereiten, eine Quiche-Form damit auslegen, abdecken und im Kühlschrank aufbewahren.

Kleinigkeit
Salzmandeln

500 g ungeschälte Mandeln auf ein mit Backpapier ausgelegtes Blech geben. 10 Min. bei 200 Grad rösten, abkühlen lassen. 1 Eiweiß mit 1 TL Vollmeersalz oder grobem Steinsalz cremig schlagen, mit den Mandeln vermischen und 8 Min. bei 200 Grad rösten. Abkühlen lassen. Mit einem Kochlöffel auseinander stoßen und in einer Dose aufbewahren!

EINKAUFSLISTE

Frisch dazukaufen

- 1 Bund Frühlingszwiebeln, 300 g rote Zwiebeln, 300 g Gemüsezwiebeln, 3 rote Paprika, 2 Auberginen, 5 Tomaten, 1 kg grüne Bohnen
- 16 Salbeiblätter, 2 Zweige Bohnenkraut
- 4 Zitronen, 1,1 kg Aprikosen, 2 reife Birnen, 2 cm Ingwer
- 500 ml Milch, 100 ml Sahne, 300 g Schmand, 125 g Quark, 160 g Parmesan, 100 g Feta, 80 g Blauschimmelkäse, etwas Butter
- 500–600 g Schweinefilet, 4 Scheiben luftgetrockneter Schinken, 10 schwarze Oliven ohne Stein, 1 Ei

Aus dem Vorrat

- 250 g Bulgur, Maismehl, 250 g Weizenvollkornmehl, 400–500 g Vollkornspaghetti, 100 g rote Linsen
- Knoblauch, Zwiebeln
- 30 g gemahlene Mandeln, 50 g Mandelstifte, Mandeln
- Curry, Kreuzkümmel, Kümmel, Paprika edelsüß, Vanillezucker, Gemüsebrühe, Backpulver
- grober, süßer Senf, Tomatenmark, Balsamessig, Sojasauce, Honig
- Olivenöl

Mögliche Beilagen

- grüne Bohnen, Tomaten, Basilikum, Blattsalat, rote Paprika, Kartoffeln
- Vollkornreis
- Sommervinaigrette (S. 31)

Schon drei Aprikosen decken Ihren Vitamin-A-Bedarf

Schon ab Juni kann man Aprikosen aus Marokko kaufen, doch am besten und saftigsten schmecken sie im Juli und August. Ob in süßen Mehlspeisen oder pikant und orientalisch gewürzt – aus Aprikosen lassen sich wunderbare Gerichte zaubern.

Steckbrief Aprikosen

Aprikosen oder auch Marillen kommen ursprünglich aus China. Sie lieben die Wärme und gedeihen in Deutschland nur im Rhein-Main-Gebiet. Die Steinfrüchte mit einer Größe von 4 – 8 cm, einer samtartigen orangegelben Haut importieren wir aus Griechenland, Italien und Frankreich. Nur wenn sie am Baum reifen konnten, sind sie saftig, aromatisch und reich an Vitamin A. Unreif gepflückte Früchte schmecken mehlig und fad, weil sie nicht nachreifen, doch aus ihnen lassen sich noch Kuchen und Marmeladen herstellen. Reife Früchte, die auf Fingerdruck nachgeben, sollten Sie möglichst am selben Tag verzehren. Aprikosen können Sie roh oder gedämpft problemlos einfrieren.

Schon drei Aprikosen decken Ihren Vitamin-A-Bedarf

Fruchtig-scharfes Schweinefilet

500 – 600 g Schweinefilet, 2 EL Maismehl oder Weizenmehl Type 1050, 1 Bund Frühlings-zwiebeln, Butterschmalz zum Anbraten, Salz, Pfeffer, Curry, frischer Ingwer, 150 – 200 ml Gemüsebrühe, 300 g Aprikosen, 50 g Mandelstifte, 10 g Butter, 2 – 3 EL Sojasauce

▎ Fleisch waschen, trocknen und in mundgerechte Würfel schneiden. Mit dem Mehl gut vermengen. Frühlingszwiebeln waschen, putzen und in 1 – 2 cm breite Ringe schnei-den.

▎ Butterschmalz in einer großen Pfanne erhitzen, das Fleisch darin von allen Seiten gut anbraten, Zwiebelringe hinzufügen und kräftig würzen. Die Gemüsebrühe angießen und bei mittlerer Hitze zugedeckt ca. 30 Min. garen.

▎ Aprikosen waschen, entkernen und vierteln. Mandelstifte trocken in einer Pfanne anrösten und auf einem Teller abkühlen lassen. Butter in der Pfanne erhitzen, die Ap-rikosen darin anbraten, mit Sojasauce ablöschen. Aprikosen unter das Fleisch mischen und nochmals kräftig abschmecken, mit Mandeln bestreuen.

Das passt dazu
Vollkornreis mit Bohnensalat.

Zeit sparen
Am Abend vorher: Bohnensalat zubereiten, abgedeckt kühl stellen. Am Morgen: Voll-kornreis 20 Min. garen, zugedeckt ohne Hitzezufuhr ausquellen lassen.

Zwiebelkuchen vom Blech

1 Grundrezept Quark-Öl-Teig (S. 28), 300 g rote Zwiebeln, 300 g Gemüsezwiebeln, 2 EL Oli-venöl, Salz, Pfeffer, Kreuzkümmel oder Kümmel, 1 rote Paprika, 10 schwarze Oliven ohne Stein, 300 g Schmand, 80 g Parmesan (gerieben), Paprika

▎ Quark-Öl-Teig nach Rezept herstellen und auf ein mit Backpapier ausgelegtes Blech rollen. Backofen auf 200 Grad vorheizen. Zwiebeln abziehen und in dünne Scheiben schneiden bzw. hobeln. Öl mit 2 EL Wasser in einer Pfanne erhitzen und die Zwiebeln darin anbraten, 2 Min. weitergaren lassen und zur Seite stellen. Zwiebeln mit Salz, Pfeffer, Kreuzkümmel oder Kümmel würzen.

▎ Paprika mit einem Sparschäler dünn schälen, halbieren, entkernen und in sehr kleine Würfel schneiden. Oliven vierteln. Schmand mit Parmesan, Salz, Pfeffer und Paprika-pulver verrühren und gleichmäßig auf dem Teig verstreichen. Zwiebeln darauf ver-teilen, Paprika- und Olivenwürfel darüberstreuen und den Kuchen ca. 30 Min. auf der untersten Schiene backen.

Das passt dazu
Tomatenfrischkost mit viel Basilikum und Sommervinaigrette (S. 31).

Zeit sparen
Am Abend vorher: Quark-Öl-Teig zubereiten, fest verpackt kühl aufbewahren.

Spaghetti mit gebratenem Salbei

400 – 500 g Vollkornspaghetti, 16 frische Salbeiblätter, 4 EL Olivenöl, 2 Knoblauch-zehen, 1 TL Zitronenabrieb, 80 g Parmesan (gerieben), 4 Scheiben luftgetrockneter Schinken, schwarzer Pfeffer aus der Mühle

▎ Spaghetti nach Packungsanweisung zu-bereiten. Salbei waschen und trocknen. Öl in einer großen, hohen Pfanne erhit-zen und die Salbeiblätter darin vorsich-tig anbraten. Knoblauch abziehen, in feine Scheiben schneiden und mit dem Zitronenabrieb in die Pfanne geben.

▎ Die Spaghetti direkt nach dem Abgie-ßen unter den Salbei ziehen und mit dem Parmesan vermischen. Mit dem Schinken garniert servieren und je nach Geschmack mit viel schwarzem Pfeffer aus der Mühle würzen.

Das passt dazu
Grüner Bohnensalat mit viel Tomaten und Sommervinaigrette (S. 31).

Zeit sparen
Am Abend vorher: Bohnensalat zuberei-ten und abgedeckt kühl aufbewahren.

Aprikosenauflauf in Mandelsauce

500 ml Milch, 40–50 g Maismehl,
100 ml Sahne, 1 Vanillezucker, 2 EL Honig,
30 g Mandeln (gerieben), 750 g Aprikosen,
Saft von 1 Zitrone, 30 g Mandeln,
1 EL Honig

- Milch aufkochen. Maismehl mit der Sahne glatt rühren, in die Milch einrühren und 2–3 Min. köcheln lassen. Mit Vanillezucker und Honig abschmecken. Geriebene Mandeln einrühren. Backofen auf 180 Grad vorheizen.
- Aprikosen waschen, halbieren, entkernen und mit der Schnittfläche nach unten in eine Auflaufform legen, mit Zitronensaft beträufeln. Mandelsauce angießen und 15 Min. backen.
- Mandeln grob hacken, in einer Pfanne trocken anrösten, mit Honig karamellisieren, und vor dem Servieren den Auflauf damit bestreuen.

Das passt dazu
Als Vorspeise eine Gemüsecremesuppe mit roter Paprika.

Kleinigkeit
Kartoffel-Basilikum-Aufstrich

1½ Bund Basilikum sehr fein schneiden und mit 2 Pellkartoffeln, 1 EL Olivenöl und Kräutersalz verkneten. 3 getrocknete Tomaten und 1 Knoblauchzehe würfeln und unterziehen. Mit Zitronensaft abschmecken. Passt zu frischem Roggenbrot und Tomatenfrischkost.

Gefüllte Auberginen mit roten Linsen

2 Auberginen, 1 Zwiebel, 1 EL Olivenöl, 100 g rote Linsen, 250 g Gemüsebrühe,
1 EL Balsamessig, 1 EL Tomatenmark, Salz, Pfeffer, Kreuzkümmel, 2 rote Paprika,
100 g Feta, 5 Tomaten, 300 ml Gemüsebrühe

- Auberginen waschen, putzen, der Länge nach halbieren, das Fruchtfleisch herausschneiden, sodass ein Rand von 1,5 cm stehen bleibt. Das Fruchtfleisch fein würfeln. Zwiebel abziehen, würfeln.
- Olivenöl in einem Topf mit 1 EL Wasser erhitzen, Zwiebel- und Auberginenwürfel darin anschwitzen, die Linsen hinzufügen und mit der Gemüsebrühe ablöschen. Essig und Tomatenmark unterziehen und 5–10 Min. mit geschlossenem Deckel bei mittlerer Hitze köcheln lassen, mit den Gewürzen abschmecken.
- Paprika waschen, putzen, sehr fein würfeln. Feta sehr fein würfeln, beides unter die Linsen geben und die Auberginen damit füllen. Backofen auf 180 Grad vorheizen. Tomaten waschen, putzen, achteln.
- Auberginen in eine Auflaufform setzen, die Tomatenachtel daneben verteilen und die Gemüsebrühe angießen. Ewa 30–40 Min. backen.

Das passt dazu
Pellkartoffeln und Blattsalat mit Sommervinaigrette (S. 31).
2 Pellkartoffeln für die Kleinigkeit zurückbehalten.

Bohnen mit Birnen und Bulgur

250 g Bulgur, 500 ml Gemüsebrühe, 1 kg Bohnen, 3 Zweige Bohnenkraut, Salz, 2 reife
Birnen, Saft von 1½ Zitronen, 1 EL grober süßer Senf, 3 EL Olivenöl, Pfeffer, 80 g Blauschimmelkäse

- Bulgur in der Gemüsebrühe aufkochen, 5–10 Min. köcheln, zugedeckt 15–20 Min. ausquellen lassen. Bohnen waschen, putzen, in mundgerechte Stücke schneiden. Bohnenkraut waschen. Bohnen in wenig Salzwasser mit dem Bohnenkraut 8–10 Min. dünsten, mit einem Schaumlöffel herausnehmen, abbrausen, abtropfen lassen und warm halten. Gemüsewasser aufbewahren.
- Birnen waschen, vierteln, entkernen, sehr fein würfeln. Sind die Birnen zu hart, dann grob pürieren, sofort mit dem Zitronensaft beträufeln. Senf, Öl, 100 ml von dem Gemüsewasser, Salz und Pfeffer unter die Birnen ziehen und über die Bohnen geben. Blauschimmelkäse zerbröckeln und ebenfalls über die Bohnen geben, Bulgur dazu servieren.

Das passt dazu
Tomatenfrischkost mit Sommervinaigrette (S. 31).

Zeit sparen
Am Abend vorher: Bohnen waschen, putzen und gut verpackt kühl aufbewahren. Am Morgen: Bulgur 5 Min. garen, zugedeckt ohne Hitzezufuhr ausquellen lassen.

EINKAUFSLISTE

Frisch dazukaufen

- 600 g rote, gelbe, grüne deutsche Spitzpaprika, 1 milde rote Peperoni, 7 Tomaten, 700 g Spitzkohl, 1,1 kg Möhren, 800 g grüne Bohnen, 2 Bund Frühlingszwiebeln, 600 g Brokkoli, 150 g rote Paprika, 2 kg frische Erbsen, 1 Kopfsalat
- 2 Bund Schnittlauch, 2 Stängel Bohnenkraut, 3 Bund glatte Petersilie
- 2 Zitronen
- 650 ml Milch, 125 g Quark, 50 g Joghurt, 110 ml Sahne, 200 g Feta, 150 g Blauschimmelkäse, 80 g Bergkäse, 50 g Parmesan, 110 g Butter
- Harissa, 10 getrocknete Tomaten, 50 g schwarze Oliven, 80 g gekochter Schinken, 4 Eier

Aus dem Vorrat

- 250 g Vollkornreis, 500 g Weizenvollkornmehl, Paniermehl, Maismehl
- Kartoffeln, Knoblauch, Zwiebeln
- Kokosraspeln
- Kreuzkümmel, Muskat, Paprika edelsüß, Koriander, Zimt, Curry, Gemüsebrühe
- Tomatenmark, weißer Balsamessig, Balsamessig, 300 ml Kokosmilch
- Olivenöl

Mögliche Beilagen

- Minze, Gurken, Tomaten, Blattsalat, Kohlrabi, Radieschen, Möhren, Kartoffeln
- Hirse, Putenfilet
- Weiße Salatsauce (S. 31), Sommervinaigrette (S. 31)

3 WOCHE

Paprika ist ein wahrer Vitamin-C-Booster

Ob rot, gelb oder grün – Paprika zählt für Kinder zu den beliebtesten Gemüsearten. Schön knackig und je nach Sorte süßlich, kann man sie prima roh essen.

Steckbrief **Paprika**

Schon im 16. Jahrhundert kam die Paprika aus Süd- und Mittelamerika nach Europa, doch erst seit 1950 bereichert sie die deutsche Küche. Bei Kindern äußerst beliebt ist die Gemüsepaprika, sie ist faustgroß, kegel- oder herzförmig, stumpf oder spitz zulaufend und in verschiedenen Farben erhältlich. Rote Paprika sind süß und fruchtig, gelbe lieblich und aromatisch und die grünen haben eine sehr harte Schale, festes Fleisch mit herbem leicht bitterem Geschmack. Im Biobereich finden Sie auch noch weiße bzw. sehr hellgrüne mit wenig Fleisch und dünner Haut, diese schmecken ähnlich herb wie die grünen! Gewürzpaprika, auch Peperoni, Chili oder spanischer Pfeffer genannt, die grünen sind wenig scharf und werden gerne sauer eingelegt, die orangeroten sind höllisch scharf und werden ausschließlich als Gewürz verwendet. Mit einer halben roten Paprika decken Sie bereits den täglichen Vitamin-C-Bedarf, aber auch andere Nährstoffe, wie Provitamin A, Vitamin E, K, B_6 und Folsäure sind reichlich vertreten. Glänzend, knackig und fest fleischig sollten sie beim Einkauf sein, so halten sie sich ca. 1 Woche im Gemüsefach unverpackt im Kühlschrank. Paprika können Sie roh oder gegart einfrieren.

Bunter Paprikareis mit gebackenem Feta

250 g Vollkornreis, 600 g deutsche Spitzpaprika (rot, gelb, grün), 1 milde rote Peperoni, 3 Tomaten, 3 – 4 EL Olivenöl, 50 g Tomatenmark, Kräutersalz, evtl. Harissa (scharfe Chili-Paste), Kreuzkümmel, 200 g Feta

- Reis nach Packungsanweisung garen. Paprika, Peperoni und Tomaten waschen, putzen, grob würfeln. 2 EL Olivenöl mit 2 EL Wasser in einer großen hohen Pfanne erhitzen, das Gemüse dazugeben, zugedeckt bei kleiner Hitze 6 Min. dünsten.
- Backofen auf 230 Grad vorheizen. Tomatenmark, Gewürze und den Reis hinzufügen, gut umrühren und vor dem Servieren mit 1 – 2 EL Olivenöl beträufeln. Feta in dünne Scheiben schneiden, dachziegelartig in eine kleine gefettete Auflaufform geben, 4 – 5 Min. backen und dazu reichen.

Das passt dazu
Gurkenfrischkost mit Minze und Weißer Salatsauce (S. 31).

Zeit sparen
Am Morgen: Vollkornreis 20 Min. garen, zugedeckt ohne Hitzezufuhr ausquellen lassen.

Kleinigkeit
Wraps mit Aprikosenquark

300 g Aprikosen fein würfeln und mit 250 g Quark verrühren. Mit Vanille, Honig und Zitronensaft abschmecken. Pfannkuchen erst mit Aprikosenfruchtaufstrich, dann mit Quark bestreichen und aufrollen.

Gefüllte Pfannkuchen mit Spitzkohl

1 Grundrezept Pfannkuchenteig (S. 28), 700 g Spitzkohl, 250 g Möhren, 2 EL Olivenöl, Salz, Pfeffer, 100 ml Milch, 150 g Blauschimmelkäse, 2 Bund Schnittlauch

- Pfannkuchenteig nach Grundrezept herstellen und portionsweise ausbacken. Backofen auf 60 Grad vorheizen und die Pfannkuchen darin warm halten. Spitzkohl waschen, putzen, vierteln, den groben Strunk herausschneiden und den Spitzkohl in feine Streifen schneiden.
- Möhren bürsten, putzen und in feine Stifte schneiden. Öl in einer Pfanne mit 2 EL Wasser erhitzen, das Gemüse darin 8 Min. dünsten. Mit den Gewürzen abschmecken.
- Milch mit dem Käse pürieren. Schnittlauch in feine Röllchen schneiden. Jeden Pfannkuchen mit der Käsecreme bestreichen, mit Schnittlauch bestreuen, auf eine Hälfte des Pfannkuchens das Gemüse verteilen, die andere Hälfte darüberklappen.

Das passt dazu
Tomatenfrischkost mit Sommervinaigrette (S. 31).

Zeit sparen
Am Abend vorher: Pfannkuchen zubereiten, verpacken und kühl aufbewahren. Für die Kleinigkeit: Pfannkuchen zusätzlich backen.

Kartoffeln und Bohnen aus der Pfanne

700 g Kartoffeln, 800 g grüne Bohnen, 1 Bund Frühlingszwiebeln, 2 Knoblauchzehen, 2 EL Olivenöl, 4 Tomaten, 2 Stängel Bohnenkraut, 4 getrocknete Tomaten, Salz, Pfeffer, Balsamessig, 50 g Parmesan, gerieben

- Kartoffeln bürsten und in wenig Wasser dünsten bzw. dämpfen. Bohnen waschen, putzen, ggf. halbieren. Frühlingszwiebeln waschen, putzen, Knoblauch abziehen und beides in feine Scheiben schneiden. Öl mit 4 EL Wasser in einer großen Pfanne erhitzen, Zwiebeln und Knoblauch darin andünsten, die Bohnen dazugeben und bei mittlerer Hitze und geschlossenem Deckel ca. 8 Min. dünsten.
- Tomaten mit heißem Wasser übergießen, die Haut abziehen. Tomaten klein würfeln und zu den Bohnen geben. Bohnenkraut waschen, zupfen, getrocknete Tomaten in Streifen schneiden und zu den Bohnen geben. Kartoffeln pellen, würfeln, ebenfalls hinzufügen. Mit den Gewürzen und dem Essig abschmecken und mit Parmesan bestreut servieren.

Das passt dazu
Blattsalat mit Sommervinaigrette (S. 31).

Zeit sparen
Am Abend vorher: Bohnen waschen, putzen, gut verpackt kühl aufbewahren; für übermorgen: Kartoffeln mitgaren, herunterkühlen und zugedeckt kühl aufbewahren.

Brokkolicalzone mit roter Paprikasauce

1 Grundrezept Quark-Öl-Teig (S. 28), 600 g Brokkoli, Salz, 1 Zwiebel, 20 g Butter, 80 g gekochter Schinken (1 dicke Scheibe), 80 g Bergkäse (gerieben), 40 g Paniermehl, 80 ml Sahne, Salz, Pfeffer, Muskat, 2 EL Joghurt, ½ TL Paprika edelsüß, 1 Grundrezept Gemüsesauce mit Paprika (S. 30)

- Quark-Öl-Teig nach Grundrezept herstellen. Brokkoli waschen, putzen, die Röschen teilen, den Strunk evtl. schälen, würfeln. Brokkoli in wenig Wasser 2 Min. bissfest garen. Mit einem Schaumlöffel herausnehmen, abbrausen, abtropfen lassen. Gemüsewasser für die Paprikasauce aufbewahren.
- Zwiebel abziehen, fein würfeln. Butter mit 1 EL Wasser in einer Pfanne erhitzen, die Zwiebel darin anschwitzen. Schinken würfeln, hinzufügen. Käse, Paniermehl, Sahne und die Gewürze mit Brokkoli, Zwiebel und Schinken vermischen. Backofen auf 180 Grad vorheizen.
- Den Teig in ca. 10 Stücke teilen, jeweils rund ausrollen, die Füllung auf die eine Hälfte verteilen, den Rand frei lassen, und die andere Hälfte überschlagen und andrücken. Joghurt mit Paprikapulver vermischen und die Calzone damit bestreichen. Ca. 15–20 Min. backen. Paprikasauce nach Grundrezept zubereiten und dazu servieren.

Das passt dazu
Kohlrabi-Radieschen-Frischkost mit Weißer Salatsauce (S. 31).

Zeit sparen
Am Abend vorher: Quark-Öl-Teig zubereiten und gut verpackt im Kühlschrank aufbewahren.

Erbsen mit Kopfsalat

2 kg frische Erbsen, 1 Bund Frühlingszwiebeln, 20 g Butter, 2 EL Maismehl, 200 ml Gemüsebrühe, 2 EL weißer Balsamessig, 6 getrocknete Tomaten, 50 g schwarze Oliven ohne Stein, 1 Kopfsalat, Salz, Pfeffer, 1 Bund glatte Petersilie

- Erbsen enthülsen. Frühlingszwiebeln waschen, putzen, in feine Ringe schneiden. In einer großen hohen Pfanne die Butter mit 2 EL Wasser erhitzen, Zwiebeln und Erbsen darin anschwitzen, mit Mehl bestäuben und mit Gemüsebrühe und 1–2 EL Essig ablöschen, ca. 8 Min. bei kleiner Hitze köcheln lassen.
- Tomaten in Streifen schneiden, Oliven der Länge nach vierteln. Die äußeren Blätter des Kopfsalats ablösen, waschen, trocknen, die dicken Blattrippen herausschneiden und in Streifen schneiden. Das Salatherz vierteln, waschen und trocknen.
- Tomaten, Oliven, Salatstreifen und das Salatherz zu den Erbsen geben, zugedeckt ca. 3 Min. ziehen lassen, mit Salz, Pfeffer und etwas Essig abschmecken. Petersilie waschen, trocknen, zupfen, grob schneiden und die Erbsen damit bestreuen.

Das passt dazu
Bratkartoffeln und Möhrenfrischkost mit Weißer Salatsauce (S. 31).

Zeit sparen
Am Abend vorher: Erbsen enthülsen und verpackt kühl aufbewahren.

Sommerliches Möhrenmus mit Kokos

800 g Möhren, Salz, 200 ml Kokosmilch, 2 TL Kreuzkümmel, 1 TL Koriander, ¼ TL Zimt, ½ TL Curry, Saft von 1 großen Zitrone, 3 EL Olivenöl, 1–2 TL Honig, 2 Bund glatte Petersilie, 100 ml Kokosmilch, Pfeffer, Zitronenabrieb, 2 EL Kokosraspeln

- Möhren bürsten, putzen, in 1–2 cm große Stücke schneiden und in 200 ml Salzwasser und der Kokosmilch ca. 8 Min. bissfest garen, anschließend mit der Flüssigkeit pürieren. Kreuzkümmel und Koriander trocken anrösten, im Mörser zerreiben, mit Zimt, Curry, Zitronensaft und Olivenöl unter die Möhren geben.
- Petersilie waschen, trocknen, zupfen, grob schneiden und mit der Kokosmilch vermischen, mit Salz, Pfeffer und Zitronenabrieb abschmecken. Kokosraspeln trocken anrösten. Auf einer Platte die Petersilie verteilen, darauf das leicht abgekühlte Möhrenpüree wie eine Halbkugel formen und mit Kokosraspeln bestreuen.

Das passt dazu
Kurz gebratene Putenfiletstreifen und Hirse.

Zeit sparen
Am Morgen: ca. 500 ml Gemüsebrühe aufkochen, 220 g Hirse einstreuen, 5–7 Min. köcheln lassen, ohne Hitzezufuhr zugedeckt ausquellen lassen.

EINKAUFSLISTE

Frisch dazukaufen

- 1,5 kg Tomaten, 2 Maiskolben, 600 g rote Paprika, 800 g grüne Bohnen, 2 Bund Frühlingszwiebeln
- 3 Bund Basilikum, 1 Bund glatte Petersilie, 2 Zweige Thymian, 8 Salbeiblätter, 1 Zweig Rosmarin, 3 Zweige Oregano, 3 Zweige Bohnenkraut
- 2 Zitronen, 8–10 Aprikosen
- 350 ml Milch, 50 ml Sahne, 140 g Bergkäse, 375 g Mozzarella, 200 g Feta, 120 g Butter
- 12 Cannelloni, 20 schwarze Oliven ohne Stein, 8–10 Zuckerwürfel, 1 Vollkornbaguette
- 200 g Lachs, 200 g Kabeljau, 3 Eier

Aus dem Vorrat

- 150 g Hartweizengrieß, Paniermehl, Maismehl, 400–500 g Vollkornpenne
- Kartoffeln, Zwiebeln
- Mandeln
- Zucker, Vanillezucker, Gemüsebrühe
- Olivenöl

Mögliche Beilagen

- Blattsalat, Rucola, Champignons, Frühlingszwiebeln, Paprika, grüne Bohnen, Tomaten, Petersilie, Kartoffeln
- Aprikosen, Blaubeeren, Zitrone
- Bulgur, Mandeln, Joghurt, Feta, Buttermilch
- Vanille, Honig
- Sommervinaigrette (S. 31)

WOCHE

Jetzt ist endlich Geschmack in den Tomaten!

Jeder von uns isst pro Jahr ganze 6,5 kg frische Tomaten. Schon lange gibt es sie das ganze Jahr über, am gesündesten sind Tomaten aber dann, wenn sie viel Sonne abbekommen haben. Genießen Sie jetzt die Tomatensaison – wenn Sie einen sonnigen Balkon haben, können Sie problemlos selbst welche anbauen.

Steckbrief **Tomaten**

Um 1500 kam dieses Nachtschattengewächs aus Mexiko nach Europa. Erst 400 Jahre später entdeckten die Deutschen die Tomate. Liebesapfel, Goldapfel oder Paradeiser wird diese rote runde Frucht auch genannt, die, wenn sie am Strauch in der Sonne gereift ist, viel Vitamin C, Provitamin A, Vitamin E und Folsäure sowie auch jede Menge Fruchtzucker für das typische Aroma entwickelt. Vorzeitig geerntete Tomaten werden zwar irgendwann rot, entwickeln aber weder ausreichend Vitamine noch Aroma, sie sind wässrig und fad. Ob sie nun Fleisch-, Eier-, Flaschen-, Birnen-, Kirsch- oder Cocktailtomaten kaufen, sie sollten beim Einkauf eine glatte unversehrte Schale ohne Faulstellen haben, so können Sie sie 6–7 Tage bei Zimmertemperatur lagern. Tomaten können Sie gegart und/oder püriert einfrieren.

Jetzt ist endlich Geschmack in den Tomaten!

Fischcannelloni

1½ Rezepte Béchamelsauce mit Käse, 3 Tomaten, 125 g Mozzarella, 1 Bund Basilikum, 200 g Lachs, 200 g Kabeljau, Salz, Pfeffer, Fett für die Auflaufform, 12 Cannelloni

▪ Béchamelsauce nach Rezept herstellen. Tomaten waschen, putzen, würfeln, Mozzarella ebenfalls würfeln. Basilikum waschen, trocknen und zupfen. Den Fisch waschen, trocknen, die Gräten entfernen und würfeln. Mit Salz und Pfeffer würzen.

▪ Die Auflaufform einfetten. Backofen auf 170 Grad vorheizen. Jede Teigrolle abwechselnd mit Fisch, Tomaten und Mozzarella und Basilikum füllen und in die Auflaufform legen. Die Käsesauce darübergießen und ca. 40 Min. bei 170 Grad backen.

Das passt dazu
Blattsalat mit Rucola, Champignons, Frühlingszwiebeln und Sommervinaigrette (S. 31).

Tomatenauflauf aus dem Backofen

1 Bund glatte Petersilie, 1 Bund Basilikum, 2 Zweige Thymian, 8 Blätter Salbei, 10 schwarze Oliven ohne Stein, 50 g Mandeln, ca. 60 ml Olivenöl, Salz, Pfeffer, Zitronenabrieb, 1,2 kg Tomaten, ca. 60 g Weizenvollkorngrieß oder Paniermehl

▪ Die Kräuter waschen, trocknen, zupfen und mit den Oliven, Mandeln und dem Öl pürieren bzw. mixen. Mit Gewürzen abschmecken. Backofen auf 200 Grad vorheizen.

▪ Tomaten waschen, putzen und in sehr dünne Scheiben schneiden. Eine Schicht Tomaten in eine Auflaufform legen, mit der Kräutermischung bestreichen und einem Esslöffel Grieß bestreuen. So weiter verfahren, bis alles aufgebraucht ist. Ca. 25 Min. backen.

Das passt dazu
Pellkartoffeln und Blattsalat mit Paprika und Sommervinaigrette (S. 31).

Zeit sparen
Für die Kleinigkeit: 400 g Kartoffeln zusätzlich garen, abkühlen, abgedeckt kühl stellen.

Kleinigkeit
Gurkenkaltschale

400 g Kartoffeln, 1 Salatgurke und 2 Frühlingszwiebeln sehr fein würfeln. 2 EL Rapsöl, 600 g Joghurt, 100 g Schmand, 100 ml Milch, 2 Bund Dill, Saft von 1 Zitrone pürieren, das Gemüse unterziehen und mit Kräutersalz, Pfeffer und Schwarzkümmel abschmecken. Kalt stellen.

Aprikosenknödel mit Semmelbröseln

1 Grundrezept Kartoffelteig (S. 28), ca. 8–10 kleine Aprikosen, ca. 8–10 Würfel Zucker, Salz, Mehl zum Formen, 80 g Butter, 80 g Paniermehl, 40 g Zucker, 1 Päckchen Vanillezucker, 30 g Mandeln

▪ Kartoffelteig nach Grundrezept herstellen. Aprikosen waschen, bis zur Hälfte einschneiden, den Kern herausnehmen, mit einem Zuckerwürfel füllen und wieder schließen. Teig in 8–10 Stücke teilen, in die Mitte eine Aprikose drücken und mit bemehlten Händen einen Knödel formen.

▪ Wasser mit etwas Salz in einem breiten Topf aufkochen, die Temperatur herunterschalten und die Knödel langsam auf einem Löffel in das gerade noch siedende Wasser gleiten lassen. 10–15 Min. garen – bis die Knödel an die Oberfläche kommen, dann sind sie gar.

▪ Mit einem Schaumlöffel herausnehmen, abtropfen lassen, warm halten. Butter in einer Pfanne schmelzen, Paniermehl, Zucker und Vanillezucker einrühren, kurz unter Wenden anbraten. Mandeln grob hacken und mit den Semmelbröseln über die Knödel streuen.

Das passt dazu
Als Vorspeise Salat aus grünen Bohnen, Tomaten und Feta mit Sommervinaigrette (S. 31).

Zeit sparen
Am Abend vorher: Bohnen waschen, putzen, gut verpackt kühl aufbewahren. Evtl. auch schon die Bohnen für den übernächsten Tag vorbereiten.

Gefüllte Paprika mit Mais-Feta-Soufflé

2 Maiskolben, 2 EL Milch, 1 EL Zucker, 2 Eier, 200 g Feta, 50 ml Sahne, 1 Zweig Thymian, 1 Zweig Rosmarin, 3 Zweige Oregano, ca. 600 g rote Paprika, 300 ml Gemüsebrühe

▌ Maiskolben von Hüllblättern und Fäden befreien, ca. 20 Min. in Milch-Zucker-Wasser garen. Maiskolben mit einem Schaumlöffel herausnehmen, abbrausen, mit einem scharfem Messer die Maiskörner herunterschneiden, evtl. mit den Fingern zerteilen.

▌ Eier trennen, Eigelb mit Feta und Sahne verkneten, Eiweiß halb steif schlagen und unterziehen. Backofen auf 180 Grad vorheizen. Kräuter waschen, trocknen, zupfen, kleinschneiden und mit dem Mais unter die Käsecreme ziehen.

▌ Paprika waschen, längs halbieren, die Kerne herauslösen und mit der Mais-Käse-Creme füllen. Paprikahälften in eine hohe Auflaufform setzen, die Gemüsebrühe angießen und 30 Min. garen.

Das passt dazu
Bulgur mit Petersilie und Blattsalat mit Tomaten und Sommervinaigrette (S. 31).

Zeit sparen
Am Abend vorher: Maiskolben zubereiten, verpacken und kühl aufbewahren. Am Morgen: Bulgur 10 Min. garen, zugedeckt ohne Hitzezufuhr ausquellen lassen.

Grüne-Bohnen-Suppe mit Tomatenbruschetta

800 g grüne Bohnen, 2 Bund Frühlingszwiebeln, 250 g Kartoffeln, 2 EL Olivenöl, ca. 1 l Gemüsebrühe, 3 Zweige Bohnenkraut, Salz, Zitronensaft, 3 – 4 Tomaten, 1 Zwiebel, ½ Bund Basilikum, 10 schwarze Oliven ohne Stein, 1 kleines Vollkornbaguette, 2 EL Olivenöl, Pfeffer

▌ Bohnen waschen, putzen, schräg in 3 – 4 cm lange Stücke schneiden. Frühlingszwiebeln waschen, putzen und 4 cm lange Stücke schneiden. Kartoffeln schälen, klein würfeln. Öl in einem hohen Topf mit 2 EL Wasser erhitzen, das Gemüse unter Wenden 3 Min. anschwitzen, die Gemüsebrühe angießen und zugedeckt bei mittlerer Hitze ca. 10 Min. köcheln lassen.

▌ Bohnenkraut waschen, zupfen und 2 Min. vor Ende der Garzeit mit Salz und Zitronensaft zur Suppe geben.

▌ Tomaten waschen, putzen, Zwiebel abziehen, beides sehr fein würfeln. Backofen auf 220 Grad stellen. Basilikum waschen, zupfen, sehr fein schneiden, Oliven fein würfeln, beides unter die Tomaten-Zwiebel-Mischung geben.

▌ Das Baguette der Länge nach halbieren, mit Olivenöl bestreichen, mit Salz und Pfeffer bestreuen, 5 – 8 Min. im Backofen rösten. Die Tomatenmischung darauf verteilen, das Baguette in Stücke schneiden und zu der Suppe servieren.

Das passt dazu
Aprikosen mit ein paar Mandeln zum Nachtisch.

Zeit sparen
Am Abend vorher: Bohnen waschen, putzen und gut verpackt kühl aufbewahren.

Penne mit Tomaten und Mozzarella

400 – 500 g Vollkornpenne, 500 g Tomaten, 250 g Mozzarella, 3 EL Olivenöl, Pfeffer, Salz, ½ Bund Basilikum

▌ Nudeln nach Packungsanweisung kochen. Tomaten waschen, putzen, klein würfeln, Mozzarella sehr klein würfeln, zusammen in eine große Servierschüssel geben, mit Olivenöl und den Gewürzen vermischen.

▌ Basilikum waschen, trocknen, zupfen, in Streifen schneiden. Nudeln abgießen und sofort mit den Tomaten vermischen, mit Basilikum garniert servieren.

Das passt dazu
Blaubeershake mit Buttermilch, Joghurt, Blaubeeren, Zitrone, Honig und Vanille.

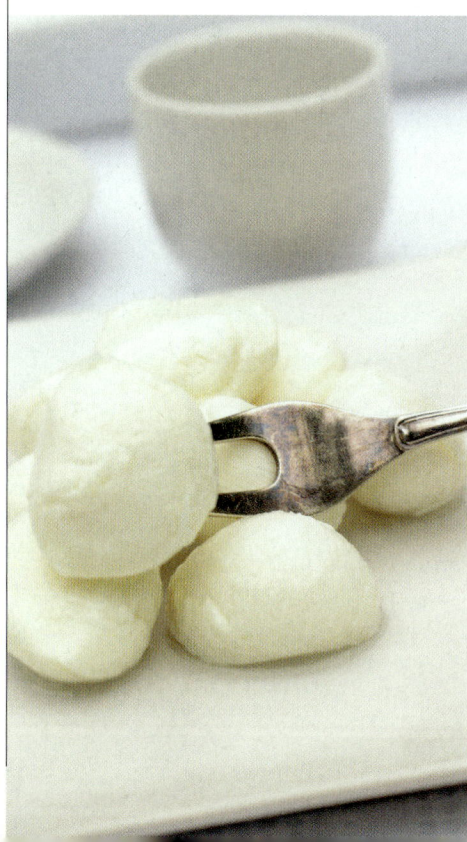

EINKAUFSLISTE

Frisch dazukaufen

- 1 kg grüne Bohnen, 3 gelbe, 2 rote, 1 grüne Paprika, 3 Bund Frühlingszwiebeln, 300 g Staudensellerie, 300 g Spitzkohl, 1 Zucchino, 1 Aubergine, 150 g Möhren, 1,2 kg Tomaten
- 1 Bund Dill, 1 Bund Schnittlauch, 1 Bund Kerbel, 1 Zweig Bohnenkraut, 2½ Bund Basilikum,
- 2 Zitronen, 8 Aprikosen
- 100 g Quark, 50 g Schmand, 380 g Feta, 40 g Parmesan
- 200 g Dinkel, 250 Vollkornlasagneplatten, 500 ml Tomatenpassata, 10 schwarze Oliven ohne Stein, 400 g Hähnchenbrustfilet, 12 Eier

Aus dem Vorrat

- 250 g Weizenvollkornmehl, 250 g Vollkornreis, 350 g Vollkornspaghetti
- Kartoffeln, Knoblauch
- Pinienkerne, Sesam, Sonnenblumenkerne, Kürbiskerne
- Paprika edelsüß, Curry, Oregano, 1 milde Chilischote, grober süßer Senf, Tomatenmark, weißer Balsamessig, Sojasauce
- Olivenöl

Mögliche Beilagen

- Rote Bete, Blattsalat, Mais, rote, gelbe, grüne Paprika, Eisbergsalat, Frühlingszwiebeln, Rucola, Avocado, Champignons, Gurken
- Sommervinaigrette (S. 31)

WOCHE 7

Rote Bete liefert reichlich Folsäure

Ob klein oder groß, rund oder länglich, Rote Bete setzt mit ihrem feinen aromatischen und leicht erdigen Geschmack und der blutroten Farbe Akzente auf dem Teller.

Steckbrief Rote Bete

Rote Bete liefert jede Menge Mineralstoffe wie Kalzium, Kalium und Magnesium sowie auch wasserlösliche Vitamine, wie Folsäure und Vitamin C. Aufgrund ihres sehr hohen Nitratgehaltes empfiehlt es sich, sie nicht täglich zu verzehren. Durch Kombination mit frischem Obst lässt sich der manch einmal ausgeprägte erdige Geschmack mildern und gleichzeitig vermindert das Vitamin C aus dem Obst eine Umwandlung von Nitrat in das bedenkliche Nitrit bzw. Nitrosamin. Rote Bete hält sich im Gemüsefach des Kühlschranks in Papier gewickelt 1–2 Wochen. Hierfür sollten Sie allerdings das Blattgrün entfernen. Kleingeschnitten peppt es Ihnen jeden Salat auf.

Kräuterpiroggen

250 g Weizenvollkornmehl oder Wei-
zenmehl Type 1050, 3 Eier, ½ TL Salz,
Mehl zum Ausrollen, 100 g Quark,
50 g Schmand, 1 Eigelb, Kräutersalz,
Pfeffer, Paprika edelsüß, 1 Bund Dill,
1 Bund Schnittlauch, 1 Bund Kerbel
oder Petersilie, 40 g Kürbiskerne,
2 EL Olivenöl

▌ Aus Mehl, 2 Eiern und Salz, einen festen, geschmeidigen Teig kneten, evtl.
etwas Wasser oder Mehl dazugeben
und ca. 30 Min. gut verpackt ruhen lassen. Quark, Schmand, 1 Ei und 1 Eigelb
mit den Gewürzen glatt rühren.

▌ Die Kräuter waschen, trocknen und
sehr fein schneiden. Kürbiskerne trocken in einer Pfanne anrösten, fein hacken und mit den Kräutern unter den
Quark rühren. Backofen auf 170 Grad
vorheizen.

▌ Den Teig auf einer bemehlten Arbeits-
fläche sehr dünn ausrollen, Kreise (Ø
8 – 10 cm) ausstechen, jeweils ca. ½ EL
Kräuterquark auf die Mitte jedes Krei-
ses geben, die Teigränder anfeuchten,
übereinanderklappen und mit einer
Gabel fest zusammendrücken, mit Olivenöl bepinseln und auf ein mit Backpapier ausgelegtes Backblech setzen.
Ca. 15 – 20 Min. backen.

Das passt dazu
Rote-Bete-Gemüse und gemischter
Blattsalat mit Sommervinaigrette (S. 31),
Mais und roter Paprika.

Zeit sparen
Am Abend vorher: Teig zubereiten, gut
verpacken und im Kühlschrank aufbewahren.

Tortilla mit roter Paprika und Bohnensalat

1 kg grüne Bohnen, Salz, 1 EL grober süßer Senf, 2 EL weißer Balsamessig, 7 EL Olivenöl,
Salz, Pfeffer, Bohnenkraut, 1 gelbe Paprika, 500 g Kartoffeln, 1 rote Paprika, 1 Bund Früh-
lingszwiebeln, Chili, ½ Bund Basilikum, 6 Eier, 3 EL Tomatenmark

▌ Bohnen waschen, putzen, in wenig Salzwasser 8 – 10 Min. bissfest dünsten oder
dämpfen. Mit einem Schaumlöffel herausnehmen, abbrausen, abtropfen lassen. Aus
Senf, Essig, 4 EL Öl, Salz, Pfeffer und Bohnenkraut eine Marinade herstellen und mit
den Bohnen vermischen. Gelbe Paprika waschen, putzen, sehr fein würfeln und unter
den Bohnensalat ziehen.

▌ Kartoffeln schälen, sehr fein schneiden bzw. hobeln. 3 EL Öl in einer großen Pfanne
mit 3 EL Wasser erhitzen, die Kartoffelscheiben bei nicht zu starker Hitze 5 – 10 Min.
unter Wenden bräunen. Rote Paprika und Frühlingszwiebeln waschen, putzen, würfeln, zu den Kartoffeln geben und ca. 8 – 10 Min. mitbraten. Mit Salz, Pfeffer und Chili
abschmecken.

▌ Basilikum waschen, trocknen, zupfen, mit den Eiern und dem Tomatenmark pürieren.
Eiermasse über die Kartoffeln gießen und stocken lassen. Sobald die Unterseite fest
ist, die Tortilla auf einen Teller geben, wenden und die Oberseite durchgaren. Mit viel
grobem Pfeffer aus der Mühle bestreut zu dem Bohnensalat servieren.

Zeit sparen
Am Abend vorher: Bohnen waschen, putzen, gut verpackt kühl lagern.

WOCHE 7

SEPTEMBER

Rote Bete liefert reichlich Folsäure

Reiscurry mit Aprikosen

250 g Vollkornreis, 1 Bund Frühlingszwiebeln, 300 g Staudensellerie, 300 g Spitzkohl, Salz, 400 g Hähnchenbrustfilet, Butterschmalz zum Anbraten, 1 EL Curry mild, 8 Aprikosen, 2 – 3 EL Sojasauce, 30 g Sonnenblumenkerne, 30 g Sesam

▌ Reis nach Packungsanweisung garen. Zwiebeln und Staudensellerie waschen, putzen, in Ringe schneiden. Spitzkohl waschen, putzen, der Länge nach vierteln, den groben Strunk entfernen, Spitzkohl in Streifen schneiden.

▌ Das Gemüse in wenig Salzwasser ca. 3 – 4 Min. bissfest garen, mit einem Schaumlöffel herausnehmen, abbrausen, abtropfen lassen. Gemüsewasser aufbewahren. Das Fleisch waschen, trockentupfen, säubern, in feine Streifen schneiden.

▌ Butterschmalz in einer hohen Pfanne erhitzen, Curry einrühren und das Fleisch von allen Seiten gut anbraten. Aprikosen waschen, vierteln, entkernen, 5 Aprikosen mit anbraten, 3 mit dem Gemüsewasser pürieren und zu dem Fleisch geben.

▌ Das Gemüse und den Reis unterrühren und mit der Sojasauce abschmecken. Sonnenblumenkerne und Sesam in einer Pfanne trocken anrösten und das Reiscurry damit bestreuen.

Das passt dazu
Eisbergsalat mit Frühlingszwiebeln, roter, gelber und grüner Paprika und Sommervinaigrette (S. 31).

Zeit sparen
Am Morgen: Reis 20 Min. garen, zugedeckt ohne Hitzezufuhr ausquellen lassen.

Vegetarische Lasagne

1 Zucchino, 1 Aubergine, 1 rote Paprika, 1 gelbe Paprika, 1 grüne Paprika, 1 Möhre, 2 Knoblauchzehen, 2 EL Olivenöl, ca. 500 ml Tomatenpassata, Salz, Pfeffer, Oregano, Paprika edelsüß, 250 g Feta, 250 g Vollkornlasagneplatten

▌ Das Gemüse waschen, putzen und in sehr kleine (0,5 cm × 0,5 cm) Würfel schneiden. Knoblauch ebenfalls fein würfeln. Olivenöl mit 2 EL Wasser in einer großen Pfanne erhitzen und alles darin 2 Min. unter Wenden anbraten.

▌ Das Tomatenpassata zum Gemüse gießen und bei mittlerer Hitze ca. 5 Min. garen. Feta grob reiben. Das Gemüse kräftig mit den Gewürzen abschmecken. Gemüse-Tomaten-Sauce in einer Auflaufform mit Feta und Lasagneplatten abwechselnd schichten, mit dem Käse abschließen. Etwa 45 Min. backen.

Das passt dazu
Rucolasalat mit Avocado und Champignons in Sommervinaigrette (S. 31).

Zeit sparen
Am Abend vorher: Lasagne zubereiten, 35 Min. backen, abkühlen, zugedeckt im Kühlschrank aufbewahren, mit Alufolie bedeckt 25 Min. aufbacken. Bereiten sie gleich 2 Lasagne zu und frieren sie 1 ein, so haben sie im Winter eine willkommene mediterrane Abwechslung.

Spaghettitörtchen mit Tomaten

350 g Vollkornspaghetti, 3 Eier, Salz, Pfeffer, Oregano, 40 g Pinienkerne, 5 – 6 Tomaten, 130 g Feta, Olivenöl fürs Muffinblech

▌ Die Nudeln nach Packungsanweisung garen. Eier mit den Gewürzen verquirlen. Backofen auf 200 Grad vorheizen. Tomaten waschen, putzen und halbieren. Feta mit den Händen zerkrümeln. Muffinblech großzügig mit Öl einfetten.

▌ Spaghetti mit Ei und Pinienkernen vermischen, mit einer Gabel die Spaghetti grob aufdrehen und jeweils in eine Vertiefung setzen. Die Tomate mit der Schnittfläche nach oben mittig auflegen und mit Feta bestreuen. 15 – 20 Min. überbacken.

Das passt dazu
Gurkenfrischkost mit Paprika.

Zeit sparen
Am Abend vorher: Spaghetti garen, mit Wasser abbrausen und mit 1 EL Olivenöl vermischen, abdecken und kühl aufbewahren.

Mediterraner Dinkelsalat

200 g Dinkel, 2 Bund Basilikum, 60 ml Olivenöl, Saft von 1½ Zitronen, Salz, Pfeffer, 2 Knoblauchzehen, 500 g Tomaten, 1 gelbe Paprika, 3 Lauchzwiebeln, 10 schwarze Oliven ohne Stein, 20 g Pinienkerne, 40 g Parmesan

▌ Dinkel über Nacht in 500 ml Wasser einweichen, am Morgen 30 Min. köcheln, bis zum Mittag auf der ausgeschalteten Herdplatte zugedeckt ausquellen und abkühlen lassen. Basilikum waschen, trocknen, zupfen, mit Olivenöl, Zitronensaft, Salz und Pfeffer mixen oder pürieren, unter den Dinkel ziehen.

▌ Knoblauch abziehen, in feine Scheiben schneiden. Das Gemüse waschen, putzen, die Tomaten achteln, die Paprika in dünne Streifen schneiden, die Lauchzwiebeln in sehr feine Ringe schneiden, alles unter den Dinkel mischen. Oliven der Länge nach vierteln, Pinienkerne trocken anrösten, untermischen. Parmesan hobeln oder mit dem Sparschäler abziehen und den Dinkelsalat damit garnieren.

Das passt dazu
Zum Nachtisch Blaubeeren mit Quarkcreme und Mandelkeksen.

Zeit sparen
Für die Kleinigkeit: 40 g Dinkel für Pflaumencreme zusätzlich kochen.

Kleinigkeit
Pflaumencreme mit Dinkel

400 g Pflaumen mit 100 ml Sahne schaumig pürieren, mit Honig und Zimt abschmecken. 100 g Dinkel unterrühren und mit gehackten, gerösteten Mandeln bestreuen.

EINKAUFSLISTE

WOCHE 2

Frisch dazukaufen

- 2 kg Tomaten, 750 g Auberginen, 1 Salatgurke, 2 rote Paprika, 800 g Spitzkohl, 200 g Möhren, 250 g Rucola, 2 rote, 2 gelbe, 1 grüne Paprika, 800 g Weißkohl, 400 g Kirschtomaten
- 3½ Bund Basilikum, 1 Bund Schnittlauch, 2 Bund Minze, 3½ Bund glatte Petersilie
- 7 Zitronen
- 200 ml Sahne, 110 g Parmesan, 150 g Mozzarella, 150 g Feta, Butter
- 3 getrocknete Tomaten, 10 schwarze Oliven ohne Stein, 400 ml Tomatensaft, 100 ml Apfelsaft, 4 Scheiben Vollkorntoastbrot, 500 g Seelachsfilet, 1 Dose Thunfisch, 4 dünne Scheiben Parmaschinken, 2 Eier

Aus dem Vorrat

- Weizenvollkorngrieß, 250 g Vollkornreis, Maismehl, 400 – 500 g Vollkornspaghetti, 250 g Couscous
- Kartoffeln, Knoblauch, Zwiebeln
- Mandeln, Pinienkerne, Rosinen
- Senfkörner, Oregano, Gemüsebrühe
- Tomatenmark, weißer Balsamessig, Honig, Sojasauce, Dijonsenf
- Olivenöl

Mögliche Beilagen

- Blattsalat, Gurken, Paprika, Mais, Tomaten, Rucola, Avocado, Kohlrabi, Champignons
- Pflaumen, Zitrone
- Tagliatelle, Kichererbsen aus dem Glas, Kreuzkümmel, Putenfilet, Rote Salatsauce (S. 31), Weiße Salatsauce (S. 31), Sommervinaigrette (S. 31)

Stärke und Ballaststoffe machen satt und tun gut

Egal ob gedämpft, in wenig Wasser gekocht oder auf dem Backblech gebacken, die Schale bleibt dran, nur so bleiben die wertvollen Nährstoffe erhalten. Wenn Sie es nicht schon tun, gewöhnen Sie sich am besten an, Kartoffeln nicht zu schälen.

Steckbrief **Kartoffeln**

Die Kartoffel ist mit ihren verschiedenen Sorten das ganze Jahr über verfügbar, sie enthält hochwertiges Eiweiß, Vitamin C und B sowie einen relativ hohen Gehalt an Stärke und Ballaststoffen, deshalb sättigt sie so gut. Das Naschen von 1 – 2 rohen Kartoffeln ist unproblematisch, größere Mengen roh zu verzehren kann aufgrund der Stärke, die roh unverdaulich ist, zu Bauchschmerzen führen. Grüne, solaninhaltige Stellen sollten Sie herausschneiden, diese sind auch im gegarten Zustand schädlich. Kartoffeln mögen es dunkel, luftig und trocken bei einer Temperatur von 3 bis 6 Grad, so lassen sich die mittelfrühen und späten Sorten gut mehrere Monate bevorraten. Die Frühsorte, auch Heurige genannt, ist nur begrenzt haltbar.

- fest kochende Sorten: Hansa, Linda, Sieglinde, Celia, Rosara: Pellkartoffeln, für Salat und Bratkartoffeln
- vorwiegend fest kochende Sorten: Granola, Christa, Gloria, Solina, Bintje: Pellkartoffeln, Backkartoffeln, Pommes frites, warmer Kartoffelsalat
- mehlig kochende Sorten: Adretta, Irmgard, Aula: Kartoffelpüree, Kartoffelteig, Kartoffelklöße

Kartoffelauflauf mit Mozzarella und Parmaschinken

1 kg Kartoffeln, 2 Eier, 100 ml Sahne, 80 g Parmesan (gerieben), 2 EL Weizenvollkorngrieß, Salz, Pfeffer, Butterschmalz für die Form, 3 Tomaten, 2 Knoblauchzehen, 150 g Tomatenmark, 2 EL Olivenöl, 1 EL Zucker oder Honig, Salz, Pfeffer, Oregano, 150 g Mozzarella, 4 dünne Scheiben Parmaschinken, ½ Bund Basilikum

- Backofen auf 200 Grad vorheizen. Kartoffeln schälen, fein raspeln, ausdrücken und mit Ei, Sahne, Parmesan, Grieß, Salz und Pfeffer gut vermischen. Die Masse in eine große gefettete Auflaufform füllen und gleichmäßig andrücken. Ca. 30 Min. backen, die Oberfläche sollte goldbraun sein.
- Tomaten waschen, putzen, Knoblauch abziehen und beides sehr fein würfeln. Tomaten und Knoblauchwürfel mit dem Tomatenmark, Olivenöl, Zucker, Salz, Pfeffer und Oregano gut verrühren. Mozzarella halbieren und in dünne Scheiben schneiden.
- Die Tomatencreme gleichmäßig auf die angebackene Kartoffelmasse streichen, mit Mozzarellascheiben belegen und weitere 15 Min. überbacken. Basilikum waschen, trocknen und zupfen und mit dem Parmaschinken kurz vor dem Servieren locker auf dem Auflauf verteilen.

Das passt dazu
Gemischter Blattsalat mit Sommervinaigrette (S. 31), Gurken und Paprikawürfeln.

Auberginensalat mit Thunfisch

750 g Auberginen, 1 EL Olivenöl, Kräutersalz, 1 Salatgurke, 2 rote Paprika, 1 Bund Schnittlauch, 1 Bund Minze, ½ Bund glatte Petersilie, 4 EL Olivenöl, Saft von 1 Zitrone, 2 EL Sojasauce, 1 EL Honig, 1 Dose Thunfisch in Wasser

- Backofen auf 220 Grad vorheizen. Auberginen waschen, putzen, der Länge nach halbieren, die Schnittfläche mit Öl und Salz bestreichen und mit der Schnittfläche nach unten auf ein mit Backpapier ausgelegtes Blech legen und 20–25 Min. backen. Etwas auskühlen lassen und würfeln.
- Gurke und Paprika waschen, putzen, fein würfeln. Schnittlauch, Minze und Petersilie waschen, trocknen, den Schnittlauch in Röllchen schneiden, Minze und Petersilie zupfen und grob schneiden.
- Öl, Zitronensaft, Sojasauce und Honig verquirlen, mit den Auberginen-, Gurken- und Paprikawürfeln sowie den Kräutern vermengen. Thunfisch abgießen, mit den Fingern lockern und über dem Salat verteilen.

Das passt dazu
Tagliatelle mit Öl und Knoblauch und Pflaumen zum Nachtisch.

Zeit sparen
Am Abend vorher: Auberginensalat zubereiten, gut abgedeckt im Kühlschrank aufbewahren, Thunfisch frisch darübergeben. Für die Kleinigkeit: 1 Aubergine zusätzlich backen.

Kleinigkeit
Auberginenmousse

1 gebackene Aubergine mit 50 g Crème fraîche, 30 g Tomatenmark schaumig pürieren und mit Salz, Pfeffer, Oregano und Knoblauch abschmecken. Auf Vollkornknäckebrot streichen und mit viel frischem Basilikum dekorieren.

SEPTEMBER

Spitzkohl mit Senf-sauce und Möhrenreis

250 g Vollkornreis, ca. 800 g Spitzkohl, Saft von 1 Zitrone, Salz, 2 EL Maismehl, 100 ml Sahne, 1 EL Dijonsenf, 1 TL Senfkörner, 1 Zwiebel, 200 g Möhren, 20 g Butter, Pfeffer, ½ Bund glatte Petersilie

▪ Reis nach Packungsanweisung garen. Spitzkohl waschen, putzen, der Länge nach achteln und den groben Strunk entfernen. Spitzkohl in wenig Zitronen-Salz-Wasser 4 – 5 Min. dünsten. Mit einem Schaumlöffel herausnehmen, abbrausen, abtropfen lassen. Backofen auf 170 Grad vorheizen.

▪ Das Mehl mit der Sahne glatt rühren, in das Gemüsewasser einrühren und 2 Min. köcheln lassen. Senf unterrühren. Senfkörner trocken in einer Pfanne anrösten, im Mörser zermahlen, ebenfalls zu der Sauce geben. Spitzkohl in eine Auflaufform geben, mit der Sauce begießen und ca. 10 Min. backen.

▪ Zwiebel abziehen, fein würfeln, Möhren bürsten, putzen, grob raspeln. Butter mit 2 EL Wasser in einer großen Pfanne erhitzen, Zwiebel und Möhrenraspeln darin anschwitzen, den Reis dazugeben und mit Salz und Pfeffer abschmecken. Petersilie waschen, trocknen, zupfen, grob schneiden, unter den Reis geben, mit dem Spitzkohl servieren.

Das passt dazu
Blattsalat mit Gurke und Weißer Salatsauce (S. 31).

Zeit sparen
Am Morgen: Reis 20 Min. garen, zugedeckt ohne Hitzezufuhr ausquellen lassen. Für morgen: 250 g Reis mitgaren, abkühlen lassen, zugedeckt kühl aufbewahren.

Fischpfanne mit Tomaten und Rucola

800 g Tomaten, 250 g Rucola, 500 g Seelachsfilet, Saft von 1 Zitrone, 20 g Butter, 2 EL Olivenöl, 2 EL Maismehl, 100 ml Gemüsebrühe, Salz, Pfeffer, Senf, 30 g Pinienkerne, ½ Bund Petersilie

▪ Tomaten mit heißem Wasser übergießen, häuten und vierteln. Rucola waschen, trocknen und in mundgerechte Stücke schneiden. Seelachsfilet waschen, trockentupfen, in Streifen schneiden, dabei entgräten und mit Zitronensaft beträufeln.

▪ Butter und Öl in einer großen Pfanne leicht erhitzen, die Fischstreifen in Mehl wenden und im Fett leicht anbraten. Gemüsebrühe angießen, zugedeckt 3 – 4 Min. dünsten. Tomaten und Rucola dazulegen, weitere 5 Min. garen.

▪ Mit den Gewürzen und dem Senf abschmecken. Pinienkerne trocken in einer Pfanne anrösten, Petersilie waschen, trocknen, zupfen, beides grob hacken und über die Pfanne streuen.

Das passt dazu
Vollkornreis mit Tomatenmark abgeschmeckt und Bohnensalat.

Zeit sparen
Am Abend vorher: Bohnen waschen, putzen, gut verpackt kühl aufbewahren.

Kartoffeln in Pesto

1,5 kg kleine Kartoffeln, 40 g Pinienkerne, 2 Bund Basilikum, 3 getrocknete Tomaten, 80 g Parmesan (gerieben), ca. 100 ml Olivenöl, Salz, Pfeffer

▪ Kartoffeln unter fließendem Wasser bürsten, dämpfen oder in wenig Wasser etwa 20 Min. garen. Pinienkerne in einer kleinen Pfanne trocken anrösten. Basilikum waschen, trocknen und zupfen. Tomaten grob schneiden.

▪ Pinienkerne, Basilikum, Tomaten, Parmesan und das Olivenöl in einen Mixer geben oder pürieren. Mit Salz und Pfeffer abschmecken. Das Pesto über die Kartoffeln geben, gut vermischen und servieren.

Das passt dazu
Ein Salat aus 400 g Kichererbsen (aus dem Glas), 200 g Mais, 400 g Tomaten, mit Olivenöl, Zitronensaft, Salz und Kreuzkümmel abgeschmeckt.

Zeit sparen
Am Abend vorher: Das Pesto zubereiten, in ein Schraubglas füllen, etwas Öl auf die Oberfläche gießen und im Kühlschrank aufbewahren.

Spaghetti mit buntem Paprikagemüse

2 rote Paprika, 2 gelbe Paprika, 1 grüne Paprika, 400 – 500 g Vollkornspaghetti, 2 EL Olivenöl, 1 kleiner Zweig Rosmarin, 10 schwarze Oliven ohne Stein, 1 Bund glatte Petersilie, Salz, Pfeffer, Zitronenabrieb, weißer Balsamessig, 50 g Parmesan (gerieben)

▍ Backofen auf 180 Grad vorheizen. Paprika waschen, halbieren, putzen und mit der Haut nach oben auf ein mit Backpapier ausgelegtes Blech legen. Ca. 20 Min. backen, die Haut sollte Blasen werfen und dunkelbraun sein. Ein nasses Küchenhandtuch direkt über die Paprikahälften legen. Nach 10 Min. lässt sich die Paprikahaut leicht abziehen.

▍ Jede Hälfte der Länge nach in 4 Streifen schneiden. Spaghetti nach Packungsanweisung garen. Öl mit 2 EL Wasser in einer großen Pfanne erhitzen, die Rosmarinnadeln darin schwenken, Paprikastreifen und Oliven darin andünsten.

▍ Petersilie waschen, trocknen und zupfen. Das Gemüse mit den Gewürzen und dem Essig gut abschmecken, Petersilie hinzufügen und zu den Spaghetti servieren. Mit Parmesan bestreuen.

Das passt dazu
Blattsalat mit Sommervinaigrette (S. 31).

Zeit sparen
Am Abend vorher: Paprika zubereiten, d. h. häuten und gut verpackt im Kühlschrank aufbewahren.

Sommerlicher Weißkohl mit Tomaten überbacken

800 g Weißkohl, 3 EL Olivenöl, 400 g Kirschtomaten, 1 Bund Basilikum, Salz, Pfeffer, 4 Scheiben Vollkorntoastbrot, 150 g Feta

▍ Die äußeren Blätter des Weißkohls entfernen, den Kohl achteln, den groben Strunk herausschneiden und Weißkohl in Streifen schneiden. 1 EL Öl in einer hohen Pfanne mit 1 EL Wasser erhitzen, Weißkohl darin andünsten, ca. 100 ml Wasser angießen, zugedeckt 5 Min. bissfest dünsten oder dämpfen.

▍ Backofen auf 200 Grad vorheizen. Tomaten waschen, putzen, halbieren. Basilikum waschen, trocknen, zupfen, kleinschneiden. Toastscheiben mit 2 EL Olivenöl bestreichen, würfeln, Weißkohl mit Basilikum und den Gewürzen vermischen, in eine flache Auflaufform füllen. Tomaten darüber verteilen, dann die Toastbrotwürfel und zum Schluss den zerbröckelten Feta. Etwa 20 Min. überbacken.

Das passt dazu
Rucolasalat mit Avocado, Kohlrabi und Champignons mit Roter Salatsauce (S. 31).

Couscous mit Rosinen

250 g Couscous, 60 ml Zitronensaft, 400 ml Tomatensaft, 100 g Rosinen, 100 ml Apfelsaft, 750 g Tomaten, 1 Bund Minze, 1 Bund glatte Petersilie, 3 EL Olivenöl, 60 g Mandeln, Salz, Pfeffer

▍ Couscous mit Zitronen- und Tomatensaft mindestens 30 Min. einweichen. Rosinen in Apfelsaft ebenfalls mindestens 30 Min. einweichen. Tomaten waschen, putzen, vierteln, die Kerne herausnehmen, das Fruchtfleisch fein würfeln.

▍ Minze und Petersilie waschen, trocknen, zupfen, fein schneiden. Couscous, Rosinen, Tomaten, Kräuter und das Öl vermischen. Mandeln in einer Pfanne trocken anrösten, grob hacken, untermischen und den Couscous mindestens 30 Min. ziehen lassen.

Das passt dazu
Putenfilet.

Zeit sparen
Am Morgen: Couscous einweichen, Rosinen einweichen.

EINKAUFSLISTE

Frisch dazukaufen

- 1 kg Mangold, 200 g Champignons, 1,1 kg Tomaten, 1 Bund Frühlingszwiebeln, 1 rote Paprika, 1 kg grüne Bohnen
- 1½ Bund glatte Petersilie, 1 Bund Zitronenmelisse, 6 Salbeiblätter, 1 Bund Minze, 2 Bund Schnittlauch
- 3 Zitronen, 8–10 Pflaumen
- 100 ml Sahne, 100 g saure Sahne, 100 g Schmand, 350 g Joghurt, 100 g Frischkäse, etwas Butter
- 8–10 Zuckerwürfel, 4 Vollkornbrötchen, 4 Scheiben gekochter Schinken, 400 g Rinderhackfleisch, 3 Eier

Aus dem Vorrat

- 150 g Hartweizengrieß, 350 g Weizenvollkornmehl, 300 g Puy-Linsen, 250 g Bulgur, Paniermehl, Maismehl
- Kartoffeln, Knoblauch, Zwiebeln
- Mandeln, Sesam, Rosinen
- Zimt, Muskat, Koriandersamen, Kreuzkümmel, Paprika edelsüß, Schwarzkümmel, Lorbeerblatt, Gemüsebrühe
- weißer Balsamessig, Balsamessig, Dijonsenf, Honig, Zucker, brauner Zucker

Mögliche Beilagen

- Rote Bete, Gurken, Kresse, Zucchini, Dill, Blattsalat, grüne Bohnen, Tomaten, Kartoffeln
- Zitrone
- Weiße Salatsauce (S. 31), Sommervinaigrette (S. 31)

WOCHE 3

Pflaumen bringen einen trägen Darm auf Trab

Ob Pflaume oder Zwetschge – die feinen Früchte schmecken roh gut und in Verbindung mit Mehlspeisen, als Kuchen oder zu Mus gekocht einfach göttlich. Pflaumen haben eine leicht rundliche Form, wohingegen Zwetschgen eher länglich sind.

Steckbrief **Pflaumen**

Mit der Urpflaume, die schon im Altertum bekannt war, hat die Pflaume, unter dieser Bezeichnung werden Sommer- und Eierpflaumen, Mirabellen, Renekloden und Zwetschgen zusammengefasst, nichts mehr gemein. Allein in Nordamerika werden über 2 000 Sorten kultiviert. Dank ihres hohen Sorbitgehalts hat sie eine verdauungsfördernde Wirkung – Trockenpflaumen noch mehr als frische Früchte. Ist die Pflaume prall, auch am Stielansatz, und mit einer leicht wachsartigen Schicht umgeben – diese verhindert das vorzeitige Welken –, so hält sie sich 4–5 Tage im Gemüsefach des Kühlschranks. Entsteint können Sie sie roh oder gegart als Kompott bzw. Kuchen einfrieren.

Pflaumenknödel mit Zimtjoghurt

1 Grundrezept Kartoffelteig (S. 28), 8 – 10 Pflaumen, 8 – 10 Zuckerwürfel, Salz, etwas Mehl zum Formen, 200 g Joghurt, 100 g Schmand, 1 – 2 EL Honig, ¼ TL Zimt

- Kartoffelteig nach Grundrezept herstellen. Pflaumen waschen, zur Hälfte einschneiden, den Kern herausnehmen, mit einem Zuckerwürfel füllen und wieder schließen. Teig in 8 – 10 Stücke teilen, in die Mitte eine Pflaume drücken und mit bemehlten Händen zu einem Knödel formen.
- Wasser mit etwas Salz in einem breiten Topf aufkochen, die Temperatur herunterschalten, und die Knödel auf einem Löffel langsam in das gerade noch siedende Wasser gleiten lassen. Ca. 10 – 15 Min. garen – bis die Knödel an die Oberfläche kommen, dann sind sie gar.
- Mit einem Schaumlöffel herausnehmen, abtropfen lassen, warm halten. Joghurt, Schmand, Honig und Zimt verrühren und zu den Pflaumenknödeln servieren.

Das passt dazu
Als Vorspeise eine Gemüsecremesuppe mit Roter Bete.

Gedeckter Mangoldkuchen

1 Grundrezept Hefeteig (S. 28), Butterschmalz für die Form, 1 kg Mangold, 1 EL Olivenöl, 200 g Champignons, 100 g Frischkäse, Salz, Pfeffer, Muskat, 4 Scheiben gekochter Schinken, 2 EL Joghurt, 1 EL Olivenöl, 1 EL Sesam

- Hefeteig nach Grundrezept herstellen. Mangold waschen, putzen, die Stiele fein würfeln, die Blätter in Streifen schneiden. Öl mit 1 EL Wasser erhitzen, zuerst die Stiele 2 Min. dünsten, dann die Blätter 1 weitere Min. mitgaren.
- Champignons mit Küchenkrepp abreiben, putzen, in Scheiben schneiden und mit dem Frischkäse und den Gewürzen unter das Mangold ziehen. Mit ²/₃ des Hefeteigs eine gefettete Springform (Ø 28 cm) auslegen und einen hohen Rand ziehen. 2 Scheiben Schinken auf den Boden legen, Mangoldmasse darübergeben und mit dem restlichen Schinken abdecken.
- Aus dem restlichen Hefeteig eine Platte (Ø 28 cm) ausrollen und den Kuchen damit lückenlos abdecken. Backofen auf 200 Grad vorheizen. Joghurt mit Öl verrühren und den Kuchen damit bestreichen, mit Sesam bestreuen. 10 Min. gehen lassen und 25 Min. backen.

Das passt dazu
Gurkenfrischkost mit Weißer Salatsauce (S. 31) und viel Kresse.

Zeit sparen
Am Abend vorher: Mangold waschen, putzen, halbieren und in einer Dose oder Tüte im Kühlschrank aufbewahren. Am Morgen: Hefeteig kalt zusammenrühren und 5 – 6 Stunden kalt gehen lassen.

SEPTEMBER

Linsen mit süß-saurem Tomatenragout

300 g Puy-Linsen, 500 g Tomaten, 1 Zwiebel, 2 EL Olivenöl, 6 EL Balsamessig, 6 EL brauner Zucker, 50 g Rosinen, 1 TL Koriandersamen, 1 TL Kreuzkümmel, 4 Vollkornbrötchen

▪ Linsen mit ca. 800 ml Wasser 30 Min. kochen und weitere 30 Min. auf der ausgeschalteten Herdplatte ausquellen lassen. Tomaten mit heißem Wasser übergießen, häuten, achteln. Zwiebel abziehen, grob würfeln.

▪ Tomaten, Zwiebel, Öl, Essig, Zucker und Rosinen zum Kochen bringen, bei kleiner Hitze 20 Min. zugedeckt dünsten. Koriander und Kreuzkümmel trocken in einer Pfanne anrösten, im Mörser grob zerstoßen und zu den Tomaten geben.

▪ Die Tomaten ohne Deckel unter Rühren leicht eindicken lassen. Das Tomatenragout mit den Linsen mischen. Vollkornbrötchen leicht antoasten und dazu servieren.

Das passt dazu
Zucchinifrischkost mit Weißer Salatsauce (S. 31), Dill und Zitronenabrieb.

Zeit sparen
Am Morgen: Linsen 20–25 Min. garen, zugedeckt ohne Hitzezufuhr ausquellen lassen. Für die Kleinigkeit: 50 g Linsen zusätzlich garen.

Kleinigkeit
Linsensalat

1 Stange Lauch und 2 Äpfel würfeln, mit den Linsen und 50 g Feta vermischen. 2 EL Olivenöl mit 1 TL Curry verrühren, Zitronensaft und Salz dazugeben und unter die Linsen rühren. 2 EL Sonnenblumenkerne trocken anrösten, darüberstreuen.

Tomatenbulgur mit frischer Kräutersauce

1 Bund Frühlingszwiebeln, 1 rote Paprika, 2 EL Olivenöl, 250 g Bulgur, 500 ml Gemüsebrühe, 600 g Tomaten, Kräutersalz, Paprika edelsüß, Schwarzkümmel, ½ Bund glatte Petersilie, 1 Bund Zitronenmelisse, 6 Salbeiblätter, 100 g Joghurt, 100 g saure Sahne, 2 EL Olivenöl, Saft von 1 Zitrone, Salz

▪ Frühlingszwiebeln waschen, putzen, in sehr feine Ringe schneiden. Paprika waschen, putzen, sehr fein würfeln. Öl mit 2 EL Wasser in einer großen hohen Pfanne erhitzen, Paprika und Zwiebeln darin anschwitzen, Bulgur einrühren und mit der Gemüsebrühe ablöschen, 5 Min. köcheln lassen und zugedeckt ohne Hitzezufuhr 15 Min. quellen lassen.

▪ Tomaten mit heißem Wasser übergießen, häuten, würfeln und zu dem Bulgur geben, nochmals kurz erhitzen, mit den Gewürzen abschmecken. Petersilie und Zitronenmelisse waschen, trocknen, zupfen, mit Joghurt, saurer Sahne, Öl und Zitronensaft pürieren und mit Salz abschmecken, zu dem Tomatenbulgur servieren.

Das passt dazu
Gemischter Blattsalat mit Sommervinaigrette (S. 31) und Gurke.

Fleischklößchen in Kräuter-Zitronen-Sauce

1 Bund Minze, 1 Bund glatte Petersilie, 2 Zwiebeln, 400 g Rinderhackfleisch, 40 – 50 g Paniermehl, 2 Eier, Kräutersalz, Pfeffer, Dijonsenf, 500 ml Gemüsebrühe, Saft von 1½ Zitronen, 2 Lorbeerblätter, 20 – 30 g Maismehl, 100 ml Sahne, Salz, Pfeffer, Zitronenabrieb, Zucker

▮ Minze und Petersilie waschen, trocknen, zupfen und sehr fein schneiden. Zwiebeln abziehen, sehr fein würfeln, mit der Hälfte der Kräuter unter das Hackfleisch geben, Paniermehl, Eier, Kräutersalz, Pfeffer und Dijonsenf unterkneten.

▮ Gemüsebrühe mit Zitronensaft und Lorbeerblättern aufkochen. Aus dem Teig mit feuchten Händen Klöße formen, in die Brühe geben und bei mittlerer Hitzezufuhr offen ca. 20 Min. garen. Klöße mit einem Schaumlöffel herausnehmen und warm stellen.

▮ Die Brühe durch ein Sieb gießen, das Mehl mit der Sahne glatt rühren, in die Brühe einrühren und ca. 2 – 3 Min. köcheln. Mit Salz, Pfeffer, Zitronenabrieb und Zucker abschmecken, die restlichen Kräuter einrühren, Klößchen dazugeben und servieren.

Das passt dazu

Pellkartoffeln und Bohnensalat mit Tomaten und Sommervinaigrette (S. 31).

Gartenbohnen mit Mandeln

1 kg grüne Bohnen, Salz, 3 EL Olivenöl, 2 Knoblauchzehen, 1½ EL weißer Balsamessig, 2 Bund Minze, Salz, 40 g Mandeln

▮ Bohnen waschen, putzen, in wenig Salzwasser 6 Min. bissfest dünsten bzw. dämpfen. Mit einem Schaumlöffel herausnehmen, abbrausen, abtropfen lassen und warm halten. Öl in einer Pfanne mit 3 EL Wasser erhitzen, Knoblauch abziehen, in Scheiben schneiden und leicht anbraten, mit dem Essig ablöschen.

▮ Minze waschen, trocknen, zupfen, in die Pfanne geben, zusammenfallen lassen, die Bohnen hinzufügen, mit Salz abschmecken. Mandeln trocken in einer Pfanne rösten, grob hacken und die Bohnen damit dekorieren.

Das passt dazu

Gnocchi mit Tomatensauce und Paprika-Gurken-Frischkost mit Sommervinaigrette (S. 31).

Zeit sparen

Am Abend vorher: Bohnen waschen, putzen, gut verpackt kühl aufbewahren.

EINKAUFSLISTE

Frisch dazukaufen

- 500 g Staudensellerie, 1 Avocado, 1 kg Tomaten, 1 Bund Rucola, 1 rote, 1 grüne, 1 gelbe Paprika, 1 Zucchino, 1 Bund Frühlingszwiebeln
- 15 – 20 Minzeblättchen, ½ Bund glatte Petersilie, 3 Zweige Oregano
- 500 g Pflaumen, 500 g Birnen, 4 Zitronen
- 550 ml Milch, 100 g Pecorino, 80 g Parmesan, 400 g Ziegenfrischkäse
- 100 g schwarze Oliven ohne Stein, 13 getrocknete Tomaten, 50 g Cranberries, 250 g Buchweizenmehl, 600 g Lachsfilet, 500 g Putenfilet, 8 Eier

Aus dem Vorrat

- 400–500 g Vollkornpenne, 200 g Polenta, Paniermehl
- Kartoffeln, Knoblauch
- Haselnüsse, Pinienkerne
- Paprika edelsüß, Zimt, Vanille, Gemüsebrühe
- Honig, Zucker
- Olivenöl

Mögliche Beilagen

- Rote Bete, Zucchini, Kohlrabi, Möhren, Gurken, Avocado, Kartoffeln
- Birnen, Trauben, Äpfel, Obst
- Sesam, Rosmarin, Zimt, Zucker
- Schmand
- Weiße Salatsauce (S. 31), Sommervinaigrette (S. 31)

WOCHE

Achtung, heimische Birnen sind jetzt reif!

Auf dem Wochenmarkt bekommen Sie jetzt reife Birnen. Da die Früchte so empfindlich sind, ist Supermarktware meist unreif geerntet – die reifen Birnen schmecken um ein Vielfaches besser!

Steckbrief Birnen

Die ursprünglich aus Persien stammende Birne war bereits bei den alten Griechen und Römern sehr beliebt und wurde auf dem Peloponnes kultiviert. Die rund 1 500 verschiedenen Birnensorten wachsen überall dort, wo das Klima nicht extrem ist. Ihr Aussehen reicht von klein (ca. 8 – 10 cm) bis groß (18 – 20 cm), länglich über glockenförmig bis dickbauchig und von gelb über hellgrün bis rot gestreift bzw. marmoriert. Ihr Vitamin-C-reiches Fruchtfleisch ist sehr gut verdaulich und schmeckt je nach Sorte mild, süß, herb oder säuerlich. Auch Birnensaft ist mild und bekömmlich. Und etwas Feines zum Süßen und Abschmecken ist sog. Birnendicksaft (aus dem Bioladen). Birnen sind sehr empfindlich, darum eignen sie sich weder gut zum Transport noch zur Lagerung. Beim Einkauf sollten Sie darauf achten, dass die Früchte unbeschädigt sind, so lassen sie sich ca. 10 Tage im Gemüsefach des Kühlschranks aufbewahren. Sind die Birnen beim Einkauf noch unreif, reifen sie innerhalb von 2 – 3 Tagen bei Zimmertemperatur gut nach.

Überbackene Kartoffeln mit Ziegenfrischkäse

1,5 kg Kartoffeln, ca. 400 g Ziegenfrischkäse, 1 EL Honig, 15 – 20 Blättchen Minze, Pfeffer, Butterschmalz für die Form

▌ Kartoffeln bürsten und in der Schale mit wenig Wasser dünsten oder dämpfen. Kartoffeln kalt abbrausen und trocknen. Ziegenfrischkäse mit der Gabel zerdrücken und den Honig unterkneten. Minze waschen, trocknen, zupfen und fein hacken, ebenfalls unterziehen. Mit Pfeffer abschmecken.

▌ Backofen auf 200 Grad vorheizen. Kartoffeln halbieren, mit einem Teelöffel oder Kugelausstecher so viel Kartoffelmasse herausschaben, bis noch ein stabiler Rand von ca. 1,5 cm stehen bleibt.

▌ Kartoffelmasse unter die Ziegenfrischkäsecreme kneten und die Kartoffelhälften damit großzügig füllen, in eine gefettete Auflaufform legen und 10 – 20 Min. überbacken.

Das passt dazu
Rote-Bete-Frischkost mit Birne und Sommervinaigrette (S. 31).

Nudelsalat mit Staudensellerie und Lachs

400 – 500 g Vollkornpenne, 500 g Staudensellerie, 150 ml Gemüsebrühe, Saft von 1½ Zitronen, 3 EL Olivenöl, ½ Bund glatte Petersilie, Salz, Pfeffer, 1 Avocado, ca. 600 g Lachsfilet, Butterschmalz zum Braten

▌ Nudeln nach Packungsanweisung garen. Staudensellerie waschen, putzen, die langen festen Fäden herausziehen und Sellerie in sehr feine Scheiben schneiden. Gemüsebrühe mit Zitronensaft und Öl verquirlen, unter die Nudeln und den Sellerie mischen.

▌ Petersilie waschen, trocknen, zupfen, als ganzes Blatt unter den Salat mischen, mit Salz und Pfeffer würzen. Avocado halbieren, den Stein entfernen, die Schale abziehen und das Fruchtfleisch in Spalten schneiden, den Salat damit dekorieren. Lachsfilet waschen, trockentupfen, salzen, pfeffern, in Butterschmalz braten und würzen. Zu dem Nudelsalat servieren.

Das passt dazu
Ein Obstteller mit Birnen, Trauben und Äpfeln als Nachtisch.

Zeit sparen
Am Abend vorher: Nudeln garen, mit Wasser abbrausen und mit 1 EL Olivenöl vermischen, abdecken und kühl aufbewahren.

Buchweizenküchlein mit warmem Birnen-Pflaumen-Kompott

20 g frische Hefe, 500 ml Milch, 80 g Zucker, 3 Eier, 250 g Buchweizenmehl, 50 g Haselnüsse (gerieben), 500 g Pflaumen, 500 g Birnen, 50 g Cranberries oder Rosinen, Zimt, Vanille, Zitronensaft, Butterschmalz zum Ausbacken

▪ Die Hefe erst mit etwas Milch glatt rühren, dann die restliche Milch sowie Zucker und Eier dazugeben und gut verquirlen. Mehl und Haselnüsse unterrühren, sodass ein glatter Teig entsteht. Ca. 30 Min. quellen lassen.

▪ Pflaumen und Birnen waschen, vierteln, entkernen und in grobe Würfel schneiden. 100 ml Wasser in einem Topf zum Kochen bringen, Äpfel, Birnen und Cranberries hinzufügen und bei mittlerer Temperatur und geschlossenem Deckel ca. 8 – 10 Min. dünsten. Mit Zimt, Vanille, etwas Zucker und Zitronensaft abschmecken.

▪ Backofen auf 60 Grad vorheizen. Fett in einer großen Pfanne erhitzen, den Pfannkuchenteig noch 1-mal umrühren und 3 – 4 kleine Küchlein von beiden Seiten ausbacken, warm stellen und den Vorgang wiederholen. Buchweizenküchlein mit dem warmen Birnen-Pflaumen-Kompott servieren.

Das passt dazu
Als Vorspeise eine Gemüsecremesuppe mit Roter Bete.

Zeit sparen
Für morgen: Buchweizenküchlein zusätzlich backen, auskühlen lassen, verpacken und kühl aufbewahren.

Achtung, heimische Birnen sind jetzt reif!

Polenta mit Tomaten und Rucola überbacken

1 l Gemüsebrühe, 200 g Polenta, 2 Eier, 100 g Pecorino (gerieben), Pfeffer, Butterschmalz für die Form, 600 g Tomaten, 3 Knoblauchzehen, 1 Bund Rucola, 50 g schwarze Oliven ohne Stein, 5 getrocknete Tomaten, 30 ml Olivenöl, 30 g Paniermehl

▪ Gemüsebrühe in einem großen Topf zum Kochen bringen, Polenta unter Rühren einrieseln lassen, 1-mal aufkochen, Hitze reduzieren und 20 Min. ausquellen lassen, dabei wiederholt umrühren. Eier, Käse und Pfeffer unterrühren, die Polentamasse in eine große, flache, gefettete Auflaufform streichen.

▪ Tomaten waschen, putzen, in Scheiben schneiden, auf der Polenta verteilen. Knoblauch abziehen, in Scheiben schneiden, auf den Tomaten verteilen. Backofen auf 180 Grad vorheizen. Rucola waschen, putzen, in mundgerechte Stücke schneiden, über die Tomaten legen.

▪ Oliven und getrocknete Tomaten sehr fein würfeln, mit Öl und Paniermehl vermischen und alles damit bestreuen. Etwa 30 Min. backen.

Das passt dazu
Buchweizenküchlein mit Schmand bestreichen, Zimt und Zucker bestreuen und ein großer Obstteller zum Nachtisch.

Zeit sparen
Am Morgen: Polenta aufkochen, zugedeckt ohne Hitzezufuhr ausquellen lassen. Für die Kleinigkeit: 50 g Polenta zusätzlich garen.

Kleinigkeit
Polenta-Kräuter-Backlinge

2 EL Quark, 1 Ei, 50 g Hartkäse (gerieben), 2 EL Petersilie, 5 Salbeiblätter, 1 Zweig Oregano unter die Polenta kneten, sehr kleine Kugeln formen, auf ein mit Backpapier ausgelegtes Blech legen und ca. 10 – 15 Min. bei 200 Grad backen, zu Tomatenfrischkost oder zwischen zwei Brötchenhälften mit Salatblättern servieren.

Kartoffelsoufflé mit Tomaten-Basilikum-Sauce

800 g **Kartoffeln,** *50 g* **schwarze Oliven ohne Stein,** *8 getrocknete Tomaten, 50 g* **Pinienkerne,** *50 ml* **Olivenöl,** *100 ml* **Milch,** *80 g* **Parmesan (gerieben), Salz, Pfeffer, 3 Eier, Butterschmalz für die Form, 3 – 4 Tomaten (ca. 400 g), 1 Bund Basilikum**

▌ Kartoffeln bürsten und in wenig Wasser dünsten bzw. dämpfen. Oliven und Tomaten sehr fein würfeln, Pinienkerne grob hacken. Kartoffeln pellen und noch heiß durch eine Presse drücken. Backofen auf 200 Grad vorheizen.

▌ Kartoffeln mit Öl und Milch glatt rühren. Oliven, Tomaten, Pinienkerne und den Parmesan unterziehen und mit den Gewürzen abschmecken. Eier trennen, das Eigelb direkt unter die Kartoffelmasse geben, das Eiweiß zu Schnee schlagen und zum Schluss vorsichtig unterziehen.

▌ Die Masse in eine gefettete Auflaufform füllen und ca. 30 Min. bei 180 Grad backen. Tomaten waschen, putzen, Basilikum waschen, trocknen und zupfen. Beides pürieren und evtl. noch etwas Wasser hinzufügen. Tomatensauce zu dem Kartoffelsoufflé servieren.

Das passt dazu

Zucchinigemüse, Kohlrabi und Möhrensticks als Fingerfood.

Zeit sparen

Für morgen: Pellkartoffeln zusätzlich garen, herunterkühlen und gut verpackt im Kühlschrank aufbewahren.

Putenfilet mit Paprika

500 g **Putenfilet, Butterschmalz zum Anbraten, 4 Tomaten, 1 rote Paprika, 1 gelbe Paprika, 1 grüne Paprika, 1 Zucchino (ca. 200 g), 1 Bund Frühlingszwiebeln, 3 Zweige Oregano, Salz, Pfeffer, Paprika edelsüß**

▌ Putenfilet waschen, trocknen, säubern und in mundgerechte Stücke schneiden. Butterschmalz in einem backofengeeigneten Topf mit Deckel erhitzen und das Fleisch darin von allen Seiten anbraten. Tomaten mit heißem Wasser übergießen, häuten und achteln. Backofen auf 170 Grad vorheizen.

▌ Paprika, Zucchino und Frühlingszwiebeln waschen, putzen und in etwas größere mundgerechte Stücken schneiden. Oregano waschen, trocknen, zupfen und mit dem Gemüse zu dem Fleisch geben. Würzen, gut umrühren und mit geschlossenem Deckel ca. 1 Stunde im Ofen schmoren.

Das passt dazu

Bratkartoffeln mit Rosmarin und Sesam und Gurkenfrischkost mit Avocado und Weißer Salatsauce (S. 31).

Brunch – wunderbar für Familien

Ein Brunch ist ideal für all diejenigen, die es sich leisten können spät aufzustehen. In der Regel wird der Brunch genutzt, um mit Freunden gemeinsam den Tag zu beginnen und um dann noch Zeit für Unternehmungen zu haben. Besonders für Familien mit Kindern eine ideale Möglichkeit der Einladung! Denn bei einem Brunch findet jeder etwas was ihm schmeckt, von heiß bis kalt, von süß bis herzhaft, von leicht bis deftig und vor allem von früh bis spät. So kann jeder, ob Gast oder Gastgeber, einen Brunch ganz locker und entspannt genießen, denn es gibt weder eine feste Anfangszeit, noch eine festgelegte Speisenfolge.
Die einen beginnen ganz klassisch süß mit Marmelade, wobei sich die anderen gleich auf die Suppe stürzen. Das Angebot an Getränken reicht von Kaffee bzw. Tee, über frisch gepresste Säfte und Kakao bis hin zum Prosecco. Also, laden Sie Freunde ein, bei einem Brunch können Sie alle Ihre Ideen und Kochkünste verwirklichen.

Möhrenmuffins

200 g Möhren, 150 g Weizenvollkornmehl oder Weizenmehl Type 1050, 100 g feine Haferflocken, 1 Päckchen Weinsteinbackpulver, 80 g Zucker, 1 reife Banane, 150 ml Buttermilch, 100 ml Möhrensaft, 2 Eier, 60 g flüssige Butter, ca. 12 Muffinförmchen

▌ Möhren bürsten, putzen, sehr fein reiben. Backofen auf 180 Grad vorheizen. Mehl, Haferflocken, Backpulver und Zucker vermischen. Banane, Buttermilch, Möhrensaft, Eier und Butter pürieren und mit dem Mehl kurz verrühren.

▌ Teig in die Muffinförmchen füllen, diese in die entsprechenden Muffinbleche setzen und ca. 25 – 30 Min. backen. 5 Min. abkühlen lassen, aus dem Blech nehmen und warm servieren.

Käsestangen

1 Grundrezept Hefeteig (S. 28), 50 g Schmand, Paprika edelsüß, Kümmel, 1 EL Olivenöl, 2 EL Sesam, 100 g Bergkäse (gerieben)

▌ Hefeteig nach Grundrezept herstellen. Auf einer leicht bemehlten Fläche zu einer Größe von 40 × 40 cm ausrollen. Schmand mit den Gewürzen und dem Olivenöl verrühren und den Teig damit dünn bestreichen. Die Hälfte des Teiges mit Sesam und Käse bestreuen, die andere Hälfte darüberlegen und etwas andrücken.

▌ Der Länge nach in 3 cm breite Streifen schneiden, die Streifen durch Drehen beider Enden zu einer Spirale formen. Auf ein mit Backpapier ausgelegtes Blech geben und ca. 10 – 15 Min. gehen lassen, bis sich an der Oberfläche Poren bilden. Backofen auf 200 Grad vorheizen und die Käsestangen ca. 10 – 15 Min. backen.

Lachsmousse

100 g Räucherlachs, 100 g Quark, 1 TL Zitronensaft, 130 g Sahne, Salz, Pfeffer

▌ Lachs mit Quark und Zitronensaft gut pürieren. Sahne steif schlagen und unter den Lachsquark ziehen, mit den Gewürzen abschmecken. In ein Schraubglas füllen und kühl aufbewahren.

Käse-Spinat-Kugeln

100 g Spinat, 3 EL frische Kräuter, 20 g weiche Butter, 100 g Quark, 100 g Bergkäse (gerieben), Salz, Pfeffer, Knoblauch, 2 – 3 EL gehackte Pistazien

▌ Spinat und Kräuter waschen, putzen, trocknen, sehr fein schneiden. Die Butter mit Quark und Käse verkneten, Spinat und Kräuter mischen und mit den Gewürzen kräftig abschmecken. Aus der Masse kleine Kugeln formen und in den Pistazien wenden. Abgedeckt kühl stellen.

Süße Avocadocreme

1 Avocado, 2 EL Zitronensaft, 200 g Magerquark, 50 g Frischkäse, 2 – 3 EL Honig, Vanille, Zitronenabrieb

▌ Avocado schälen, den Kern entfernen und das Fruchtfleisch in Stücke schneiden, mit den restlichen Zutaten pürieren und mit den Gewürzen abschmecken.

Tomatensuppe mit Mozzarellabällchen

2 kg reife Tomaten, 2 Zwiebeln, 2 EL Olivenöl, 500 ml Gemüsebrühe, 1 Lorbeerblatt, 1 Stängel Oregano, Salz, Pfeffer, Zucker, Paprika edelsüß, 250 g Mozzarella, 1 Bund Basilikum, 2 Knoblauchzehen, 1 EL Olivenöl, 30 g Pinienkerne

▌ Tomaten heiß überbrühen, abziehen und würfeln. Zwiebeln abziehen, würfeln. Öl mit 2 EL Wasser in einem hohen Topf erhitzen, die Zwiebeln darin anschwitzen, die Tomaten hinzufügen und mit der Gemüsebrühe ablöschen. Lorbeerblatt und Oregano dazugeben und zugedeckt bei mittlerer Hitze 5 – 7 Min. köcheln lassen.

▌ Oregano und Lorbeerblatt entfernen und die Suppe gut durchpürieren, ggf. durch ein Sieb streichen, mit den Gewürzen abschmecken. Mozzarella würfeln, Basilikum waschen, trocknen, zupfen, Knoblauch abziehen, alles zusammen mit dem Öl pürieren. Kleine Kugeln daraus formen und tellerweise die Suppe damit dekorieren. Pinienkerne trocken in einer Pfanne rösten und über die Suppe streuen.

Quiche Lorraine

1 Grundrezept Mürbeteig (S. 28), 1 – 2 EL Paniermehl, 100 g magere Schinkenwürfel, 200 g Bergkäse (gerieben), 2 Eier, 2 Eigelb, 100 ml Sahne, 150 g Crème fraîche, Salz, Pfeffer

▌ Mürbeteig nach Grundrezept zubereiten. Zuerst Paniermehl und dann die Schinkenwürfel und den Käse auf dem Teig verteilen. Backofen auf 180 Grad vorheizen. Eier, Eigelb, Sahne und Crème fraîche mit den Gewürzen verquirlen und gleichmäßig angießen, ca. 30 Min. backen.

Linsensalat

200 g Beluga-Linsen, 1 Lorbeerblatt, 2 – 3 EL Olivenöl, 2 – 3 EL Zitronensaft, Salz, Pfeffer, 750 g Cocktailtomaten, 200 g Feta, 1 Bund Basilikum

▌ Die Linsen mit dem Lorbeerblatt in 450 ml Wasser 20 Min. garen, anschließend 20 Min. ausquellen lassen, überschüssiges Wasser entfernen und die Linsen auskühlen lassen.

▌ Öl, Zitronensaft, Salz und Pfeffer verrühren, unter die Linsen geben. Tomaten waschen, putzen, vierteln. Feta würfeln und mit den Linsen vermischen. Basilikum waschen, trocknen, zupfen und den Salat damit bestreuen.

HERBST

Wärmendes für die begin-
nende kühle Jahreszeit.

EINKAUFSLISTE

Frisch dazukaufen

- 750 g Hokkaido-Kürbis, 1,5 kg Tomaten, 3 Bund Frühlingszwiebeln, 1 milde Peperoni, 500 g Zucchini, 600 g Kohlrabi, 600 g Landgurken, 300 g Kirschtomaten, ½ Bund Rucola, 1,5 kg Spinat, 400 g Rote Bete
- 10 Salbeiblätter, 1 Bund glatte Petersilie, 4 Zweige Thymian, 3 Zweige Oregano, 1 Zweig Rosmarin
- 1 Apfel, 2 Zitronen
- 225 ml Milch, 100 ml Sahne, 200 g Schmand, 600 g Feta, 80 g Bergkäse, 50 g Butter, Hefe
- 200 g Dinkel, 5 Essiggurken, 500 g Kalbfleisch, 4 Eier, Pergamentpapier

Aus dem Vorrat

- 250 g Weizenvollkorngrieß, Maismehl, 250 g Bulgur, Paniermehl, 375 g Weizenvollkornmehl
- Knoblauch
- Kümmel, Schwarzkümmel, Gemüsebrühe,
- Apfeldicksaft, Meerrettich, Balsamessig
- Olivenöl

Mögliche Beilagen

- Lauch, Blattsalat, Champignons, Avocado, Zucchini, rote, gelbe, grüne Paprika, Möhren, Kartoffeln
- Pflaumen, Trauben, Äpfel, Birnen, Bananen
- Walnüsse, Sesam, Pinienkerne, Kürbiskerne
- Joghurt, Vanille
- Sommervinaigrette (S. 31), Wintervinaigrette (S. 31)

7 WOCHE

Karotinoide im Kürbis stärken Ihr Immunsystem

Sie sehen nicht nur ausgehöhlt nett aus, sondern sind auch ein prima Gemüse für den Herbst. Ob als Suppe, gebacken aus dem Ofen oder angebraten mit Knoblauch zu Nudeln – Kürbisse haben in den letzten Jahren eine wahre Renaissance erlebt. Wichtig ist, Kürbis kräftig zu würzen, weil er wenig Eigengeschmack besitzt.

Steckbrief **Kürbis**

Der Kürbis gehört in die Familie der Gurken- und Melonengewächse und bildet dort mit rund 250 verschiedenen Speisekürbissen das sortenreichste Mitglied. Größe, Farbe und Form sind ausgesprochen variabel. Aufgrund des sehr hohen Wassergehaltes von über 90 % liefert der Kürbis recht wenig Vitamine und Mineralstoffe, dafür aber jede Menge Ballaststoffe. Ausnahme: der Hokkaido-Kürbis. Mit seinem orange-roten und sehr festen Fleisch liefert er sehr viele Karotinoide, weshalb er sich in der Säuglingsernährung einen wichtigen Platz erobert hat. Übrigens, der Hokkaido sowie auch der Pâtisson oder der Butternut müssen nicht geschält werden. Kühl und trocken lässt sich der Hokkaido ca. 4 Wochen lagern, gewaschen, geviertelt und entkernt können sie Kürbis roh in einem Tiefkühlbeutel einfrieren.

Kürbis-Gnocchi mit Salbeibutter

750 g Hokkaido-Kürbis, Salz, 1 Ei, 250 g Weizenvollkorngrieß, 80 g Bergkäse (gerieben), 50 g Butter, 10 Salbeiblätter, Salz, Pfeffer, Zitronenabrieb

▪ Kürbis bürsten, vierteln, entkernen, würfeln und in wenig Salzwasser ca. 6 Min. dünsten bzw. dämpfen, abgießen und pürieren. Gemüsewasser aufbewahren. Ei, Grieß und Käse unterkneten, der Teig sollte fest sein, evtl. etwas Gemüsewasser oder Grieß dazugeben.

▪ Aus der Masse 2 Rollen (Ø 2,5 cm) formen, diese in 2 cm lange Stücke schneiden und mit dem Gabelrücken leicht andrücken. Wasser in einem breiten Topf zum Kochen bringen und die Gnocchi vorsichtig hineingeben, bei geringer Hitze ca. 6 bis 8 Min. garen.

▪ Mit einem Schaumlöffel herausnehmen und abtropfen lassen. Butter mit 50 ml Gemüsewasser erhitzen, Salbeiblätter darin leicht anbraten, die Gnocchi darin schwenken und mit den Gewürzen abschmecken.

Passt gut zu:
Lauchgemüse und Blattsalat mit Walnüssen und Wintervinaigrette (S. 31).

Zeit sparen
Am Abend vorher: Die Gnocchi fertig zubereiten, abkühlen lassen und gut verpackt im Kühlschrank aufbewahren.

Mediterranes Kalbsragout mit Bulgur

500 g Tomaten, 500 g Kalbfleisch, 2 EL Maismehl, Butterschmalz zum Anbraten, Salz, Pfeffer, 1 Bund Frühlingszwiebeln, 2 Knoblauchzehen, 1 kleine milde Peperoni, 300 ml Gemüsebrühe, 2 EL Balsamessig, 250 g Bulgur, 3 EL Olivenöl, 500 g Zucchini, 1 Bund glatte Petersilie

▪ Tomaten mit heißem Wasser übergießen, häuten und würfeln. Backofen auf 170 Grad vorheizen. Das Fleisch waschen, trockentupfen, säubern und würfeln, mit Mehl bestäuben. Butterschmalz erhitzen, das Fleisch von allen Seiten anbraten, salzen und pfeffern.

▪ Frühlingszwiebeln waschen, putzen, in Ringe schneiden. Knoblauch abziehen, Peperoni waschen, putzen, fein würfeln, alles zusammen mit den Tomaten zu dem Fleisch geben. Gemüsebrühe und Essig angießen, das Kalbsragout zugedeckt ca. 45 Min. im Backofen schmoren.

▪ Bulgur nach Packungsanweisung garen und mit Salz und 1 EL Olivenöl abschmecken. Zucchini waschen, putzen, in 1 cm breite Scheiben schneiden, 2 EL Öl mit 2 EL Wasser erhitzen, die Zucchini darin anbraten, unter das Kalbsragout geben. Petersilie waschen, trocknen, zupfen und das Ragout großzügig damit bestreuen, Bulgur dazu servieren.

Das passt dazu
Gemischter Blattsalat mit Champignons, Avocado und Wintervinaigrette (S. 31).

Zeit sparen
Am Morgen: Bulgur 5 Min. köcheln lassen, zugedeckt ohne Hitzezufuhr ausquellen lassen.

Kohlrabi-Tomaten-Gratin

600 g Tomaten, 2 – 3 Kohlrabi (ca. 600 g), 200 g Feta, 4 Zweige Thymian, 4 EL Paniermehl, 4 EL Olivenöl, 250 ml Gemüsebrühe

▪ Tomaten waschen, putzen, und in 1 cm breite Scheiben schneiden. Die zarten Kohlrabiblätter waschen, trocknen und sehr fein schneiden. Kohlrabi schälen, in sehr dünne Scheiben schneiden bzw. hobeln.

▪ Feta mit einer Gabel etwas andrücken. Backofen auf 180 Grad vorheizen. Thymian waschen, trocknen, zupfen und mit Paniermehl, Öl, den Kohlrabiblättern unter den Käse kneten.

▪ Abwechselnd Tomatenscheiben, Kohlrabischeiben und Fetamasse in eine Auflaufform schichten, mit Tomaten abschließen, die Gemüsebrühe angießen und ca. 30 Min. backen.

Das passt dazu
Pellkartoffeln und Zucchinifrischkost mit Wintervinaigrette (S. 31) und Pinienkernen.

Zeit sparen
Für übermorgen: Pellkartoffeln zusätzlich garen, herunterkühlen, gut verpackt im Kühlschrank aufbewahren.

Gurken-Dinkel-Gemüse

200 g Dinkel, 1 Bund Frühlingszwiebeln, 2 Landgurken (ca. 600 g), 2 EL Olivenöl, 100 ml Gemüsebrühe, 300 g Kirschtomaten, 3 Zweige Oregano, 1 Zweig Rosmarin, Kräutersalz, Pfeffer, 100 ml Sahne, ½ Bund Rucola

▪ Dinkel über Nacht in 500 ml Wasser einweichen, am Morgen 30 Min. köcheln lassen, bis zum Mittag auf der ausgeschalteten Herdplatte zugedeckt ausquellen lassen. Frühlingszwiebeln waschen, putzen, in Ringe schneiden. Gurken waschen, putzen, der Länge nach halbieren, die Kerne herausschaben, in 1 cm breite Scheiben schneiden.

▪ Öl mit 2 EL Wasser erhitzen, Zwiebeln und Gurken 1 Min. anbraten, mit Gemüsebrühe ablöschen, zugedeckt ca. 5 Min. dünsten. Tomaten waschen, putzen, halbieren, mit dem Dinkel zu dem Gemüse geben, weitere 3 Min. dünsten.

▪ Kräuter waschen, trocknen, zupfen, mit den Gewürzen und der Sahne unter die Gurken-Dinkel-Mischung ziehen, 2 Min. köcheln lassen. Rucola waschen, trocknen, grob schneiden und kurz vor dem Servieren drüber streuen.

Das passt dazu
Geröstetes Brot und ein Obstsalat.

Kleinigkeit
Überbackene Apfelscheiben

4 Äpfel in sehr dünne Scheiben schneiden, mit Zitronensaft beträufeln. 2 Eiweiß mit 2 EL Honig, 1 Prise Vanille cremig aufschlagen, 50 g gemahlene Mandeln unterziehen und auf den in einer Auflaufform geschichteten Apfelscheiben verteilen. 10 – 15 Min. bei 160 Grad backen.

Feta im Pergamentpapier mit Blattspinat

400 g Feta, 4 Blätter Pergamentpapier, 1 Bund Frühlingszwiebeln, 4 Tomaten, 6 EL Olivenöl, 4 EL Paniermehl, 1 TL Schwarzkümmel, grober Pfeffer aus der Mühle, 1,5 kg Spinat, 2 Knoblauchzehen, Salz, Zitronensaft

▪ Feta in 4 gleich dicke Scheiben schneiden und jeweils auf ein Blatt Pergamentpapier legen. Backofen auf 200 Grad vorheizen. Zwiebeln waschen, putzen und in Ringe schneiden. Tomaten waschen, putzen, würfeln, beides auf den Fetascheiben verteilen. Jeweils mit nur 1 EL Olivenöl beträufeln und mit 1 EL Paniermehl bestreuen. Schwarzkümmel gleichmäßig verteilen und mit viel Pfeffer aus der Mühle würzen.

▪ Die Päckchen verschließen (z.B. mit Zwirn zusammenbinden oder zusammentackern) und in eine Auflaufform setzen, ca. 20 Min. backen. Spinat waschen, putzen. 2 EL Öl mit 2 EL Wasser in einem großen Topf erhitzen, den Spinat tropfnass dazugeben und zugedeckt bei kleiner Hitze zusammenfallen lassen. Knoblauch abziehen, in Scheiben schneiden und mit den Gewürzen unter den Spinat ziehen, zu dem Feta servieren.

Das passt dazu
Sesambratkartoffeln und Paprikafrischkost mit Äpfeln und Sommervinaigrette (S. 31).

Zeit sparen
Am Abend vorher: Spinat waschen, putzen, trocknen, in einer Dose oder Tüte im Kühlschrank aufbewahren.

Hefepfannkuchen mit Rote-Bete-Tartar

400 g Rote Bete, 1 Apfel, 1 Zwiebel, 5 Essiggurken, 2 EL Apfeldicksaft, 200 g Schmand, Salz, Pfeffer, Meerrettich, 225 ml Milch, ½ Würfel Hefe, 1 TL Kümmel ganz, 1 Ei, 2 Eigelb, ca. 375 g Weizenvollkornmehl oder Weizenmehl Type 1050, Butterschmalz zum Ausbacken

▪ Rote Bete waschen, putzen, in wenig Wasser ca. 30 – 45 Min. garen, abbrausen, sehr fein würfeln. Apfel waschen, vierteln, entkernen, Zwiebel abziehen, beides sowie auch die Essiggurken sehr fein würfeln mit Apfeldicksaft, Schmand, Salz, Pfeffer und Meerrettich vermischen.

▪ Milch leicht erwärmen, Hefe darin glatt rühren, 1 TL Salz, Kümmel, Ei und Eigelb (Eiweiß für Kleinigkeit aufbewahren) unterrühren. Mehl hinzufügen, 5 Min. mit einem Kochlöffel durchkneten, 30 Min. gehen lassen.

▪ Teig nochmals durchkneten, kleine Küchlein formen. Butterschmalz in einer Pfanne erhitzen, leicht salzen und die Küchlein von jeder Seite ca. 5 Min. goldgelb ausbacken. Küchlein im Backofen bei 60 Grad warm halten, mit dem Rote-Bete-Tartar servieren.

Das passt dazu
Blattsalat mit geriebener Möhre, gerösteten Kürbiskernen und Sommervinaigrette (S. 31).

Zeit sparen
Am Abend vorher: Rote Bete garen, schnell herunterkühlen und gut verpackt in Kühlschrank aufbewahren.

EINKAUFSLISTE

Frisch dazukaufen

- 1 Bund Frühlingszwiebeln, 3 rote, 1 gelbe, 1 grüne Paprika, 1 Gemüsezwiebel, 150 g Brokkoli, 250 g Mais, 600 g Sellerie, 600 g Hokkaido-Kürbis, 1 Chilischote, 1,3 kg Tomaten, 1 Salatgurke
- Koriandergrün, 1 Zweig Rosmarin, 1 Bund Minze, 1 Bund Basilikum
- 4 Zitronen, 3 Birnen, 1 cm Ingwer
- 1,1 l Milch, 50 ml Sahne, 200 g saure Sahne, 250 g Joghurt, 300 g Mozzarella, 50 g Butter
- 60 g Pesto, 60 g schwarze Oliven ohne Stein, 1½ Vollkornbaguette, 300 g Hähnchenbrustfilet, 600 g Seelachsfilet, 3 Eier

Aus dem Vorrat

- 250 g Bulgur, 250 g Weizenvollkornmehl, Polenta
- Kartoffeln, Knoblauch
- Mandeln
- Muskat, Kreuzkümmel, Curry, Koriander, Senfkörner, Gemüsebrühe
- Sojasauce, 400 ml Kokosmilch, Honig
- Rapsöl, Olivenöl

Mögliche Beilagen

- Zucchini, Blattsalat, Fenchel, Möhren, Rote Bete, gelbe, rote Paprika, Kartoffeln
- Obst
- Sonnenblumenkerne, Walnüsse
- Kichererbsen aus dem Glas
- Wintervinaigrette (S. 31), Orange Salatsauce (S. 31)

2 WOCHE

Jetzt bekommt der Nussknacker Arbeit

Was wir landläufig als Nuss bezeichnen, ist botanisch gesehen noch lange keine! Nur die Haselnüsse haben ein Recht auf den Namen Nuss. Mandeln, Walnüsse und Pistazien sind Steinobst, Erdnüsse sind Hülsenfrüchte und Paranüsse Kapselfrüchte. Was ihnen gemein ist: Sie sind sehr reich an Fett – aber an gesundem!

Steckbrief Nüsse

Nüsse haben es in sich, mit einem Fettgehalt von 40 – 65 % gehören sie nicht gerade zu den Schlankmachern. Sie haben zwar einen hohen Anteil an mehrfach ungesättigten Fettsäuren, aber jede Menge Energie liefern sie dennoch. Also, weniger ist mehr! In der vegetarischen oder auch veganen Ernährung sind sie auch ein wertvoller Lieferant für Eisen, Zink, Selen und Eiweiß. Vorsicht, schmecken Nüsse ranzig, bitter oder schimmelig, sollten Sie die Finger davon lassen. Einige Nüsse, beispielsweise Paranüsse oder Pistazien, können das von Schimmelpilzen gebildete unsichtbare Aflatoxin enthalten. Werfen Sie dann am besten die ganze Portion weg. Achten Sie beim Einkauf auch darauf, dass Nüsse weder mit schwefliger Säure, so wird die Schale der Mandel heller und weicher, noch mit Bleichlauge, so bleibt die Walnuss nach dem Waschen hell, behandelt worden sind. Dunkel und verschlossen in Schraubgläsern halten sich Nüsse 2 – 6 Monate. Je stärker der Verarbeitungsgrad, das heißt geschält, gehobelt, gemahlen oder gehackt, umso kürzer ist die Haltbarkeit. Nüsse lassen sich in jeder Form sehr gut einfrieren.

Bulgur und Paprika mit Hähnchen in Kokosmilch

1 Bund Frühlingszwiebeln, 1 EL Rapsöl, 1 TL Curry, 1 TL Kreuzkümmel, ½ TL Koriander (gemahlen), 220 g Bulgur, 100 ml Gemüsebrühe, 400 ml Kokosmilch, 300 g Hähnchenbrustfilet, Butterschmalz zum Anbraten, 2 EL Sojasauce, 2 rote Paprika, 1 gelbe Paprika, 1 grüne Paprika, Salz, Pfeffer, Koriandergrün

- Frühlingszwiebeln waschen, putzen, in Ringe schneiden. Rapsöl in einer großen hohen Pfanne mit 1 EL Wasser erhitzen, Curry, Kreuzkümmel, Koriander darin kurz anbraten, die Zwiebeln hinzufügen, 2 Min. unter Wenden anschwitzen, Bulgur dazugeben, gut umrühren und mit Gemüsebrühe und Kokosmilch ablöschen, bei mittlerer Hitze zugedeckt ca. 20 Min. garen.
- Das Fleisch waschen, trockentupfen, in feine Streifen schneiden. Butterschmalz erhitzen, das Fleisch von allen Seiten anbraten, mit der Sojasauce ablöschen. Paprika waschen, putzen, in 5 cm lange Streifen schneiden, zu dem Fleisch geben. Zugedeckt bei mittlerer Temperatur 8 Min. garen. Die Fleisch-Paprika-Mischung zum Bulgur geben, mit den Gewürzen abschmecken, 5 Min. durchziehen lassen und servieren.

Das passt dazu
Zucchinifrischkost mit Wintervinaigrette (S. 31).

Zeit sparen
Am Abend vorher: das ganze Gericht zubereiten, schnell herunterkühlen und abgedeckt im Kühlschrank aufbewahren. Zum Erwärmen evtl. etwas Gemüsebrühe zugeben.

Leichte Gemüsesuppe mit Mais

1 Gemüsezwiebel, 2 Knoblauchzehen, 1 rote Paprika, 300 g Kartoffeln, 2 EL Rapsöl, 400 ml Gemüsebrühe, 600 ml Milch, 2 – 3 EL Polenta, 50 ml Sahne, ca. 150 g Brokkoliröschen, 250 g Mais (frisch, aus dem Glas oder TK-Ware), Salz, Pfeffer, Muskatnuss, 100 g Bergkäse oder mittelalter Gouda (gerieben)

- Zwiebel und Knoblauch abziehen und sehr fein würfeln. Paprika und Kartoffeln waschen, putzen, die Paprika grob und die Kartoffel fein würfeln. Rapsöl mit 2 EL Wasser in einem großen Topf erhitzen und das Gemüse 3 Min. darin anbraten. Mit Gemüsebrühe ablöschen und 10 Min. garen.
- Milch dazugeben, Polenta mit der Sahne glatt rühren, hinzufügen, 2 Min. köcheln lassen. Brokkoli waschen, putzen, die groben Strünke würfeln, die Röschen teilen, mit dem Mais in die Suppe geben und weitere 5 Min. garen. Mit den Gewürzen mild abschmecken, die Hälfte des Käses einrühren, die andere Hälfte kurz vor dem Servieren darüberstreuen.

Das passt dazu
Vollkornbaguette mit Kräuterquark und viel Obst zum Nachtisch.

Kürbis und Sellerie vom Blech mit Rosmarin

600 g Sellerie, Saft von 1 Zitrone, Salz, 600 g Hokkaido-Kürbis, 3 EL Olivenöl, Salz, Pfeffer, Zitronenabrieb, Chili, 1 Zweig Rosmarin, 4 Knoblauchzehen, 10 schwarze Oliven ohne Stein, 200 g saure Sahne

- Sellerie bürsten, putzen, evtl. schälen, würfeln (2 × 2 cm) und in wenig Zitronen-Salz-Wasser 2 Min. bissfest dünsten. Mit einem Schaumlöffel herausnehmen, abbrausen, abtropfen lassen.
- Backofen auf 200 Grad vorheizen. Kürbis bürsten, vierteln, entkernen, würfeln (2 × 2 cm). Öl mit den Gewürzen verrühren, mit Sellerie und Kürbis gut vermengen. Rosmarin waschen, trocknen, die Nadeln abziehen, Knoblauch abziehen, halbieren, beides unter das Gemüse mischen.
- Die Gemüsemischung auf ein Blech verteilen und ca. 25 Min. backen. Oliven mit der sauren Sahne pürieren und zu dem Gemüse servieren.

Das passt dazu
Pellkartoffeln und Blattsalat mit Fenchel und gerösteten Sonnenblumenkernen in Oranger Salatsauce (S. 31).

Zeit sparen
Für morgen: Pellkartoffeln zusätzlich garen, abkühlen lassen und im Kühlschrank aufbewahren.

OKTOBER

Seelachsfilet mit Joghurt-Minze-Sauce

300 g Tomaten, 1 Salatgurke, 250 g Joghurt, 1 TL Kreuzkümmel, 1 TL Senfkörner, Salz, Pfeffer, 1 Bund Minze, ca. 600 g Seelachsfilet, Saft von 1 Zitrone, Butterschmalz zum Anbraten

▌ Tomaten und Gurke waschen, putzen, sehr fein würfeln und mit dem Joghurt vermischen. Kreuzkümmel und Senfkörner trocken in einer Pfanne anrösten, im Mörser zermahlen, mit Salz und Pfeffer unter den Joghurt ziehen.

▌ Minze waschen, trocknen, sehr fein schneiden, ebenfalls untermischen, die Joghurt-Minze-Sauce mindestens 30 Min. kalt stellen.

▌ Seelachsfilet waschen, trockentupfen, säubern, mit Zitronensaft beträufeln und mit Salz und Pfeffer würzen. Das Fischfilet in Butterschmalz braten und mit der Joghurt-Minze-Sauce servieren.

Das passt dazu
Bratkartoffeln, Möhrenfrischkost mit Oranger Salatsauce (S. 31) und Walnüssen.

Zeit sparen
Am Abend vorher: Joghurt-Minze-Sauce vorbereiten, abgedeckt im Kühlschrank aufbewahren.

Kleinigkeit
Walnuss-Orangen-Parfait

150 g Walnüsse sehr fein mahlen und mit 500 ml geschlagener Sahne, 80 g Orangenfruchtaufstrich, 1 EL Honig und Zitronenabrieb vermengen. In 4 – 6 Portionsförmchen oder Tassen füllen und mindestens 2 Stunden durchfrieren lassen. Mit Orangenfilets garniert servieren.

Pfannkuchen mit Birnen und Mandel-Schoko-Streusel

1 Grundrezept Pfannkuchenteig (S. 28), 2–3 Birnen, Saft von 1 Zitrone, 1 EL Honig, 1 cm Ingwer (gerieben), 50 g Mandeln, 50 g dunkle Schokolade, Butterschmalz zum Ausbacken

▌ Pfannkuchenteig nach Grundrezept herstellen und quellen lassen. Birnen waschen, vierteln, entkernen und in Spalten schneiden. Zitronensaft mit Honig und Ingwer verrühren und die Birnenspalten damit beträufeln.

▌ Mandeln hacken und ohne Fett in einer Pfanne rösten, abkühlen lassen. Schokolade hacken oder grob reiben und mit den Mandeln mischen. Backofen auf 60 Grad vorheizen.

▌ Fett in einer Pfanne erhitzen und $1/2$ Suppenkelle Teig mit einer drehenden Bewegung gleichmäßig in der Pfanne verteilen, mit Birnenspalten belegen und zugedeckt bei mittlerer Hitze ca. 3 – 5 Min. backen. Den Pfannkuchen wenden und weitere 5 Min. backen. Im Backofen warm halten. Restlichen Teig ausbacken. Mit Mandel-Schoko-Streuseln bestreut servieren.

Das passt dazu
Als Vorspeise eine Rote-Bete-Suppe.

Zeit sparen
Am Abend vorher: Mandel-Schoko-Streusel zubereiten, abgedeckt aufbewahren. Am Morgen: Pfannkuchenteig zubereiten, abgedeckt im Kühlschrank aufbewahren.

Tomaten-Mozzarella überbacken

1 kg Tomaten, 300 g Mozzarella, ca. 300 g Weizenvollkornbaguette bzw. -brötchen, ca. 60 g Pesto, Salz, Pfeffer, frisches Basilikum

▌ Tomaten waschen, putzen und in Scheiben schneiden. Backofen auf 200 Grad vorheizen. Mozzarella und das Brot in Scheiben schneiden. Das Brot mit Pesto dünn bestreichen.

▌ Tomaten-, Mozzarella- und Brotscheiben dachziegelartig in eine Auflaufform legen, mit Salz und Pfeffer würzen. Den Auflauf 20 Min. backen und mit frischen Basilikumblättern garnieren.

Das passt dazu
Ein Salat aus Kichererbsen (aus dem Glas), gelber und roter Paprika mit Oranger Salatsauce (S. 31).

Zeit sparen
Am Abend vorher: Pesto zubereiten.

EINKAUFSLISTE

Frisch dazukaufen

- 1,5 kg Fenchel, 8 Tomaten, 350 g Crème-Champignons, 2 Gemüsezwiebeln, 1 kg Kürbis, 800 g Rote Bete
- 1 Zweig Thymian, 1 Bund Basilikum
- 4 Zitronen, 4 cm Ingwer
- 500 ml Milch, 200 g Crème fraîche, 200 g Quark, 100 g Parmesan, 150 g Feta, 80 g Pecorino, 70 g Butter
- 250 ml Apfelsaft, 4 getrocknete Aprikosen, 250 g Kichererbsen aus dem Glas, Kapern, 2 – 4 Safranfäden, 2 Scheiben Vollkornbrot, 500 g Lammfilet, 3 Eier

Aus dem Vorrat

- feine Haferflocken, 250 g Weizenvollkornmehl, 250 g Vollkornrundkornreis
- Kartoffeln, Knoblauch, Zwiebeln
- Kürbiskerne, Walnüsse, Mandeln, Sesam
- Curry, Kreuzkümmel, Kümmel, Paprika edelsüß, Gemüsebrühe
- Tomatenmark, Honig
- Olivenöl, Rapsöl, Kürbiskernöl, Walnussöl

Mögliche Beilagen

- Blattsalat, Paprika, Avocado, Feldsalat, Fenchel, Knoblauch
- Äpfel, Birnen, Pflaumen
- Walnüsse
- Bulgur, Vollkornspaghetti, Rosinen, Parmesan
- Sommervinaigrette (S. 31), Wintervinaigrette (S. 31)

3 WOCHE

Fenchel macht feste Knochen – dank Kalzium

Fenchel ist nicht jedermanns Sache, genauso wie Anis nicht jedermanns Sache ist. Doch sein Aroma harmoniert prima mit kräftigem Käse, z. B. Manchego oder mit Zitrusfrüchten, z. B. filetierten Grapefruits oder Blutorangen. Dazu reichlich frisch gemahlenen schwarzen Pfeffer und Olivenöl, und schon ist eine feine Vorspeise gezaubert.

Steckbrief Fenchel

Beheimatet in den Mittelmeerländern versucht der Fenchel seit gut 30 Jahren, den deutschen Markt zu erobern. Die weiße 150 – 300 g schwere Knolle trifft aufgrund ihres leicht süßlichen Anisgeschmacks nicht auf jedermanns Sympathie. In der Babyernährung allerdings hat Fenchel wegen seines Gehalts an Eisen, Kalzium, Vitamin C, Vitamin E und Folsäure seinen festen Platz. Fenchelknollen müssen hell, fest und ohne braune Druckstellen sein. Das Fenchelkraut, das sich prima zum Würzen eignet, sollte kräftig grün aussehen. So hält sich der Fenchel in einem Tiefkühlbeutel locker verpackt bzw. in einer Kunststoffdose gut 1 Woche frisch. Sie können Fenchel roh prima einfrieren.

OKTOBER

Fenchel mit Tomaten-Parmesan-Kruste

4 Fenchelknollen (ca. 800 g), Salz, 100 g Tomatenmark, 2 EL Olivenöl, 1 – 2 EL Honig oder Zucker, 2 Tomaten, Pfeffer, Thymian, 2 Scheiben Vollkornbrot oder -toast, 100 g Parmesan (gerieben), 2 EL Olivenöl

■ Fenchel waschen, vierteln, den unteren Teil des Strunks herausschneiden und mit einem Küchenmesser die äußeren festen Haare vom Strunk in Richtung Fenchelgrün abziehen. Fenchelgrün abschneiden, waschen, trocknen und beiseite legen.

■ Fenchelviertel in wenig Salzwasser ca. 8 – 10 Min. bissfest dünsten bzw. dämpfen. Das Gemüse mit einem Schaumlöffel herausnehmen, mit kaltem Wasser abschrecken und in eine Auflaufform legen. Backofen auf 180 Grad vorheizen.

■ Tomatenmark, Öl und Honig in das Gemüsewasser einrühren, und 1-mal aufkochen lassen. Tomaten waschen, putzen, sehr klein würfeln und zur Tomatensauce geben, mit Salz, Pfeffer und Thymian abschmecken.

■ Das Brot mit den Händen sehr fein zerkrümeln, mit Parmesan und Öl vermischen. Erst die Tomatensauce, dann die Parmesan-Brotkrümel über den Fenchel geben. Das Gemüse etwa 25 Min. überbacken. Das Fenchelgrün fein hacken und den Auflauf damit garnieren.

Das passt dazu
Bulgur mit Blattsalat mit Paprika und Sommervinaigrette (S. 31).

Zeit sparen
Am Morgen: Bulgur 5–10 Min. garen, zugedeckt ohne Hitzezufuhr ausquellen lassen.

Champignonsalsa mit Backofenkartoffeln

350 g Crème-Champignons, 1 EL Olivenöl, 2 Tomaten (ca. 200 g), Kräutersalz, Pfeffer, Zitronensaft, 1 Bund Basilikum, 2 Knoblauchzehen, 40 g feine Vollkornhaferflocken, 200 g Quark, 1,2 kg Kartoffeln, 2 EL Olivenöl, 1 TL Paprika edelsüß, 2 EL Sesam

■ Champignons trocken mit Küchenkrepp abreiben, putzen, vierteln. Olivenöl in einer Pfanne mit 1 EL Wasser erhitzen, die Champignons darin 2 Min. anbraten. Tomaten waschen, putzen, vierteln und weitere 2 Min. mitbraten, mit Kräutersalz, Pfeffer und Zitronensaft abschmecken, in eine Schüssel geben und abkühlen lassen.

■ Basilikum waschen, trocknen, zupfen, Knoblauch abziehen, beides mit Haferflocken und Quark unter die Champignons rühren und grob pürieren. Kalt stellen. Backofen auf 200 Grad vorheizen. Kartoffeln bürsten, der Länge nach vierteln bzw. achteln. Olivenöl mit Paprika und Sesam verrühren und mit den Kartoffeln vermischen, auf ein mit Backpapier ausgelegtes Blech verteilen und ca. 30 Min. backen. Zu der Champignonsalsa servieren.

Das passt dazu
Ein gemischter Blattsalat mit Paprika und Avocado mit Sommervinaigrette (S. 31).

Lammcurry mit Kürbis

500 g Lammfilet, 1 Gemüsezwiebel, 3 Knoblauchzehen, Butterschmalz zum Anbraten, 1 – 2 cm Ingwer gerieben, 1 TL Curry, Salz, Pfeffer, 500 ml Gemüsebrühe, 500 g Kartoffeln, 500 g Kürbis, Zitronenabrieb, 10 Mandeln, 4 getrocknete Aprikosen

▌ Das Fleisch waschen, trockentupfen und in 3 cm große Würfel schneiden. Gemüsezwiebel und Knoblauch abziehen und fein würfeln. Butterschmalz in einem großen Topf erhitzen, das Fleisch, die Zwiebel und den Knoblauch darin anbraten. Mit Ingwer, Curry, Salz und Pfeffer würzen. Mit der Brühe ablöschen und ca. 30 Min. zugedeckt bei mittlerer Temperatur garen.

▌ Kartoffeln schälen, Kürbis bürsten, entkernen, beides fein würfeln. Erst die Kartoffeln hinzufügen und 10 Min. später den Kürbis für weitere 10 Min. mitgaren. Mit Salz, Pfeffer und Zitronenabrieb abschmecken. Mandeln grob hacken, Aprikosen in feine Streifen schneiden und den Eintopf damit garnieren.

Das passt dazu
Frisches Roggenbrot und ein bunter Obstteller mit Äpfeln, Pflaumen, Birnen, Rosinen.

Zeit sparen
Am Abend vorher: Lammeintopf zubereiten, nach der Zugabe von dem Kürbis noch 3 Min. garen, schnell herunterkühlen, zugedeckt im Kühlschrank aufbewahren. Evtl. mit etwas zusätzlicher Gemüsebrühe aufwärmen.

Fenchelsalat mit Kichererbsen

2 – 3 Fenchelknollen (ca. 700 g), 3 – 4 Tomaten (300 g), Saft von 1 Zitrone, 3 EL Olivenöl, 1 EL Walnussöl, Salz, Pfeffer, Kreuzkümmel gemahlen, Honig, 250 g Kichererbsen aus dem Glas, 60 g Walnusshälften

▌ Fenchel waschen, putzen, vierteln, den groben Strunk herausschneiden, mit einem Küchenmesser die äußeren festen Haare vom Strunk in Richtung Fenchelgrün abziehen. Das Fenchelgrün waschen, trocknen, beiseite legen.

▌ Fenchel in feine Streifen schneiden und in wenig Salzwasser ca. 2 Min. dünsten, mit einem Schaumlöffel herausnehmen, abbrausen, abtropfen lassen. Gemüsewasser aufbewahren. Tomaten waschen, putzen, achteln, die Tomatenkerne entfernen und aufbewahren, das Fruchtfleisch in Streifen schneiden, mit dem Fenchel vermengen.

▌ 100 ml Gemüsewasser abmessen und mit Tomatenkernen, Zitronensaft, Olivenöl, Walnussöl und den Gewürzen gut durchpürieren, über das Gemüse geben. Kichererbsen abtropfen lassen, untermischen. Walnusshälften trocken in einer Pfanne anrösten, untermischen. Das Fenchelgrün fein schneiden, über den Salat streuen.

Das passt dazu
Vollkornspaghetti mit Öl, Knoblauch und Parmesan.

Zeit sparen
Am Abend vorher: Fenchelsalat zubereiten, abgedeckt im Kühlschrank aufbewahren, 1 Stunde vor dem Essen aus dem Kühlschrank nehmen und die Walnusshälften darüberstreuen. Für die **Kleinigkeit**: Walnusshälften zusätzlich rösten.

OKTOBER

Pfannkuchenlasagne mit Rote-Bete-Füllung

1 Grundrezept Pfannkuchenteig (S. 28), ca. 800 g Rote Bete, 1 Gemüsezwiebel, 1 EL Rapsöl, Salz, Pfeffer, Kümmel gemahlen, Kapern, 200 g Crème fraîche, Butterschmalz für die Form, 150 g Feta, grob gerieben

▌ Pfannkuchenteig nach Grundrezept herstellen. Rote Bete bürsten, putzen, grob raspeln. Zwiebel abziehen, würfeln. Rapsöl in einer Pfanne mit 1 EL Wasser erhitzen, die Zwiebel darin anschwitzen, Rote Bete hinzufügen, zugedeckt bei kleiner Hitze 3 Min. dünsten.

▌ Backofen auf 180 Grad vorheizen. Gewürze, Kapern und Crème fraîche mit der Roten Bete vermischen. Pfannkuchen portionsweise ausbacken und entsprechend der Größe der Auflaufform zuschneiden. Pfannkuchen abwechselnd mit der Roten Bete und dem Feta in eine gefettete Form schichten, mit Pfannkuchen abschließen. Ca. 25 Min. backen.

Das passt dazu

Feldsalat mit Birne, Wintervinaigrette (S. 31) und Walnüssen.

Zeit sparen

Am Abend vorher: Pfannkuchen zubereiten und kühl aufbewahren. Für die **Kleinigkeit**: ein paar Pfannkuchen zusätzlich zubereiten.

Kleinigkeit
Wraps mit Birnenquark

2 Birnen grob raspeln, mit Quark, Zitronensaft und Honig vermischen. Geröstete Walnüsse unterziehen, die Pfannkuchen damit bestreichen und aufrollen.

Risotto mit Apfelsaft und Kürbis

2 Zwiebeln, 20 g Butter, 1 TL Curry mild, 2 – 4 Safranfäden, 250 ml Apfelsaft, 250 g Vollkornrundkornreis oder Risottoreis, 500 g Hokkaido-Kürbis, Salz, Pfeffer, frisch geriebener Ingwer, 50 g Kürbiskerne, 80 g Pecorino (gerieben), 1 – 2 EL Kürbiskernöl, Zitronenabrieb

▌ Zwiebeln abziehen, sehr fein würfeln. Butter mit 2 EL Wasser in einem großen hohen Topf erhitzen, Curry und Safran einrühren, die Zwiebeln kurz andünsten. Apfelsaft mit ca. 750 ml Wasser erhitzen. Reis zu den Zwiebeln geben und 1 – 2 Min. wenden, bis die Reiskörner mit dem Fett überzogen sind.

▌ Ca. 2 Suppenkellen von dem heißen verdünnten Apfelsaft angießen, umrühren und warten, bis die Flüssigkeit ganz aufgenommen ist. Diesen Vorgang mehrere Male wiederholen, bis der Reis gar und cremig ist.

▌ Kürbis waschen, bürsten, vierteln, entkernen und in sehr kleine Würfel schneiden. Kürbiswürfel zu dem Reis geben und 6 – 8 Min. mitgaren. Mit Salz, Pfeffer und Ingwer abschmecken. Kürbiskerne trocken in einer Pfanne rösten und unter das Risotto ziehen, Pecorino einrühren, mit Kürbiskernöl beträufeln und mit Zitronenabrieb garnieren.

Das passt dazu

Feldsalat mit Fenchel, Apfel und Wintervinaigrette (S. 31).

EINKAUFSLISTE

Frisch dazukaufen

- 1,4 kg Fenchel, 1 rote, 2 grüne Paprika, 700 g Rote Bete, 1 Gemüsezwiebel, 800 g Hokkaido-Kürbis
- 15 Salbeiblätter
- 2 Zitronen
- 100 g saure Sahne, 250 ml Sahne, 200 g Feta, 50 g Parmesan, 50 g Butter
- 4 getrocknete Tomaten, 200 g Vollkornlasagneplatten, 300 g Putenfilet, 6 Eier, 8 – 10 Holzspieße

Aus dem Vorrat

- 150 g Hartweizengrieß, Polenta, Maismehl, Weizenvollkornmehl, Paniermehl
- Kartoffeln, Knoblauch, Zwiebeln
- Sonnenblumenkerne
- Curry, Paprika edelsüß, Gemüsebrühe, Kümmel
- Tomatenmark, Sojasauce, Meerrettich, weißer Balsamessig
- Olivenöl, Rapsöl

Mögliche Beilagen

- Feldsalat, Champignons, Brokkoli, Kürbis, Fenchel, Kräuter, Avocado, Kartoffeln
- Obst, Birnen
- Maismehl, Bergkäse, Quark
- Walnusseis
- Wintervinaigrette (S. 31)

WOCHE

Beta-Carotin im Feldsalat schützt vor Freien Radikalen

Sein sehr mildes und nussiges Aroma passt zu vielem, was Würze mitbringt. Geröstete Speckwürfelchen, ein kräftiges Kartoffeldressing und Walnüsse oder auch geräucherter Fisch. Ab Oktober bis weit in das neue Jahr hinein bereichert dieser wunderbare Wintersalat die Küche.

Steckbrief Feldsalat

Erst seit 100 Jahren wird Feldsalat kultiviert. Früher wuchs das heute als „Luxussalat" angesehene Kraut aus der Familie der Baldriangewächse zwischen den Wintergetreiden. So wird heute der Feldsalat auch Ackerlattich oder Ackersalat genannt. Die Bezeichnungen Mäuseöhrchen und Nusslisalat lassen eher auf Aussehen und Geschmack schließen. Die 3 – 5 cm langen dunkelgrünen, am Stiel zusammengewachsenen Blätter haben es in sich. Sie sind, was die Nährstoffe angeht, unter den Blattsalaten einzigartig! Besonders erwähnenswert ist das Provitamin A, Vitamin C sowie Vitamin B_6 und Folsäure. Je kleiner, kräftiger und grüner das Blatt, desto intensiver ist sein Nussaroma. Beim Einkauf sollten Sie darauf achten, dass die Blätter fest und grün sind und an der Wurzel keine faulen Blättchen hängen. Als ganze Feldsalatrosette gewaschen und trocken geschleudert, locker in einem Tiefkühlbeutel oder einer Kunststoffdose verpackt, hält sich der Salat 1 Woche im Kühlschrank.

Beta-Carotin im Feldsalat schützt vor Freien Radikalen

Tomaten-Grieß-Klößchen mit Salbei und Fenchelgemüse

1 TL Kräutersalz, 75 ml Olivenöl, 150 g Hartweizenvollkorngrieß, 75 g Polenta, 3 Eier, 4 getrocknete Tomaten, 40 g Tomatenmark, 50 g Parmesan (gerieben), 500 ml Gemüsebrühe, 15 Salbeiblätter, 2 Knoblauchzehen, 30 g Butter, 750 g Fenchel, 50 ml Sahne, 1 EL Maismehl

- 375 ml Wasser, Kräutersalz und Öl in einem Topf zugedeckt kurz aufkochen lassen. Grieß und Polenta auf einmal in die kochende Flüssigkeit geben und den Teig bei voller Hitzezufuhr unter kräftigem Rühren etwa 2 Min. lang „abbrennen". Der Teig löst sich dabei als Kloß vom Topf und ein weiß-gräulicher Belag überzieht den Topfboden.
- Den Teig in eine Rührschüssel geben, auseinanderreißen, sodass er etwas auskühlt. Die Eier verquirlen und sehr langsam unter den Teig rühren, bis eine glatte Masse entsteht. Die Tomaten fein würfeln, mit Tomatenmark und Parmesan unter den Teig kneten.
- Gemüsebrühe aufkochen, mit 2 nassen Teelöffeln Klößchen abstechen, in der leicht köchelnden Brühe zugedeckt 10 Min. garen. Mit einem Schaumlöffel herausnehmen. Gemüsebrühe aufbewahren. Salbei waschen, trocknen, Knoblauch abziehen, in Scheiben schneiden, Butter mit 2 EL Gemüsebrühe erhitzen, Salbei darin anbraten, die Klößchen und den Knoblauch darin schwenken.
- Fenchel waschen, putzen, vierteln, den groben Strunk herausschneiden, mit einem Küchenmesser die äußeren festen Haare vom Strunk in Richtung Fenchelgrün abziehen. Fenchelviertel in der Gemüsebrühe bissfest garen. Sahne mit Maismehl verrühren, das Fenchelgemüse damit abbinden, zu den Tomaten-Grieß-Klößchen servieren.

Das passt dazu
Feldsalat mit Champignons und Wintervinaigrette (S. 31).

Zeit sparen
Am Abend vorher: Grießklößchen zubereiten, abkühlen lassen und gut verpackt kühl lagern.

Kartoffelschmarrn

1,3 kg Kartoffeln, 2 – 3 kleine Zwiebeln, 1 Ei, 1 EL Paniermehl, Salz, Pfeffer, Kümmel oder Schabzigerklee, 2 – 4 EL Rapsöl

- Kartoffeln schälen, sehr fein raspeln und gut ausdrücken. Zwiebeln abziehen, sehr fein würfeln und mit Ei, Paniermehl und den Gewürzen unter die Kartoffeln kneten.
- Öl in einer großen Pfanne erhitzen, die Kartoffelmasse darin anbraten und unter ständigem Wenden und Zerpflücken, am besten mit 2 Kochlöffeln, garen. Es sollten sich möglichst viele Krüstchen bilden.

Das passt dazu
Brokkoli in Béchamel-Käse-Sauce (S. 30) und Kürbis-Fenchel-Frischkost mit Wintervinaigrette (S. 31).

Putenfiletspieße

*8 – 10 Holzspieße, 300 g Putenfilet,
2 EL Sojasauce, 2 Fenchelknollen,
1 rote Paprika, 2 EL weißer Balsamessig,
3 EL Olivenöl, ½ TL Paprikapulver edelsüß, Salz, Pfeffer*

▎ Die Holzspieße in Wasser einweichen,
so verbrennen sie nicht. Putenfilet waschen, trockentupfen, in mundgerechte Würfel schneiden, auf einen Suppenteller legen und in der Sojasauce
abgedeckt mindestens 1 Stunde lang
marinieren.

▎ Fenchel waschen, putzen und mit einem Küchenmesser die äußeren festen
Haare vom Strunk in Richtung Fenchelgrün abziehen. Jede Knolle in 8 Stücke
schneiden und 5 – 8 Min. in wenig Wasser dünsten oder dämpfen. Mit einem
Schaumlöffel herausnehmen, abbrausen, abtropfen lassen. Das Gemüsewasser für die Kleinigkeit aufbewahren.

▎ Paprika waschen, putzen und in mundgerechte Stücke schneiden. Essig, Öl und
die Gewürze verrühren und das Gemüse darin 20 Min. marinieren. Backofen
auf 220 Grad vorheizen. Fleisch, Fenchel
und Paprika abwechselnd aufspießen,
auf ein mit Backpapier ausgelegtes
Backblech legen. Die Spieße ca. 20 Min.
backen. Gelegentlich drehen.

Das passt dazu
Pellkartoffeln mit Kräuter-Avocado-
Quark.

Zeit sparen
Am Abend vorher: das Fleisch marinieren und in einer mit einem Teller abgedeckten Porzellanschüssel im
Kühlschrank aufbewahren. Für morgen:
Pellkartoffeln zusätzlich garen, herunterkühlen und verpackt kühl stellen.

Rote Bete mit Sonnenblumenkernkruste und Meerrettichsahne

*2 – 3 Rote Bete (ca. 700 g), Saft von 1 Zitrone, Salz, ca. 30 g Weizenvollkornmehl, 2 Eier,
Pfeffer, Kümmel (gemahlen), 30 – 40 g Paniermehl, 30 – 40 g Sonnenblumenkerne, Butterschmalz zum Anbraten, 100 ml Sahne, 100 g saure Sahne, Meerrettich, Zitronenabrieb*

▎ Die zarten Blätter der Roten Bete abschneiden, waschen, trocknen. Rote Bete bürsten,
putzen und in 1½ cm dicke Scheiben schneiden (Achtung: Handschuhe anziehen!),
in wenig Zitronen-Salz-Wasser 8 Min. bissfest dünsten bzw. dämpfen. Mit einem
Schaumlöffel herausnehmen, kalt abbrausen, abtropfen lassen.

▎ 3 Suppenteller bereitstellen, in den 1. das Mehl geben, in dem 2. die Eier mit Salz,
Pfeffer und Kümmel verquirlen und im 3. Paniermehl mit Sonnenblumenkernen vermischen. Rote-Bete-Scheiben erst in Mehl wenden, dann durch das Ei ziehen, zuletzt
im Paniermehl wälzen.

▎ Butterschmalz in einer Pfanne erhitzen und die Rote-Bete-Scheiben darin goldbraun
braten. Sahne halbsteif schlagen, saure Sahne kurz mit aufschlagen, mit Salz, Meerrettich und Zitronenabrieb abschmecken. Sahne zu der Roten Bete servieren, kleinge-
schnittene Blätter der Roten Bete darüberstreuen.

Das passt dazu
Bratkartoffeln mit Kümmel und Feldsalat mit Birne und Wintervinaigrette (S. 31).

Kleinigkeit
Eier in Kräuter-Senf-Sauce

4 Eier hart kochen, pellen. Ca. 200 ml Gemüsewasser aufkochen, 1 EL Maismehl mit
50 ml Sahne glatt rühren, zu dem Gemüsewasser geben und unter Rühren 2 – 3 Min.
köcheln lassen. 1 Bund Schnittlauch und ½ Bund Petersilie kleingeschnitten mit 1 TL
Senf unterziehen. Mit Pfeffer, Salz und Zitronensaft abschmecken. Die Eier in die Sauce
geben. Zu frischem Roggenbrot servieren.

OKTOBER

Herbstlasagne

1 Gemüsezwiebel, 2 Knoblauchzehen, 20 g Butter, 1 Hokkaido-Kürbis (ca. 800 g), 100 ml Wasser, 100 ml Sahne, 1 TL Curry mild, Salz, Pfeffer, weißer Balsamessig, 2 grüne Paprika, 200 g Feta, 200 g Lasagneplatten, Butterschmalz für die Form

■ Zwiebel und Knoblauchzehen abziehen und würfeln. Butter mit 2 EL Wasser in einem Topf erhitzen, Zwiebel und Knoblauch darin glasig dünsten.

■ Den Kürbis waschen, entkernen, in grobe Würfel schneiden, kurz mit anschwitzen. Wasser und Sahne angießen und alles zugedeckt ca. 10 – 15 Min. garen.

■ Anschließend pürieren und kräftig mit den Gewürzen abschmecken. Backofen auf 180 Grad vorheizen. Paprika waschen, putzen und in 0,5 cm große Würfel schneiden. Feta grob reiben.

■ Kürbispüree, Paprikawürfel, Feta und Lasagneplatten abwechselnd in eine gefettete Auflaufform schichten, mit dem Käse abschließen. Ca. 45 Min. backen.

Das passt dazu
Feldsalat mit Wintervinaigrette (S. 31) und ein herbstlicher Obstsalat mit Walnusseis.

178

Herbstliche Kürbisrezepte

Gerade der Hokkaido-Kürbis enthält deutlich mehr Nährstoffe und Energie als die gelben, bis zu 20 Kilo schweren Gartenkürbisse. In ihm stecken mehr Kohlenhydrate – ähnlich viel wie in Erbsen oder Zuckermais. Daher eignet er sich auch besonders gut für alle Rezepte, die eine süße Komponente haben – z.B. als Chutney. Und durch seine enthaltene Stärke bekommt der Kürbis im Backofen eine schöne Kruste.

Kürbis-Apfel-Chutney mit Aprikosen

500 g Hokkaido-Kürbis, 300 g Boskoop-Äpfel, 4 cm Ingwer, 10 getrocknete Aprikosen, 300 g Honig, 120 ml weißer Balsamessig, Salz, Zitronenabrieb

▌ Kürbis bürsten, vierteln, entkernen, fein würfeln. Äpfel waschen, vierteln, entkernen, würfeln. Ingwer schälen, würfeln, Aprikosen vierteln. Kürbis, Äpfel, Ingwer und Aprikosen mit 300 ml Wasser und dem Honig verrühren, ca. 30 Min. köcheln lassen.

▌ Essig und die Gewürze dazugeben, offen weitere 10 Min. einkochen lassen, heiß in Schraubgläser abfüllen und verschließen, der Deckel sollte sich nach einigen Min. nach innen wölben, so hält sich das Chutney einige Monate.

Das passt dazu:
Raclette, Fondue, alter Gouda oder Roquefort oder Wild. Ideal auch zum Verfeinern von Rotkohl und Wirsinggemüse.

Kürbischips aus dem Backofen

1 kg Hokkaido-Kürbis, 2 Knoblauchzehen, 2 cm Ingwer, 2 EL Sojasauce, 4 EL Rapsöl

▌ Kürbis bürsten, vierteln, entkernen und in 2 cm dicke Scheiben schneiden. Backofen auf 220 Grad vorheizen. Knoblauch und Ingwer abziehen, fein würfeln und mit Sojasauce und Rapsöl verrühren.

▌ Kürbisscheiben rundherum mit der Marinade einstreichen, auf ein mit Backpapier ausgelegtes Backblech legen, Temperatur auf 200 Grad reduzieren und 15 Min. backen. Die Kürbisscheiben wenden und weitere 10–15 Min. backen.

Das passt dazu
Kurz gebratenes Fleisch, Joghurt-Schafkäse-Dip oder ein großer bunter Salat.

Kürbis-Orangen-Suppe

1 kg Hokkaido-Kürbis, 1 Gemüsezwiebel, 20 g Butter, 1 TL Curry mild, Saft von 2 Orangen, ca. 400 ml Gemüsebrühe, 3 cm Ingwer, Salz, Pfeffer, Honig, 100 ml Sahne, 1 Orange

▌ Kürbis bürsten, vierteln, entkernen, 100 g zur Seite legen, den Rest würfeln. Zwiebel abziehen, würfeln. Butter mit 2 EL Wasser in einem großen Topf erhitzen, Curry einrühren, Zwiebel- und Kürbiswürfel darin anschwitzen, mit Orangensaft ablöschen und die Gemüsebrühe angießen.

▌ Ingwer schälen, würfeln, dazugeben und ca. 8 Min. köcheln lassen, pürieren und mit den Gewürzen abschmecken. Evtl. etwas Wasser dazugeben. Sahne schlagen, Orange filetieren, restlichen Kürbis grob raspeln. Zuerst die Kürbisraspel einrühren, 2 Min. ziehen lassen, dann die Sahne locker unterziehen, mit Orangenfilets garniert servieren.

Das passt dazu
Geröstetes Vollkornbaguette.

WOCHE

Frisch dazukaufen

- 1,2 kg Steckrüben, 500 g Fenchel, 500 g Möhren, 2 Gemüsezwiebeln, 800 g Hokkaido-Kürbis, 150 g Sellerie, 8 – 10 Rotkohlblätter, 100 g Petersilienwurzeln
- 2 Zitronen, 2 Äpfel, 1 Orange, 1 cm Ingwer
- 200 g saure Sahne, 100 g Schmand, 60 ml Sahne, 250 g Quark, 100 g Ziegenfrischkäse, 150 g Bergkäse, 90 g Butter
- 2 Scheiben Weizenvollkornbrot, 150 g Räucherlachs, 3 Eier, Zahnstocher

Aus dem Vorrat

- 150 g Hirse, 150 g Bulgur, Maismehl, 200 g Puy-Linsen
- Knoblauch, Zwiebel
- Haselnüsse, Kürbiskerne, Walnüsse
- Curry, Piment, Nelke, Kreuzkümmel, Gemüsebrühe
- Honig, weißer Balsamessig, Meerrettich
- Olivenöl, Kürbiskernöl

Mögliche Beilagen

- Feldsalat, Endiviensalat, Chicorée, Avocado, Kartoffeln
- Äpfel, Mandarinen
- Vollkornfarfalle, Vanille, Honig
- Lammfilet, Quark
- Wintervinaigrette (S. 31), Weiße Salatsauce (S. 31)

Altes Gemüse neu entdeckt

Steckrüben liefern von allen Wurzelarten die geringste Energie und eignen sich sehr gut für Eintöpfe. Früher waren Steckrüben als Arme-Leute-Essen bekannt, heute haben sie sich einen festen Platz in der Vollwertküche und auch in der Gourmetküche erobert.

Steckbrief **Steckrübe**

Die bis zu 1,5 kg schwere Rübe mit der gelblich weißen bis grün-violetten rauen Schale und dem gelblichen Fleisch hatte viele Jahre einen schlechten Stand, auch weil sie seit jeher ans Vieh verfüttert wird. Mit ihrem leicht erdigen und dennoch süßen Geschmack liefert diese dicke Wurzel jedoch jede Menge Ballaststoffe, Vitamine und Mineralstoffe. Aufgrund der vielseitigen Verwendung und der guten Lagerfähigkeit hat die Steckrübe heutzutage selbst in Gourmet-Restaurants eine Chance bekommen.

Glasierte Steckrübe mit Ziegenfrischkäse

800 g Steckrübe, Salz, 30 g Butter, 4 EL Honig, Saft von 1 Orange, Pfeffer, Ingwer, Butterschmalz für die Form, 100 g Ziegenfrischkäse, 2 Scheiben Weizenvollkorntoast

▌ Steckrübe waschen, putzen und in 1,5 cm große Würfel schneiden. In wenig Salzwasser. 6–8 Min. bissfest dünsten bzw. dämpfen. Backofen auf 200 Grad vorheizen. Gemüse mit einem Schaumlöffel herausnehmen, abbrausen, abtropfen lassen. Das Gemüsewasser aufbewahren.

▌ Butter in einem großen Topf erhitzen, 2–3 EL Honig, Orangensaft, Salz, Pfeffer und Ingwer einrühren. Steckrübenwürfel dazugeben und 2–3 Min. glasieren. Nochmals abschmecken und in eine gefettete Auflaufform legen.

▌ Ziegenfrischkäse und Toast zerbröckeln und über das Gemüse streuen, 10–15 Min. überbacken. 1 EL Honig über den Käse träufeln.

Das passt dazu
Pellkartoffeln, Feldsalat mit Wintervinaigrette (S. 31) und kurz gebratenes Lamm- oder Rinderfilet.

Zeit sparen
Für morgen: Pellkartoffeln zusätzlich garen, kühl aufbewahren.

Kleinigkeit
Hirseaufstrich mit Avocado

1 reife Avocado mit dem Saft von 1 Zitrone zerkneten, mit Hirse und in Würfel geschnittenen getrockneten Tomaten vermischen. Mit Kräutersalz, Basilikum und 1 TL Olivenöl abschmecken.

Fenchel-Möhren-Gemüse mit Walnusssauce

500 g Fenchel, 500 g Möhren, 1 Gemüsezwiebel, 20 g Butter, 100 ml Gemüsebrühe, Salz, Pfeffer, 60 g Walnüsse, 200 g saure Sahne, Honig, Curry, Zitronenabrieb

▌ Fenchel waschen, putzen, vierteln, den groben Strunk herausschneiden, mit einem Küchenmesser die äußeren festen Haare vom Strunk in Richtung Fenchelgrün abziehen, achteln. Möhren bürsten, putzen, in 3–4 cm dicke schräge Scheiben schneiden. Zwiebel abziehen, grob würfeln.

▌ Butter mit 2 EL Wasser erhitzen, das Gemüse darin anschwitzen und mit 100 ml Gemüsebrühe ablöschen, ca. 8–10 Min. bissfest dünsten. Mit Salz und Pfeffer abschmecken. Walnüsse grob hacken, mit saurer Sahne, Salz, Honig, Curry und Zitronenabrieb verrühren, zu dem Gemüse servieren.

Das passt dazu
Bratkartoffeln und Endiviensalat mit Äpfeln und Wintervinaigrette (S. 31).

Kürbisauflauf mit Hirse

150 g Hirse, 300 ml Gemüsebrühe, 800 g Hokkaido-Kürbis, 2 EL Kürbiskernöl, 2 Knoblauchzehen, Salz, Pfeffer, Zitronensaft, 3 Eier, 250 g Quark, 60 g Kürbiskerne, 150 g Bergkäse (gerieben), Butterschmalz für die Form

▌ Hirse heiß abwaschen, mit der Gemüsebrühe aufsetzen und 5–10 Min. köcheln, zugedeckt ohne Hitzezufuhr ausquellen lassen. Kürbis bürsten, vierteln, entkernen und grob raspeln. Kürbiskernöl in einer Pfanne mit 2 EL Wasser erhitzen, Kürbisraspel darin unter Wenden nur 2 Min. anschwitzen.

▌ Knoblauch abziehen, würfeln, mit Salz, Pfeffer und Zitronensaft unter den Kürbis ziehen. Backofen auf 180 Grad vorheizen. Eier trennen, Eigelb mit dem Quark verrühren, Eiweiß zu nicht allzu steifem Schnee schlagen. Kürbiskerne trocken in einer Pfanne anrösten, grob hacken.

▌ Hirse, Kürbis, Quark und Käse vermischen, den Eischnee unterheben. Eine Auflaufform fetten, mit der Hälfte der Kürbiskerne ausstreuen, die Masse einfüllen und mit den restlichen Kürbiskernen bestreuen, ca. 35–40 Min. backen.

Das passt dazu
Feldsalat mit Äpfeln und Wintervinaigrette (S. 31).

Zeit sparen
Am Morgen: Hirse 5 Min. köcheln lassen, zugedeckt ohne Hitzezufuhr ausquellen lassen. Für die **Kleinigkeit**: 50 g Hirse zusätzlich garen.

Altes Gemüse neu entdeckt

Gefüllte Rotkohlröllchen

1 Gemüsezwiebel, 20 g Butter, 150 g Bulgur, 600 ml Gemüsebrühe, 1 Apfel, 150 g Sellerie, Salz, Pfeffer, Piment, Nelke, 30 g Haselnüsse, 8 – 10 Rotkohlblätter, Zahnstocher, Butterschmalz zum Anbraten, 60 ml Sahne, 1 EL Maismehl

- Zwiebel abziehen und fein würfeln. Butter in einem Topf mit 2 EL Wasser erhitzen, die Zwiebel darin andünsten, Bulgur und 300 ml Gemüsebrühe dazugeben und 20 Min. garen. Apfel waschen, trocknen, vierteln, entkernen, Sellerie bürsten, putzen, beides raspeln, unter den Bulgur ziehen und 2 Min. mitgaren. Mit den Gewürzen abschmecken.
- Haselnüsse trocken in einer Pfanne anrösten, grob hacken und zu dem Bulgur geben. Rotkohlblätter waschen, trocknen und in Salzwasser 1 – 2 Min. blanchieren, herausnehmen, kalt abbrausen und abtropfen lassen. Die dicken Blattrippen der Rotkohlblätter flach abschneiden, Füllung auf den Blättern verteilen, aufrollen und mit einem Zahnstocher feststecken.
- Butterschmalz in einer hohen großen Pfanne mit Deckel erhitzen, die Röllchen darin von allen Seiten anbraten, mit der restlichen Gemüsebrühe ablöschen und bei kleiner Hitze zugedeckt ca. 20 Min. garen. Die Röllchen herausnehmen, das Mehl mit der Sahne glatt rühren und in die heiße Brühe einrühren, 2 Min. köcheln lassen und die Sauce zu den Röllchen gießen.

Das passt dazu
Chicoréesalat mit Weißer Salatsauce (S. 31) und Avocado.

Zeit sparen

Am Abend vorher: Bulgur-Gemüse-Füllung zubereiten, abkühlen lassen und gut verschlossen im Kühlschrank aufbewahren.

Linsen mit Räucherlachs

1 Zwiebel, 20 g Butter, 200 g Puy-Linsen, 400 g Steckrüben, 100 g Petersilienwurzeln, 1 Apfel, Salz, Pfeffer, weißer Balsamessig, Kreuzkümmel, 100 g Schmand, Meerrettich, 150 g Räucherlachs

- Zwiebel abziehen, würfeln, Butter in einem großen Topf mit 2 EL Wasser erhitzen, die Zwiebel darin dünsten, Linsen untermischen, mit ca. 600 ml Wasser aufgießen und zugedeckt bei kleiner Hitze 20 Min. köcheln lassen.
- Steckrübe und Petersilienwurzel bürsten, putzen, sehr fein würfeln. Apfel waschen, vierteln, entkernen, grob reiben und mit dem Gemüse zu den Linsen geben, weitere 10 Min. garen. Herdplatte dann ausstellen und das Linsen-Gemüse-Gemisch zugedeckt ca. 20 Min. ausquellen lassen.
- Linsen mit den Gewürzen kräftig abschmecken. Schmand mit Meerrettich verrühren. Räucherlachs in Streifen schneiden, unter die Linsen ziehen und mit Schmand dekoriert servieren.

Das passt dazu
Vollkornfarfalle, zum Nachtisch Mandarinensalat mit Vanillequark.

EINKAUFSLISTE

Frisch dazukaufen

- 2,2 kg Lauch, 800 g Hokkaido-Kürbis, 1 kg kleine Rote Bete, 200 g Champignons, 200 g Fenchel, 1 kg Möhren, 100 g Sellerie, 2 Chilischoten
- ½ Bund Petersilie
- 2 Zitronen, 1 Apfel
- 100 ml Sahne, 150 g Crème fraîche, 200 g Quark, 150 ml Joghurt, 80 g Feta, 160 g Parmesan, etwas Butter
- 40 g grobes Erdnussmus, 30 g Erdnüsse, 180 g Parmaschinken, 150 g Räucherlachs, 5 Eier

Aus dem Vorrat

- 150 g Hartweizengrieß, 400 – 500 g Tagliatelle, 100 g Hirse, 250 – 300 g Bulgur
- Kartoffeln, Zwiebeln, Knoblauch
- Sesam
- Thymian, Kümmel, Curry, Gemüsebrühe
- Sojasauce, grober süßer Senf, weißer Balsamessig
- Kürbiskernöl, Rapsöl, Olivenöl

Mögliche Beilagen

- Endiviensalat, Champignons, Möhren, Blattsalat, Fenchel, Kürbis, Feldsalat, Pastinaken, Kartoffeln
- Mandarinen, Äpfel, Birnen
- Walnüsse, Putenwiener, Roggenbrot
- Wintervinaigrette (S. 31)

2 WOCHE

Eine Woche, um Ihren Kalziumspeicher aufzufüllen

Lauch ist ein typisch deutsches Gemüse und wird deshalb auch hauptsächlich in Deutschland (und Frankreich) angebaut. Ob in der Suppe oder als eigenständiges Gemüse – Lauch mit seiner charakteristisch-zwiebeligen Note verleiht den Speisen einen besonderen Pfiff.

Steckbrief Lauch

Ob als Lauch oder Porree bekannt, diese pikant-herben, zwiebelig schmeckenden 30 – 45 cm langen weiß-grünen Stangen sind ein Klassiker in der deutschen Küche. Lauch ist das ganze Jahr über erhältlich. Frühjahrs- und Sommerlauch hat einen längeren Schaft und ist hellgrün, Herbst- und Winterlauch ist kürzer und die Blätter sind dicker, fester und dunkelgrün. Lauch liefert Kalium, Kalzium und Eisen, sowie Vitamin K, B_6, C, Provitamin A und Folsäure. Die Blattspitzen sollten frisch und fest sein, die Wurzelfasern trocken, so ist der Lauch im Gemüsefach des Kühlschranks 5 bis 6 Tage haltbar. Lauch können Sie roh oder blanchiert problemlos einfrieren.

Lauchkuchen mit Parmaschinken

1 Grundrezept Kartoffelteig (S. 28), 1 kg Lauch, Salz, 80 g Parmaschinken, 2 EL Olivenöl, 80 g Parmesan, Pfeffer aus der Mühle

▌ Kartoffelteig nach Grundrezept herstellen und ein mit Backpapier ausgelegtes Blech damit auslegen. Lauch waschen, putzen, in 15 cm lange Stücke schneiden, in wenig Salzwasser ca. 4 Min. bissfest dünsten bzw. dämpfen, mit einem großen Schaumlöffel herausnehmen, abbrausen, abtropfen lassen.

▌ Backofen auf 180 Grad vorheizen. Parmaschinken in Streifen schneiden, locker um die Lauchstangen wickeln und dekorativ auf den Teig legen, etwas andrücken. Olivenöl darüberträufeln. Parmesan sehr fein hobeln oder mit dem Sparschäler abziehen und den Lauchkuchen damit bestreuen. 30 Min. backen und mit viel Pfeffer aus der Mühle servieren.

Das passt dazu
Endiviensalat mit Champignons und Möhren und Wintervinaigrette (S. 31).

Zeit sparen
Am Abend vorher: Lauch waschen, putzen, in einer Dose bzw. Tüte kühl aufbewahren.

Kürbis-Kartoffel-Soufflé mit Schafskäsejoghurt

800 g Hokkaido-Kürbis, 300 g Kartoffeln, 2 Zwiebeln, 300 ml Gemüsebrühe, Salz, Pfeffer, Thymian, 2 EL Kürbiskerne, 4 Eier, Butterschmalz für die Form, 80 g Feta, 150 ml Joghurt, 1 EL Kürbiskernöl, Zitronensaft

▌ Kürbis bürsten, vierteln, entkernen, in grobe Würfel schneiden. Kartoffeln schälen, sehr klein würfeln. Zwiebeln abziehen, würfeln und alles mit der Gemüsebrühe ca. 10 Min. dünsten. Backofen auf 200 Grad vorheizen. Das Gemüse pürieren und mit den Gewürzen abschmecken.

▌ Kürbiskerne trocken in einer Pfanne anrösten, grob hacken, unter das Gemüsepürée geben. Eier trennen, Eigelbe unterrühren, Eiweiß zu nicht allzu steifem Schnee schlagen und vorsichtig unterziehen. Die Masse in eine gefettete Auflaufform füllen und ca. 40–45 Min. backen.

▌ Schafskäse zerbröckeln, mit Joghurt und Kürbiskernöl glatt rühren und mit Pfeffer und Zitronensaft abschmecken, zu dem Soufflé servieren.

Das passt dazu
Blattsalat mit Äpfeln, fein geschnittenem Fenchel und Wintervinaigrette (S. 31).

Rote Bete mit Lauch-Apfel-Creme

Alu-Folie, ca. 1 kg kleine Rote Bete, 250 g Lauch, 1 EL Rapsöl, 200 g Quark, 150 g Crème fraîche, 1 Apfel, Salz, Kümmel gemahlen, 20 g Sesam

▌ Backofen auf 200 Grad vorheizen. Rote Bete bürsten, putzen, fest in Alu-Folie verpacken, auf dem Rost ca. 70 Min. backen. Lauch waschen, putzen, der Länge nach vierteln, sehr fein schneiden. Öl in einer Pfanne mit 1 EL Wasser erhitzen, den Lauch darin 5 Min. anschwitzen, abkühlen lassen.

▌ Quark und Crème fraîche unter den Lauch mischen. Apfel waschen, vierteln, entkernen, fein raspeln, mit den Gewürzen unter die Quarkmasse ziehen. Sesam trocken in einer Pfanne anrösten. Die Folienpäckchen aufreißen, mit der Lauch-Apfel-Creme servieren und mit Sesam bestreuen.

Das passt dazu
Pellkartoffeln und Kürbis-Möhren-Frischkost mit Wintervinaigrette (S. 31).

Zeit sparen
Für die Kleinigkeit: 3 Rote Bete zusätzlich garen.

Kleinigkeit
Rote-Bete-Salat

1 TL Kürbiskernöl, 1 EL Olivenöl, 1 EL Balsamessig mit einem Apfel pürieren, mit Salz und Pfeffer abschmecken. Rote Bete würfeln, unter die Sauce ziehen. Mit gerösteten Kürbiskernen und Fetawürfeln dekorieren und zu frischem Vollkornbaguette servieren.

Lauchnudeln mit Räucherlachs

200 g Champignons, 600 g Lauch, 2 EL Olivenöl, 100 ml Sahne, 200 ml Gemüsebrühe, 400 – 500 g Tagliatelle, 80 g Parmesan (gerieben), Pfeffer, Salz, Zitronensaft, 150 g Räucherlachs

▍ Champignons trocken mit Küchenkrepp säubern, putzen, evtl. halbieren. Lauch waschen, putzen und der Länge nach aufschneiden, sodass ca. 20 cm lange und 1 cm breite Streifen entstehen.

▍ Öl mit 2 EL Wasser in einer Pfanne erhitzen, Champignons und Lauch darin andünsten, mit Sahne und Gemüsebrühe ablöschen und 5 – 8 Min. offen garen.

▍ Tagliatelle nach Packungsanweisung zubereiten. Parmesan, die Gewürze und Zitronensaft in das Gemüse einrühren. Tagliatelle abtropfen lassen, zu dem Gemüse geben, 2 – 3 Min. ziehen lassen, den Lachs kurz vor dem Servieren über den Lauchnudeln verteilen.

Das passt dazu
Fenchel-Apfel-Frischkost mit Wintervinaigrette (S. 31) und Walnüssen.

Zeit sparen
Am Abend vorher: Lauch waschen, putzen, in einer Dose oder Tüte verpackt im Kühlschrank aufbewahren.

Gemüsesuppe mit Hirse

2 Lauchstangen, 200 g Fenchel, 200 g Möhren, 100 g Sellerie, 1 l Gemüsebrühe, 100 g Hirse, ½ Bund Petersilie, ca. 4 EL Sojasauce, ca. 1 TL grober süßer Senf

▍ Lauchstangen waschen, in Ringe schneiden. Fenchel waschen, vierteln, den unteren Teil des Strunks herausschneiden und die äußeren festen Haare vom Strunk in Richtung Fenchelgrün abziehen. Knolle würfeln. Das Fenchelgrün aufbewahren.

▍ Möhren und Sellerie bürsten, putzen, würfeln. Gemüsebrühe in einem großen hohen Topf aufkochen. Hirse über einem feinen Sieb heiß abwaschen und mit dem Gemüse in die Brühe geben, zugedeckt 15 Min. köcheln lassen.

▍ Petersilie waschen, trocknen, zupfen, Fenchelgrün waschen, trocknen, beides sehr fein schneiden und mit der Sojasauce und dem Senf in die Suppe einrühren.

Das passt dazu
Putenwiener und Roggenbrot, zum Nachtisch ein Obstteller mit Birnen, Mandarinen und Walnüssen.

Zeit sparen
Am Abend vorher: Gemüsesuppe zubereiten, herunterkühlen und zugedeckt im Kühlschrank aufbewahren.

Möhren in scharfer Erdnusssauce mit Bulgur

250 – 300 g Bulgur, 800 g Möhren, 400 g Zwiebeln, 2 Chilischoten, 2 EL Rapsöl, 200 ml Gemüsebrühe, 40 g grobes Erdnussmus, Salz, Curry, weißer Balsamessig, 2 Knoblauchzehen, 30 g Erdnüsse

▍ Bulgur nach Packungsanweisung garen. Möhren bürsten, putzen, schräg in 1 cm breite Scheiben schneiden. Zwiebeln abziehen, vierteln, in feine Streifen schneiden, Chilischoten waschen, putzen, sehr fein würfeln.

▍ Öl mit 2 EL Wasser in einer hohen Pfanne erhitzen, Zwiebeln und Chili darin unter Wenden 2 Min. anschwitzen, Möhren hinzufügen, mit der Gemüsebrühe ablöschen und zugedeckt bei kleiner Hitze 3 – 5 Min. bissfest garen.

▍ Erdnussmus mit etwas Wasser glatt rühren, mit den Gewürzen und dem Essig zu den Möhren geben. Knoblauch abziehen, in feine Scheiben schneiden, ebenfalls unterziehen. Bulgur hinzufügen, locker umrühren und mit Erdnüssen bestreut servieren.

Das passt dazu
Feldsalat mit Pastinaken, Apfel und Wintervinaigrette (S. 31).

Zeit sparen
Am Morgen: Bulgur 5 Min. garen, zugedeckt ohne Hitzezufuhr ausquellen lassen.

EINKAUFSLISTE

Frisch dazukaufen

- 2 Schalotten, 450 g Petersilien-wurzeln, 1 kg Hokkaido-Kürbis, 100 g Möhren, 1 Lauchstange, 100 g Sellerie, 600 g Rote Bete, 800 g Fenchel, 2 Gemüsezwiebeln
- ½ Bund Petersilie
- 1 Zitrone, 1 cm Ingwer
- 200 ml Milch, 80 g Bergkäse, 90 g Butter
- 4 Scheiben Vollkorntoastbrot, eingelegter grüner Pfeffer, 100 ml Apfelsaft, 200 g Räucher-lachs, 500 g ausgelöste Lamm-schulter, 5 Eier

Aus dem Vorrat

- 400–500 g Tagliatelle, Weizenvoll-kornmehl, Maismehl
- Kartoffeln, Zwiebeln, Knoblauch
- Sonnenblumenkerne, Kürbiskerne
- Kreuzkümmel, Paprika edelsüß, Fenchelsamen, Koriandersamen, Gemüsebrühe
- Tomatenmark, weißer Balsamessig, Balsamessig, Honig
- Rapsöl, Kürbiskernöl

Mögliche Beilagen

- Endiviensalat, Möhren, Lauch, Feld-salat, Blattsalat, Kartoffeln
- Äpfel, Orangen
- Maismehl, Vollkornspaghetti, getrocknete Tomaten, Schokoladen-raspel, Honig
- Quark
- Orange Salatsauce (S. 31), Wintervi-naigrette (S. 31)

3 WOCHE

Kalzium und Vitamin C satt

Petersilie ist das mit Sicherheit bekannteste und vielseitigste Küchenkraut. Fein geschnitten oder als ganzes Blatt dient Petersilie zum Würzen von Gemüse, Fleisch und Fisch: für Suppen, Saucen, Spaghetti, Kartoffeln, und und und.

Steckbrief **Petersilie**

Das aus Süditalien stammende, weltweit verbreitete Küchenkraut erfreut sich größter Beliebtheit. In Deutschland wohl bekannt ist die milde krause Petersilie, die seit jeher ihren festen Platz auf den Salzkartof-feln hat. Die glatte Petersilie hat ihre krause Schwester mittlerweile ein bisschen verdrängt, auch weil sie feiner und aromatischer im Geschmack ist. Wurzelpetersilie ist die geschmacksintensivste Vertreterin und bildet neben Karotte, Lauch und Sellerie einen festen Bestandteil im Suppen-grün. Ob Petersilie, wie im Mittelalter behauptet wurde, Männer stark und Frauen schwach macht, sei dahingestellt, sicher ist, dass sie jede Menge an Vitamin C, Provitamin A, Folsäure, Kalzium, Kalium und Eisen enthält. Ihr gleichzeitig hoher Nitratgehalt verbietet einen kiloweisen Verzehr! Achten Sie beim Einkauf auf grüne und knackige Stiele und Blätter, so hält sich das Küchenkraut gewaschen und trocken geschleudert in einem Tiefkühlbeutel bzw. einer Kunststoffdose verpackt sicherlich 5–7 Tage im Kühlschrank. Wurzeln, sofern sie knackig, fest und ohne Risse sind, lassen sich im Gemüsefach 2–3 Wochen la-gern! Gewaschen, getrocknet und geschnitten können Sie Petersilie portionsweise einfrieren.

Lammgulasch mit Tagliatelle

500 g ausgelöste Lammschulter, Butterschmalz zum Anbraten, Salz, Pfeffer, 2 Schalotten, 2 Knoblauchzehen, 1 TL Kreuzkümmel (gemahlen), 1 TL Paprika edelsüß, 2 EL Tomatenmark, 250 g Petersilienwurzeln, ca. ½ l Gemüsebrühe, 400 – 500 g Tagliatelle

❚ Backofen auf 170 Grad vorheizen. Lammfleisch waschen, trockentupfen, säubern und würfeln. Butterschmalz erhitzen, das Fleisch von allen Seiten anbraten, mit Salz und Pfeffer würzen. Schalotten und Knoblauch abziehen und mit Kreuzkümmel, Paprikapulver und Tomatenmark zu dem Fleisch geben.

❚ Petersilienwurzeln bürsten, evtl. schälen, in Scheiben schneiden, 1 Min. unter Wenden mit anbraten und mit der Gemüsebrühe ablöschen, zugedeckt ca. 45 Min. im Backofen schmoren. Tagliatelle nach Packungsanweisung zubereiten und zu dem Lammgulasch servieren.

Das passt dazu
Ein großer Endiviensalat mit Möhren, Äpfeln und Wintervinaigrette (S. 31).

Zeit sparen
Am Abend vorher: Lammgulasch zubereiten, 30 Min. schmoren, abkühlen und zugedeckt kühl aufbewahren. Am nächsten Tag 20 Min. erwärmen.

Kürbisrösti

1 kg Hokkaido-Kürbis, 2 kleine Zwiebeln, 2 Eier, 2 EL Sonnenblumenkerne, 1 EL Vollkornmehl, Salz, Pfeffer, Ingwer, Kreuzkümmel, Butterschmalz

❚ Kürbis waschen, putzen, vierteln, entkernen und mit der Schale fein raspeln. Zwiebeln abziehen, sehr klein würfeln und mit den Sonnenblumenkernen, dem Mehl und den Gewürzen unter die Kürbismasse kneten.

❚ Öl in einer großen Pfanne erhitzen, mit einem Esslöffel die Kürbismasse portionieren, und nach und nach die Rösti ausbacken.

Das passt dazu
Lauchgemüse mit Béchamelkäsesauce (S. 30) und Feldsalat mit Wintervinaigrette (S. 31).

Zeit sparen
Am Abend vorher: Kürbis waschen, putzen, vierteln, entkernen, in einer Dose oder Tüte kühl aufbewahren. Lauch waschen, putzen und verpackt in Dose oder Tüte im Kühlschrank aufbewahren.

Feine Kartoffelsuppe mit geröstetem Brot

200 g Petersilienwurzeln, 100 g Möhre, 1 Stange Lauch, 100 g Sellerie, 500 g Kartoffeln, 40 g Butter, 1,3 l Gemüsebrühe, 200 g Räucherlachs, Saft von 1 Zitrone, 4 Scheiben Vollkornbrot, Salz, Pfeffer, Petersilie

❚ Petersilienwurzeln, Möhren, Lauch und Sellerie waschen, putzen und in kleine Würfel schneiden. Kartoffeln schälen und etwas kleiner würfeln. 20 g Butter mit 2 EL Wasser in einem großen Topf erhitzen, das Gemüse und die Kartoffeln ca. 2 Min darin leicht anbraten, dann mit der Gemüsebrühe ablöschen. Mit geschlossenem Deckel bei mittlerer Hitze 10 – 15 Min. bissfest garen.

❚ Räucherlachs in Streifen schneiden, mit Zitronensaft beträufeln und kurz ziehen lassen. Brot in 2 cm breite Streifen schneiden und in einer Pfanne von beiden Seiten goldbraun rösten. 20 g Butter in einer Pfanne erhitzen, die Lachsstreifen darin von beiden Seiten leicht bräunen. Die Suppe mit den Gewürzen abschmecken, den Lachs vorsichtig unterziehen und die Brotstreifen dazu servieren.

Das passt dazu
Orangenquark mit dunklen Schokoladenraspel.

Zeit sparen
Am Abend vorher: Die Suppe zubereiten, 8 Min. garen, herunterkühlen und zugedeckt im Kühlschrank aufbewahren.

Rote-Bete-Soufflé mit grünem Pfeffer

600 g Rote Bete, 2 Zwiebeln, 30 g Butter, 2 EL Balsamessig, Salz, Honig, 1 Grundrezept Béchamelsauce mit Käse (S. 30), 3 Eier, 2 TL grüner eingelegter Pfeffer, Butterschmalz für die Form, 2 – 3 EL Sonnenblumenkerne

■ Rote Bete bürsten, putzen, würfeln, Zwiebeln abziehen und würfeln. Butter mit 2 EL Wasser in einem Topf erhitzen, das Gemüse darin anschwitzen, mit 100 ml Wasser und dem Essig ablöschen, ca. 10 Min. bei mittlerer Hitze dünsten.

■ Rote Bete sehr fein pürieren, mit den Gewürzen abschmecken. Käsesauce nach Grundrezept herstellen. Backofen auf 200 Grad vorheizen. Eier trennen, Eigelb unter die Käsesauce rühren, Eiweiß zu halb festem Schnee schlagen.

■ Rote-Bete-Püree mit dem grünen Pfeffer unter die Käsesauce rühren. Eine Auflaufform fetten und mit Sonnenblumenkernen ausstreuen. Das Eiweiß unter die Masse heben, in die Form füllen und ca. 40 Min. backen.

Das passt dazu
Pellkartoffeln und Blattsalat mit Oranger Salatsauce (S. 31).

Zeit sparen
Für die Kleinigkeit: Pellkartoffeln zusätzlich garen.

Kleinigkeit
Kartoffel-Möhren-Salat

Kartoffeln pellen, würfeln, Möhren raspeln und mit Oranger Salatsauce (S. 31) vermischen, mit 1 cm geriebenem Ingwer abschmecken, mit Walnussöl beträufeln und mit gerösteten Walnüssen dekorieren. Dazu passt alter Gouda und Schwarzbrot.

Fenchel in Essigmarinade und Kürbiskernen

800 g Fenchel, 2 Gemüsezwiebeln, 1 TL Fenchelsamen, 1 TL Koriandersamen, 1 TL Kreuzkümmel, 100 ml Apfelsaft, 4 EL weißer Balsamessig, 1 EL Honig, 2 EL Kürbiskernöl, Salz, 40 g Kürbiskerne

■ Fenchel waschen, putzen, achteln, den groben Strunk herausschneiden, mit einem Küchenmesser die äußeren festen Haare vom Strunk in Richtung Fenchelgrün abziehen. Das Fenchelgrün waschen, trocknen und beiseite legen.

■ Zwiebeln abziehen, in Ringe schneiden, mit dem Fenchel in wenig Wasser 5 Min. bissfest dünsten bzw. dämpfen. Mit einem Schaumlöffel herausnehmen, abbrausen, abtropfen lassen, in eine Schüssel geben.

■ Fenchelsamen, Koriandersamen und Kreuzkümmel trocken anrösten, im Mörser zerreiben, mit Apfelsaft, Essig, Honig und Kürbiskernöl verrühren, mit Salz abschmecken und den Fenchel damit übergießen, zugedeckt mindestens 2 Stunden ziehen lassen.

■ Kürbiskerne trocken in einer Pfanne anrösten, grob hacken, Fenchelgrün fein schneiden und den Fenchel mit beidem dekorieren.

Das passt dazu
Vollkornspaghetti mit Öl und getrockneten Tomaten und jede Menge Mandarinen zum Nachtisch.

Zeit sparen
Am Abend vorher: Fenchel in Essigmarinade zubereiten, zugedeckt kühl aufbewahren, mit Kürbiskernen kurz vor dem Servieren bestreuen.

EINKAUFSLISTE

WOCHE

Frisch dazukaufen

- 600 g Hokkaido-Kürbis, 1 Fenchel-knolle, 500 g Petersilienwurzeln, 1,3 kg Möhren, 1 kg Schwarzwur-zeln, 800 g Lauch, 500 g Steckrüben
- 5 Zitronen, 3 cm Ingwer, 1 Orange, 450 g Äpfel, 3 Mandarinen
- 250 ml Milch, 450 g Quark, 100 g Joghurt, 150 ml Sahne, 50 g Frischkäse, 100 g Bergkäse, 130 g Butter
- 4 Hähnchenkeulen, 5 Eier

Aus dem Vorrat

- 350 g Vollkornspätzle, Maismehl, 250 g Weizenvollkornmehl, 250 g Vollkornreis
- Kartoffeln, Knoblauch
- Walnüsse, Sesam, Sonnenblumen-kerne, 100 g geriebene Haselnüsse, Kokoschips
- Paprika edelsüß, Curry mild, Mus-kat, Schabzigerklee, Vanille
- Honig, Zucker, 400 ml Kokosmilch
- Rapsöl, Olivenöl

Mögliche Beilagen

- Feldsalat, Fenchel, Chicorée, Endiviensalat, Petersilienwurzeln, Pastinaken, Kartoffeln
- Birnen, Äpfel, Mandarinen
- Walnüsse
- Hirse
- Wintervinaigrette (S. 31)

Auch im Winter wächst knackiger Salat!

Durch den im milchigen Saft der Blätter enthaltenen Bitter-stoff Intybin regt Endiviensalat den Appetit an. Kombinieren Sie Endiviensalat mit Apfel, Birne, Walnüssen oder Kürbis-kernen, ist der bittere Geschmack überdeckt.

Steckbrief **Endiviensalat**

Die veredelte Zuchtform der Zichorie gibt es in 2 Sorten. Die krause Endivie, Frisée genannt, hat farnförmige unregelmäßig spitz auslaufen-de Blätter. Die glatte Endivie, oder Eskariol, hat breite, eher derbe, am Rand glatt bis leicht gezähnte Blätter. Beide Sorten haben ein leuch-tend hellgelbes Herz und hell bis dunkelgrüne äußere Blätter. Endivie schmeckt würzig, herzhaft und leicht bitter. Außer ihrem den Appetit anregenden Bitterstoff enthält Endivie Kalium, Kalzium und Eisen sowie Provitamin A, Folsäure, Vitamin B_1 und B_6. Achten Sie beim Einkauf darauf, dass der Salat ein großes helles Herzteil hat. Die äußeren Blätter sollten beim Frisée gekräuselt und fest sein und beim Eskariol glatt, fest, knackig und glänzend. Frische heißt: außen keine braunen Spitzen, dafür trockene Blätter und feste Köpfe. Im ganzen Blatt gewaschen und getrocknet hält sich die Endivie in einem Tiefkühlbeutel locker verpackt bzw. einer Kunststoffdose 4 – 5 Tage. Blanchiert lässt sich Endivie einfrieren.

Marinierte Hähnchen-keulen vom Blech

4 Hähnchenkeulen, 2 Knoblauchzehen, 3 cm Ingwer, Saft und Abrieb von 2 Zitronen, 6 EL Olivenöl, 2 EL Honig, 600 g Kartoffeln, 600 g Hokkaido-Kürbis, 1 Fenchelknolle, 1 TL Curry mild, Salz, Pfeffer

▌ Hähnchenkeulen waschen, trockentupfen, auf einen Teller legen. Knoblauch abziehen, in Scheiben schneiden. Ingwer schälen und fein würfeln. Zitronenabrieb, Zitronensaft, Knoblauch, Ingwer, 4 EL Öl und Honig verrühren und das Fleisch damit einstreichen, abgedeckt mindestens 2 Stunden kühl marinieren.

▌ Kartoffeln und Kürbis unter fließendem Wasser gut bürsten, den Kürbis entkernen und beides in 2 cm große Würfel schneiden. Fenchelknolle vierteln, die äußeren Haare mit einem Küchenmesser vom Strunk in Richtung Grün abziehen und in mundgerechte Stücke schneiden. Backofen auf 200 Grad vorheizen.

▌ 2 EL Öl mit Curry, Salz und Pfeffer glatt rühren und mit dem Gemüse gut vermischen. Das Gemüse auf ein Backblech verteilen und die Hähnchenkeulen mit der Marinade in die Mitte legen. 30 Min. backen, herausnehmen und das Gemüse wenden, die Hähnchenkeulen drehen und weitere 15 Min. bei 220 Grad backen.

Das passt dazu

Feldsalat mit Walnüssen und Äpfeln in Wintervinaigrette (S. 31).

Zeit sparen

Am Abend vorher: Hähnchenkeulen marinieren, mit einem Teller abgedeckt im Kühlschrank aufbewahren.

Petersilienwurzel-Möhren-Gemüse

500 g Petersilienwurzeln, 500 g Möhren, 100 g Walnüsse, 30 g Butter, Saft von 1 Orange, Salz, Honig, Orangenabrieb, Pfeffer

▌ Das Gemüse bürsten, putzen, in 5 cm lange, etwas dickere Stifte schneiden, in wenig Salzwasser zugedeckt ca. 8 Min. bissfest dünsten. Das Gemüse mit einem Schaumlöffel herausnehmen, abbrausen und abtropfen lassen. 3 EL Gemüsewasser aufbewahren.

▌ Die Walnüsse grob hacken, Butter mit 3 EL Gemüsewasser erhitzen, die Walnüsse darin wenden, das Gemüse hinzufügen, leicht anbraten und mit dem Orangensaft ablöschen. Mit den Gewürzen abschmecken.

Das passt dazu

Hirse und Feldsalat mit Fenchel und Wintervinaigrette (S. 31).

Zeit sparen

Am Morgen: Hirse 5 – 10 Min. garen, zugedeckt ohne Hitzezufuhr ausquellen lassen. Für die Kleinigkeit: 50 g Hirse zusätzlich garen.

Kleinigkeit
Hirsesalat

2 EL Rosinen in Apfelsaft einweichen. 1 kleine Lauchstange, 1 Petersilienwurzel und 1 Möhre sehr fein würfeln bzw. raspeln und mit der Hirse vermischen. Rosinen mit dem Apfelsaft und der Wintervinaigrette (S. 31) hinzufügen und 30 Min. ziehen lassen. Mit gerösteten, gehackten Mandeln dekorieren.

Schwarzwurzelauflauf mit Spätzle

350 g Vollkornspätzle, 1 kg Schwarzwurzeln, Saft von 1 Zitrone, Salz, 300 g Lauch, 30 – 40 g Maismehl, 100 ml Sahne, Salz, Pfeffer, Muskat, 100 g Bergkäse (gerieben), 20 g Sesam

▌ Spätzle nach Packungsanweisung zubereiten. Schwarzwurzeln schälen, putzen, waschen, in 3 cm lange Stücke schneiden und in Zitronen-Salz-Wasser legen, anschließend darin ca. 4 Min. bissfest dünsten. Mit einem Schaumlöffel herausnehmen, abbrausen, abtropfen und in eine Auflaufform geben. Gemüsewasser aufbewahren.

▌ Lauch waschen, putzen, in feine Ringe schneiden und mit den Spätzle zu den Schwarzwurzeln geben. Backofen auf 180 Grad vorheizen. Mehl mit der Sahne glatt rühren und in ca. 400 ml Gemüsewasser einrühren, aufkochen und 2 – 3 Min. köcheln lassen, mit den Gewürzen abschmecken und über das Gemüse geben. Mit Käse und Sesam bestreuen und 30 – 35 Min. backen.

Das passt dazu

Chicoréefrischkost mit Mandarinen und Wintervinaigrette (S. 31).

Steckrübenpuffer mit Sonnenblumenkernen

300 g Kartoffeln, 500 g Steckrüben, 200 g Möhren, 3 Eier, ca. 2 EL Weizenvollkornmehl oder Weizenmehl Type 1050, 50 g Sonnenblumenkerne, Kräutersalz, Schabzigerklee, Butterschmalz zum Anbraten, 1 Apfel, 50 g Frischkäse, 100 g Joghurt, 200 g Quark, Salz, Curry, Zitronensaft, Honig

- Kartoffeln schälen, Steckrüben und Möhren bürsten, putzen, alles fein raspeln, mit Eiern, Mehl, den Sonnenblumenkernen, Kräutersalz und Schabzigerklee verrühren. Butterschmalz in einer Pfanne erhitzen, aus dem Teig kleine flache Puffer formen und von beiden Seiten goldbraun braten.
- Backofen auf 60 Grad vorheizen und die gebackenen Puffer dort warm halten. Den Apfel waschen, vierteln, entkernen, würfeln und mit den restlichen Zutaten pürieren und zu den Puffern servieren.

Das passt dazu
Endiviensalat mit geraspelter Petersilienwurzel und Wintervinaigrette (S. 31).

Waffeln mit Äpfeln und Mandarinenquark

100 g weiche Butter, 2 Eier, 250 ml Milch, 80 g Zucker, 200 g Weizenvollkornmehl oder Weizenmehl Type 1050, 100 g Haselnüsse (gerieben), 300 g Äpfel, evtl. Butterschmalz für das Waffeleisen, 250 g Quark, 50 ml Sahne, 2 EL flüssiger Honig, 1 Msp. Vanillepulver oder 1 Tütchen Vanillezucker, ½ TL Zitronenabrieb, 2 – 3 Mandarinen

- Butter, Eier, Milch und Zucker mit dem Handrührgerät verquirlen. Mehl und Haselnüsse hineingeben. Äpfel waschen, trocknen, vierteln, entkernen und grob raspeln, direkt unter den Teig ziehen. Backofen auf 60 Grad vorheizen. Waffeln backen und im Backofen auf einem Gitter warm halten.
- Quark mit Sahne, Honig, Vanille und Zitronenabrieb verrühren. Mandarinen schälen, in Stücke schneiden und unter den Quark ziehen. Zu den Waffeln servieren.

Das passt dazu:
Als Vorspeise eine Gemüsecremesuppe aus Pastinaken.

Zeit sparen
Am Abend vorher: Gemüsecremesuppe zubereiten, herunterkühlen und im Kühlschrank aufbewahren.

Lauch-Möhren-Gemüse mit Kokosreis

250 g Vollkornreis, 500 g Möhren, 500 g Lauch, 1 EL Rapsöl, 2 TL Curry, 400 ml Kokosmilch, Salz, Zitronensaft, Zitronenabrieb, Paprikapulver, 30 g Kokoschips

- Reis nach Packungsanweisung garen. Möhren bürsten, putzen, in dünne Scheiben schneiden, Lauch waschen, putzen, in Ringe schneiden. Öl in einer großen hohen Pfanne mit 1 EL Wasser erhitzen, Curry einrühren und kurz anbraten, das Gemüse hinzufügen, 2 Min. unter Wenden anschwitzen.
- Die Kokosmilch angießen, zugedeckt ca. 5 Min. dünsten. Den Reis untermischen, mit Salz, Zitronensaft, Zitronenabrieb und Paprikapulver abschmecken, 5 Min. ziehen lassen. Kokoschips trocken in einer Pfanne anrösten und kurz vor dem Servieren über den Reis streuen.

Das passt dazu
Endiviensalat mit Birne und Wintervinaigrette (S. 31).

Zeit sparen
Am Morgen: Vollkornreis 20 Min. garen, zugedeckt ohne Hitzezufuhr ausquellen lassen.

EINKAUFSLISTE

Frisch dazukaufen

- 1,5 kg Grünkohl, 700 g Fenchel, 300 g Möhren, 350 g Lauch
- 1 Zitrone, 1 Apfel
- 575 ml Milch, 250 ml Sahne, 100 g Schmand, 120 g Bergkäse, 80 g Butter
- 150 g gekochter Schinken, eingelegter grüner Pfeffer, 8 Eier

Aus dem Vorrat

- 250 g Weizenvollkornmehl, Maismehl, 150 g Polenta
- Kartoffeln, Zwiebeln
- Haselnüsse
- Muskat, Gemüsebrühe, Sojasauce

Mögliche Beilagen

- Möhren, Feldsalat, Rote Bete, Endiviensalat, Kartoffeln
- Orangen, Äpfel
- Walnüsse
- Vollkornreis
- Weiße Salattsauce (S. 31), Wintervinaigrette (S. 31)

7 WOCHE

Besser als jedes Multivitaminpräparat

Grünkohl mit Speck Pinkel kennt man im Norden, doch haben Sie auch schon einmal selbst gemachte Käsespätzle mit Grünkohl (S. 193) probiert? Es geht auch ohne Wurst und geräuchertes Fleisch, überzeugen Sie sich selbst.

Steckbrief Grünkohl

Grünkohl mag es gerne kalt, ja sogar frostig, denn erst nach einigen klirrend kalten Nächten entwickelt er seinen vollen Geschmack. Frost bewirkt zum einen, dass sich ein Teil der Stärke in Zucker umwandelt und zum anderen, dass die Zellstruktur lockerer wird, was den Kohl milder und bekömmlicher macht. Der Gehalt an Mineralstoffen wie Kalium, Kalzium, Magnesium und Eisen sowie an Vitamin K und Folsäure ist sehr hoch. Der Gehalt an Provitamin A und Vitamin C konkurriert problemlos mit dem von Möhren und Paprika. Um 1 kg Grünkohl auf den Tisch zu bringen, müssen Sie rund 2 kg einkaufen, da Sie beim Einkauf von ungeputztem Grünkohl mit 50 % Abfall rechnen müssen. Das größte Problem bei Grünkohl: Er passt nicht in den Kühlschrank. Entweder Sie putzen ihn gleich und verringern so sein Volumen oder lagern ihn mit einem ganz leicht angefeuchteten Küchenhandtuch bedeckt auf dem Balkon. Gewaschen, gerupft und gut trocken geschleudert hält sich Grünkohl, verpackt in einem Tiefkühlbeutel oder einer Kunststoffdose 3 – 4 Tage im Gemüsefach des Kühlschranks.

Grünkohl mit Spätzle

250 g Weizenvollkornmehl oder Weizenmehl Type 1050, 4 Eier, 125 ml Milch, Salz, 1,5 kg frischer Grünkohl oder 750 g TK-Ware, Salz, 100 ml Sahne, 100 ml Milch, 1 – 2 EL Maismehl, Pfeffer, Muskat, 2 Zwiebeln, Butterschmalz zum Braten, 100 g Bergkäse (gerieben)

▌ Mehl, Eier, Milch und ½ TL Salz zu einem dickflüssigen Teig vermischen, ca. 20 Min. quellen lassen. Grünkohl gut waschen, die Blätter von den Rippen zupfen, sehr fein schneiden und in wenig Salzwasser 10 – 15 Min. dünsten bzw. dämpfen.

▌ Wasser für die Spätzle zum Kochen bringen, 1 Portion Spätzleteig in das leicht siedende Wasser hobeln, warten, bis die Spätzle an die Oberfläche kommen, mit einem Schaumlöffel herausnehmen und zugedeckt aufbewahren. So weiterverfahren, bis der Teig aufgebraucht ist.

▌ Sahne, Milch und Maismehl glatt rühren und zum Grünkohl geben, unter Rühren 2 – 3 Min. köcheln lassen und mit Salz, Pfeffer und Muskat abschmecken. Zwiebeln abziehen, in dünne Ringe schneiden und in Butterschmalz hellbraun anbraten. Spätzle unter den Grünkohl mischen und mit Zwiebeln und Bergkäse garniert servieren.

Das passt dazu

Möhrenfrischkost mit Wintervinaigrette (S. 31).

Zeit sparen

Am Abend vorher: Spätzle zubereiten, abtropfen lassen und gut verpackt im Kühlschrank aufbewahren. Grünkohl waschen, putzen, in einer Dose oder Tüte verpackt im Kühlschrank aufbewahren.

Fenchelauflauf mit gekochtem Schinken

2 – 3 Fenchelknollen (ca. 700 g), 300 g Möhren, Saft von 1 Zitrone, Salz, 150 ml Sahne, 150 ml Milch, 100 g Schmand, 2 Eigelbe, Pfeffer, Thymian, Zitronenabrieb, 150 g gekochter Schinken

▌ Fenchel waschen, putzen, achteln, den groben Strunk herausschneiden, mit einem Küchenmesser die äußeren festen Haare vom Strunk in Richtung Fenchelgrün abziehen. Das Fenchelgrün waschen, trocknen und beiseite legen. Möhren bürsten, putzen, der Länge nach halbieren und in ca. 8 cm lange Abschnitte schneiden.

▌ Das Gemüse in wenig Zitronen-Salz-Wasser 6 – 8 Min. bissfest dünsten bzw. dämpfen. Mit einem Schaumlöffel herausnehmen, abbrausen, abtropfen lassen und in eine Auflaufform geben. Gemüsewasser aufbewahren. Backofen auf 180 Grad vorheizen.

▌ Sahne, Milch, Schmand, Gemüsewasser, Eigelbe (Eiweiß für die Kleinigkeit aufbewahren) und Salz, Pfeffer, Thymian und Zitronenabrieb verquirlen. Schinken würfeln, über dem Gemüse verteilen, die Eiersahne angießen und den Auflauf 30 Min. backen. Das Fenchelgrün sehr fein schneiden und den Auflauf vor dem Servieren damit bestreuen.

Das passt dazu

Vollkornreis und Feldsalat mit Äpfeln und Wintervinaigrette (S. 31).

Zeit sparen

Am Morgen: Reis 20 Min. garen, zugedeckt ohne Hitzezufuhr ausquellen lassen.

Kleinigkeit
Mousse au citrone

400 g Quark, Saft von 2 Zitronen, Zitronenabrieb mit 2 – 3 EL Honig glatt rühren. Eiweiß halb steif schlagen und vorsichtig unterheben. Gut abgedeckt im Kühlschrank 2 Stunden kühlen. Mit Orangenfilets und gehackten Mandeln servieren.

Gemüsebackling mit Kürbissauce

200 ml Gemüsebrühe, 60 g Butter, 150 g Polenta, 2 Eier, 350 g Lauch, 100 g Apfel, 2 EL Sojasauce, 50 g Haselnüsse, 1 Grundrezept Gemüsesauce Kürbis (S. 30)

- Gemüsebrühe mit 50 g Butter zugedeckt kurz aufkochen lassen. Die Polenta auf einmal in die kochende Brühe geben und den Teig bei voller Hitzezufuhr unter kräftigem Rühren etwa 2 Min. lang „abbrennen", bis der Teig sich als Kloß vom Topfboden löst und ein weiß-gräulicher Belag den Topfboden überzieht.
- Den Teig in eine Schüssel geben, etwas auseinanderreißen, sodass er etwas abkühlt. Die Eier verquirlen und sehr langsam unter den Teig rühren, bis eine glatte Masse entsteht. Lauch und Apfel waschen, den Lauch sehr klein würfeln, den Apfel grob raspeln.
- 10 g Butter mit 1 EL Wasser in einer Pfanne erhitzen, Lauch und Apfel darin 2 Min. dünsten, mit Sojasauce ablöschen. Backofen auf 200 Grad vorheizen. Haselnüsse trocken in einer Pfanne anrösten, fein hacken, mit der Lauch-Apfel-Mischung unter den Teig kneten.
- Aus dem Teig kleine Backlinge formen und auf ein mit Backpapier ausgelegtes Blech setzen. Ca. 25 Min. backen. Die Gemüsesauce nach Grundrezept herstellen und zu den Backlingen servieren.

Das passt dazu
Pellkartoffeln und Endiviensalat mit Weißer Salatsauce (S. 31).

Zeit sparen
Am Abend vorher: Backlinge zubereiten, 15–20 Min. backen, abkühlen und gut verpackt im Kühlschrank aufbewahren. Im Backofen erwärmen. Backlinge lassen sich sehr gut einfrieren, einfach im Backofen erwärmen oder kalt zwischen zwei Brötchenhälften mit Salat essen.

Kartoffeln in Käsesauce mit grünem Pfeffer

1,5 kg Kartoffeln, 1½ Grundrezepte Béchamelsauce mit Käse (S. 30), 1 – 2 TL grüner Pfeffer

- Kartoffeln bürsten und in wenig Wasser zugedeckt 25 – 30 Min. garen, abbrausen und pellen. Käsesauce nach Grundrezept herstellen, Pfeffer einrühren. Kartoffeln in die Sauce geben, kurz ziehen lassen und servieren.

Das passt dazu
Rote-Bete-Gemüse und Endiviensalat mit Walnüssen, Orangenfilets und Wintervinaigrette (S. 31).

Zeit sparen
Am Abend vorher: Kartoffeln in Käsesauce zubereiten, herunterkühlen, abgedeckt im Kühlschrank aufbewahren. Im Backofen erwärmen.

EINKAUFSLISTE

Frisch dazukaufen

- 1 kg Rosenkohl, 250 g Champignons, 600 g Rotkohl, 1 kg Grünkohl, 300 g Möhren, 4 rote Zwiebeln
- ½ Bund krause Petersilie,
- 500 g Birnen, 1 Apfel
- 50 ml Milch, 80 ml Sahne, 125 g Quark, 150 g Blauschimmelkäse, 120 g Bergkäse, 100 g Feta, 80 g Butter
- 6 getrocknete Aprikosen, 50 ml Apfelsaft, 2 EL Apfelkraut, 70 g Grünkernschrot, 4 – 6 Scheiben Schwarzwälder Schinken, 4 Eier

Aus dem Vorrat

- Weizenvollkorngrieß, 250 g Weizenvollkornmehl
- Kartoffeln, Zwiebeln
- Kürbiskerne, Walnüsse
- Curry, Piment, Zimt, Kümmel, Gemüsebrühe
- Sojasauce, Dijonsenf, Backpulver, Balsamessig
- Kürbiskernöl, Olivenöl

Mögliche Beilagen

- Möhren, Endiviensalat, Feldsalat, Petersilienwurzeln, Pastinaken
- Äpfel
- Bulgur, Bratwürstchen
- Walnüsse, Muskat, Gemüsebrühe
- Wintervinaigrette (S. 31), Orange Salatsauce (S. 31)

WOCHE 2

Kleine Kohlköpfe mit reichlich Vitamin C

Genauso wie Grünkohl schmeckt Rosenkohl am besten nach dem ersten Frost. Seinen leicht strengen Geschmack mögen einige gerne, andere gehen dem traditionellem Wintergemüse aber genau aus diesem Grund auch aus dem Weg.

Steckbrief Rosenkohl

Damit der Rosenkohl, auch Brabanter Kohl , Brüsseler Sprosse oder Kohlsprosse genannt, sein nussartiges Aroma entwickeln kann, braucht er leichten Frost, dieser fördert die Umwandlung von Stärke in Zucker und macht den Kohl verdaulicher. Gerade im Winter sind die hell- bis mittelgrünen Sprossen wegen ihres beachtlichen Gehaltes an Vitamin C und Mineralstoffen nicht zu unterschätzen. Beim Einkauf achten Sie auf glänzende, hell- bis mittelgrüne Hüllblätter und eine feste Struktur. Gelbe Blätter sind ein Zeichen von Überlagerung. Sie können Rosenkohl im Gemüsefach 3 – 4 Tage aufbewahren. Geputzt und blanchiert lässt er sich prima einfrieren.

DEZEMBER

Kleine Köpfe …

Rosenkohl mit Aprikosen und Feta

6 getrocknete Aprikosen, 50 ml Apfelsaft, 1 kg Rosenkohl, Salz, 1 Zwiebel, 20 g Butter, Sojasauce, Curry, 100 g Feta, 30 g Kürbiskerne, 1 EL Kürbiskernöl

■ Aprikosen in Apfelsaft einweichen. Rosenkohl putzen, waschen und in wenig Salzwasser 5 – 8 Min. dünsten bzw. dämpfen. Mit einem Schaumlöffel herausnehmen, abbrausen, abtropfen lassen. Zwiebel abziehen, würfeln.

■ Butter in einer Pfanne mit 1 EL Wasser erhitzen, die Zwiebel darin andünsten, Aprikosen, Saft und Rosenkohl dazugeben, umrühren. Mit Sojasauce und Curry abschmecken. Feta grob würfeln, über dem Rosenkohl verteilen und zugedeckt 2 Min. schmelzen lassen.

■ Kürbiskerne trocken in einer Pfanne anrösten, grob hacken, über den Rosenkohl streuen. Kürbiskernöl kurz vor dem Servieren darüberträufeln.

Das passt dazu
Bulgur in Gemüsebrühe gegart und Möhrenfrischkost mit Wintervinaigrette (S. 31).

Zeit sparen
Am Abend vorher: Rosenkohl waschen, putzen, gut verpackt im Kühlschrank aufbewahren. Am Morgen: Bulgur 5 – 10 Min. garen, zugedeckt ohne Hitzezufuhr ausquellen lassen.

Bratkartoffeln mit Champignons und Schinkenchips

1,5 kg Kartoffeln, 350 g Champignons, 250 g Zwiebeln, Butterschmalz zum Braten, 4 – 6 Scheiben geräucherter Schinken (z. B. Schwarzwälder Schinken), ½ Bund krause Petersilie, Kräutersalz, Pfeffer

■ Kartoffeln bürsten, in wenig Wasser ca. 15 Min. garen (sie sollen nicht ganz gar sein), pellen und der Länge nach vierteln bzw. achteln. Champignons trocken mit Küchenkrepp abreiben, putzen, in feine Scheiben schneiden. Zwiebeln abziehen, halbieren, in feine Scheiben schneiden.

■ Backofen auf 140 Grad vorheizen. Butterschmalz in einer großen hohen Pfanne erhitzen, zuerst die Kartoffeln kurz anbraten, anschließend die Champignons und Zwiebeln hinzufügen, ca. 10 Min. garen, sodass die Kartoffeln gar sind.

■ Schinken in 2 cm breite Streifen schneiden und glatt auf ein mit Backpapier ausgelegtes Blech legen, ca. 5 – 10 Min. backen. Petersilie waschen, trocknen, zupfen und sehr grob schneiden. Kartoffeln mit den Gewürzen abschmecken, die Petersilie unterrühren und mit den Schinkenchips dekorieren.

Das passt dazu
Endiviensalat mit Wintervinaigrette (S. 31), Äpfeln und Walnüssen.

Zeit sparen
Am Abend vorher: Kartoffeln 15 Min. garen, herunterkühlen und gut verpackt im Kühlschrank aufbewahren. Für die Kleinigkeit: ein paar Schinkenchips mehr zubereiten.

Kleinigkeit
Avocadobrot mit Schinkenchips
Eine reife Avocado mit dem Saft 1 Zitrone verkneten, mit Kräutersalz und Knoblauch abschmecken und auf ein Roggenbrot streichen. Champignons sehr fein würfeln, Schinkenchips klein brechen und das Avocadobrot damit bestreuen.

Grünkohleintopf mit Grünkernklößchen

1 kg Grünkohl, 2 Zwiebeln, 40 g Butter,
1 l Gemüsebrühe, 1 EL Dijonsenf, Salz,
Pfeffer, Piment, 500 g Kartoffeln,
300 g Möhren, 100 ml Gemüsebrühe,
70 g Grünkernschrot, 1 Ei, 20 g Bergkäse
(gerieben), Kräutersalz, Muskat

▪ Grünkohl waschen, die Blätter von den Rippen zupfen, fein schneiden. Zwiebeln abziehen, würfeln. 20 g Butter mit 2 EL Wasser in einem großen Topf erhitzen, Zwiebeln anschwitzen, Grünkohl hinzufügen und die Brühe angießen. Senf, Salz, Pfeffer und Piment unterrühren und zugedeckt 10 Min. köcheln lassen.

▪ Kartoffeln schälen, Möhren bürsten, putzen, beides fein würfeln, zu dem Kohl geben und 20 Min. köcheln. Brühe mit 20 g Butter aufkochen, Grünkernschrot in die Brühe geben, und den Teig bei voller Hitzezufuhr unter kräftigem Rühren etwa 2 Min. lang „abbrennen", bis sich der Teig als Kloß vom Topfboden löst.

▪ Den Teig in eine Rührschüssel geben, auseinanderreißen, Ei, Käse, Kräutersalz, Pfeffer und Muskat einarbeiten. Mit 2 Teelöffeln kleine Klößchen abstechen, in kochendes Wasser gleiten lassen und zugedeckt ca. 10 Min. bei mittlerer Hitze garen. Klößchen auf den Grünkohleintopf setzen.

Das passt dazu
Feldsalat mit Oranger Salatsauce (S. 31).

Zeit sparen
Am Abend vorher: Grünkohl waschen, putzen, gut verpackt aufbewahren. Grünkernklößchen zubereiten, kühl aufbewahren, auf dem Grünkohl erwärmen.

Rotkohl unter der Kartoffelhaube

600 g Rotkohl, 1 Apfel, 1 Zwiebel, 20 g Butter, 1 kg Kartoffeln, 2 Eier, 80 ml Sahne,
3 EL Weizenvollkorngrieß, 100 g Bergkäse (gerieben), Salz, Pfeffer, 2 EL Apfelkraut,
Balsamessig, evtl. 1 Pr. Zimt

▪ Vom Rotkohl die äußeren Blätter entfernen, den Rotkohl vierteln, den Strunk herausschneiden und den Kohl in sehr feine Streifen schneiden bzw. hobeln. Apfel waschen, Zwiebel abziehen, beides sehr fein würfeln.

▪ Butter in einem Topf mit 2 EL Wasser erhitzen, Apfel- und Zwiebelwürfel darin andünsten, den Rotkohl hinzufügen, mehrmals umrühren und bei mittlerer Hitze und geschlossenem Deckel ca. 5 – 10 Min. garen. Evtl. etwas Wasser angießen. Backofen auf 180 Grad vorheizen.

▪ Kartoffeln schälen, fein raspeln, ausdrücken und mit Ei, Sahne, Grieß, Käse, Salz und Pfeffer gut vermengen. Rotkohl mit Apfelkraut, Salz, Balsamessig und evtl. 1 Pr. Zimt gut abschmecken und in einer großen Auflaufform verteilen. Die Kartoffelmasse gleichmäßig darübergeben, ca. 30 – 40 Min. backen.

Das passt dazu:
Feldsalat mit Oranger Salatsauce (S. 31) und vielleicht ein Bratwürstchen.

Herzhafter Birnen-Walnuss-Kuchen

1 Grundrezept Quark-Öl-Teig (S. 28), 3 – 4 rote Zwiebeln, 2 EL Olivenöl, 500 g reife Birnen, Salz, Pfeffer, Kümmel oder frisches Oregano, 80 g Walnusshälften, 150 g Blauschimmelkäse

▪ Quark-Öl-Teig herstellen und auf ein mit Backpapier ausgelegtes Blech ausrollen. Zwiebeln abziehen und in sehr feine Ringe schneiden. Öl mit 2 EL Wasser in einer großen Pfanne erhitzen und die Zwiebelringe darin anschwitzen. Backofen auf 180 Grad vorheizen.

▪ Birnen waschen, putzen, vierteln, entkernen und in feine Spalten schneiden, zu den Zwiebeln geben. 2 Min. bei geringer Temperatur garen. Mit den Gewürzen abschmecken und auf dem Teig verteilen. Die Walnüsse grob hacken, den Blauschimmelkäse mit den Fingern zerkrümeln, beides auf dem Kuchen verteilen und ca. 30 Min. bei 180 Grad backen.

Das passt dazu
Eine Frischkost aus Möhren, Pastinaken und Petersilienwurzel mit Oranger Salatsauce (S. 31).

Zeit sparen
Am Morgen: Quark-Öl-Teig zubereiten, gut verpackt im Kühlschrank aufbewahren.

EINKAUFSLISTE

Frisch dazukaufen

- 1,2 kg Lauch, 2 kg Grünkohl, 1,3 kg Rosenkohl, 1 Gemüsezwiebel, 200 g Möhren
- 1 Bund glatte Petersilie
- 2 Zitronen, 2 kg Boskoop-Äpfel
- 600 ml Milch, 150 ml Sahne, 300 g griechischer Joghurt, 250 g Crème fraîche, 150 g Bergkäse, 120 g Ziegenfrischkäse, 210 g Butter
- 150 ml Apfelsaft, 1 Glas Tomaten, 3 Dosen Thunfisch in Wasser, 4 EL Mayonnaise, Kapern, 2 Vollkornbaguettebrötchen, 400 g Putenfilet, 6 Eier

Aus dem Vorrat

- 100 g Polenta, 250 g Weizenvollkornmehl, 400–500 g Vollkornspirelli, Maismehl
- Kartoffeln, Zwiebeln
- Mandeln
- Thymian, Basilikum, Kreuzkümmel, Curry, Koriandersamen, Paprika edelsüß, 1 Zimtstange, Gemüsebrühe
- weißer Balsamessig, Honig
- Olivenöl

Mögliche Beilagen

- Feldsalat, Möhren, Endiviensalat, Petersilienwurzeln, Rote Bete
- Obst, Äpfel
- Walnüsse, Nüsse, Trockenfrüchte
- Vollkornreis, Kekse
- Wintervinaigrette (S. 31)

WOCHE 3

One apple a day keeps the doctor away

Nicht ohne Grund gilt das englische Sprichwort „An apple a day, keeps the doctor away", – die saftigen Früchte haben jede Menge zu bieten. Der hohe Gehalt an Pektin sättigt und lässt außerdem den Blutcholesterinspiegel sinken.

Steckbrief Äpfel

Durch Veredeln der auch in Europa sehr früh bekannten 3 Wildsorten, gibt es mittlerweile weltweit mehrere tausend Apfelsorten. Der Vitamin-C-Gehalt schwankt stark je nach Sorte. Bei Äpfeln macht sich ungespritzte Ware bezahlt, da rund 70 % der Vitamine und der sekundären Pflanzenstoffe sich in bzw. direkt unter der Schale befinden. Frühe Äpfel wie Elstar, Gravensteiner, Holsteiner Cox, James Grieve und Jamba sind direkt nach der Ernte zum Verzehr geeignet, späte Sorten wie Jonagold, Golden Delicious, Boskoop oder Cox Orange, die sogenannten Lagersorten, sollten nachreifen. Vollreife Äpfel sind an ihrem Duft zu erkennen und können problemlos kühl und luftig mehrere Wochen gelagert werden. Gedämpft oder als Mus können Sie Äpfel ohne Weiteres einfrieren.

Putenfleisch mit Curry und Apfel

400 g Putenfilet, 2 – 3 EL Maismehl oder Weizenmehl Type 1050, Butterschmalz zum Anbraten, 1 – 2 TL Curry mild, Salz, 250 ml Gemüsebrühe, 2 Lauchstangen, 2 Boskoop-Äpfel, 150 ml Apfelsaft, 150 ml Crème fraîche, Pfeffer

▌ Putenfleisch waschen, trockentupfen, in 2 cm große Würfel schneiden und mit dem Mehl großzügig vermischen. Butterschmalz in einer großen Pfanne erhitzen, Curry und etwas Salz dazugeben und das Fleisch von allen Seiten darin anbraten. Mit der Brühe ablöschen und bei geringer Temperatur 10 – 15 Min. köcheln lassen.

▌ Lauch waschen, putzen und in feine Ringe schneiden. Äpfel waschen, vierteln, entkernen und in dünne Spalten schneiden, beides zu dem Fleisch geben und ca. 8 – 10 Min. mitgaren. Apfelsaft und Crème fraîche einrühren und mit Salz und Pfeffer abschmecken.

Das passt dazu
Vollkornreis mit Feldsalat und Wintervinaigrette (S. 31).

Zeit sparen
Am Abend vorher: Putenfleisch mit Curry und Apfel zubereiten, nach der Zugabe der Äpfel 5 Min. garen, herunterkühlen, abgedeckt im Kühlschrank aufbewahren. Am Morgen: Reis 20 Min. garen, zugedeckt ohne Hitzezufuhr ausquellen lassen.

Kartoffelwaffeln mit Grünkohlgemüse

1 kg Kartoffeln, 70 g Butter, 1 Ei, 100 g Polenta, Salz, Pfeffer, Butterschmalz für das Waffeleisen, ca. 2 kg Grünkohl, 1 Zwiebel, 100 ml Gemüsebrühe, 1 Glas Tomaten, 50 ml Sahne, 2 EL Weizenvollkornmehl oder Weizenmehl Type 1050, Thymian, Basilikum

▌ Kartoffeln schälen, sehr fein raspeln und ein wenig ausdrücken. 50 g Butter leicht erwärmen und mit Ei, Polenta, Salz und Pfeffer unter den Kartoffelteig kneten. Aus dem Teig goldgelbe Waffeln backen und im Backofen bei 60 Grad warm halten.

▌ Grünkohl waschen, die Blätter von den Rippen zupfen und fein schneiden. Zwiebel abziehen, fein würfeln. 20 g Butter in einem großen Topf mit 2 EL Wasser erhitzen, die Zwiebel 2 Min. anschwitzen, Grünkohl hinzufügen und die Gemüsebrühe angießen, ca. 10 Min. dünsten.

▌ Tomaten würfeln und mit dem Saft zu dem Grünkohl geben. Sahne mit dem Mehl verrühren, unter den Grünkohl ziehen und 2 Min. köcheln lassen. Mit Salz, Pfeffer, Thymian und Basilikum abschmecken und zu den Waffeln servieren.

Das passt dazu
Ein Obstteller mit Trockenfrüchten zum Nachtisch.

Zeit sparen
Am Abend vorher: Grünkohl waschen, putzen, gut verpackt in einer Dose oder Tüte im Kühlschrank aufbewahren.

Rosenkohlquiche mit Mandeln

1 Grundrezept Mürbeteig (S. 28), 750 g Rosenkohl, 1 TL Kreuzkümmel, 1 TL Koriandersamen, 1 TL Curry mild, 20 g Butter, Salz, 2 Eier, 2 Eigelb, 100 g Crème fraîche, 100 ml Milch, 50 g Mandeln

▪ Mürbeteig nach Grundrezept herstellen. Rosenkohl putzen, waschen, trocknen. Kreuzkümmel und Koriander trocken in einer Pfanne anrösten, im Mörser zerreiben, mit dem Curry vermischen.

▪ Butter mit 2 EL Wasser in einer Pfanne erhitzen, Gewürzmischung einrühren, Rosenkohl darin wenden, mit 100 ml Wasser ablöschen, zugedeckt bei kleiner Hitze 4 Min. dünsten, mit Salz abschmecken.

▪ Eier, Eigelb, Crème fraîche und Milch verquirlen. Backofen auf 180 Grad vorheizen. 20 g der Mandeln sehr fein hacken oder reiben, auf dem Teig verteilen. Rosenkohl mit einem Schaumlöffel herausnehmen, abbrausen, abtropfen lassen, auf die Mandeln geben.

▪ Das Gemüsewasser unter die Eiermilch rühren und angießen. Restliche Mandeln auf der Quiche verteilen. Ca. 30 Min. backen.

Das passt zu:
Möhren-Apfel-Frischkost mit Wintervinaigrette (S. 31).

Zeit sparen
Am Abend vorher: Mürbeteig zubereiten, eine Quiche-Form damit auslegen, abdecken und im Kühlschrank aufbewahren. Rosenkohl waschen, putzen, in einer Dose bzw. Tüte aufbewahren. Für die Kleinigkeit: Eiweiß abgedeckt im Kühlschrank aufbewahren.

Kleinigkeit
Mandelmakronen

Backofen auf 140 Grad vorheizen. 2 Eiweiße fast steif schlagen, 100 g Zucker und 1 Päckchen Vanillezucker mit einrühren. 100 g gemahlene Mandeln, 40 g gehackte Mandeln und 40 g Honig-Marzipan vorsichtig unter den Eischnee rühren. Mit 2 Teelöffeln Häufchen auf ein mit Backpapier ausgelegtes Backblech setzen. Ca. 30 – 35 Min. backen. Makronen auf einem Gitter auskühlen lassen und in einer Dose mit 2 – 3 Stückchen Orangenschale aufbewahren. So bekommen die Makronen ein schönes Aroma und bleiben weich.

Käsenudeln mit Apfelkompott

1½ kg Boskoop-Äpfel, Saft von 1 Zitrone, 1 Zimtstange, 1 – 2 EL Honig, 400 – 500 g Vollkornspirelli, 1 Gemüsezwiebel, 50 g Butter, 100 ml Sahne, Salz, Pfeffer, 150 g Bergkäse (gerieben)

▪ Äpfel waschen, vierteln, entkernen, in mundgerechte Stücke schneiden und mit dem Zitronensaft beträufeln. Ca. 200 ml Wasser mit der Zimtstange und dem Honig aufkochen, die Äpfel dazugeben, bei mittlerer Hitze und geschlossenem Deckel ca. 6 – 8 Min. dünsten. Die Apfelstücke sollten nicht ganz zerfallen sein.

▪ Nudeln nach Packungsanweisung bissfest garen. Die Zwiebel abziehen und sehr fein würfeln. Butter in einer großen Pfanne zerlassen, die Zwiebel darin glasig dünsten. Sahne, Salz und Pfeffer hinzufügen, 1-mal aufkochen lassen und die Spirelli darin wenden. Mit Käse bestreuen und sofort mit dem Apfelkompott servieren. Hierzu passt viel schwarzer Pfeffer aus der Mühle.

Das passt dazu
Endiviensalat mit Wintervinaigrette (S. 31), Möhren und Petersilienwurzeln.

Zeit sparen
Am Abend vorher: Apfelkompott zubereiten, 4 – 6 Min. garen, herunterkühlen, abgedeckt im Kühlschrank aufbewahren, vor dem Verzehr leicht erwärmen. Für die Kühltruhe: Apfelkompott in TK-Beutel füllen und einfrieren.

Backkartoffeln mit Thunfischcreme

2 Lauchstangen, ca. 1,3 kg Kartoffeln, 3 – 4 TL Olivenöl, ½ TL Paprika edelsüß, 3 Dosen Thunfisch in Wasser, Saft von 1 Zitrone, 300 g griechischer Joghurt, 4 EL Mayonnaise, Salz, Pfeffer, Kapern, 1 Bund glatte Petersilie

▌ Backofen auf 200 Grad vorheizen. Lauch waschen, putzen, der Länge nach halbieren, in 5 – 7 cm lange Stücke schneiden. Kartoffeln bürsten, der Länge nach vierteln. Öl mit Paprika verrühren und mit Lauch und Kartoffeln gut vermengen. Auf ein Backblech legen und 30 Min. backen.

▌ Das Thunfischwasser abgießen, den Thunfisch mit der Gabel sehr fein zerdrücken, Zitronensaft, Joghurt, Mayonnaise, die Gewürze und die Kapern untermischen. Petersilie waschen, trocknen, zupfen, fein schneiden und unter die Thunfischcreme ziehen. Kartoffeln und Lauch salzen und mit der Creme servieren.

Das passt dazu
Feldsalat mit Roter Bete, Walnüssen und Wintervinaigrette (S. 31).

Zeit sparen
Am Abend vorher: Lauch waschen, putzen, in einer Dose oder Tüte kühl aufbewahren. Kartoffeln bürsten und abtropfen lassen.

Gemüsesuppe mit geröstetem Ziegenfrischkäsebrot

500 g Rosenkohl, 300 g Lauch, 200 g Möhren, 200 g Kartoffeln, 2 EL Olivenöl, 750 ml Gemüsebrühe, 500 ml Milch, Salz, Pfeffer, weißer Balsamessig, Thymian, 2 Baguettebrötchen, 2 EL Olivenöl, ca. 120 g Ziegenfrischkäse

▌ Rosenkohl putzen, waschen, Lauch waschen, putzen, in Ringe schneiden, Möhren bürsten, putzen, in Scheiben schneiden, Kartoffeln schälen und würfeln.

▌ Öl in einem hohen großen Topf mit 2 EL Wasser erhitzen, Rosenkohl, den Lauch, die Möhren und die Kartoffeln darin anschwitzen, mit Gemüsebrühe und Milch ablöschen. Zugedeckt bei mittlerer Hitze ca. 10 Min. köcheln.

▌ Die Suppe mit den Gewürzen und mit Essig abschmecken. Backofen auf 240 Grad vorheizen. Die Brötchen aufschneiden, die Schnittfläche mit Öl einpinseln, 2 Min. backen, den Käse darauf zerkrümeln, weitere 2 Min. backen, zu der Suppe servieren.

Das passt dazu
Ein winterlicher Obstteller mit Nüssen und einem Keks zum Nachtisch.

EINKAUFSLISTE

WOCHE 4

Frisch dazukaufen

- 900 g Pastinaken, 150 g Sellerie, 800 g Möhren, 1 Schalotte, 250 g Feldsalat, 1 kg Grünkohl, 800 g Rosenkohl, 150 g Petersilienwurzeln, 3 Gemüsezwiebeln
- 2 Zweige Thymian,
- 1 kg Boskoop-Äpfel, 2 Äpfel, 4 Zitronen, 3 Birnen
- 100 ml Milch, 700 ml Crème fraîche, 150 ml Sahne, 150 g Frischkäse, 150 g Blauschimmelkäse
- 60 g Preiselbeerkompott, 4 – 6 Scheiben Schwarzbrot, 1 Vollkornbaguette, 100 ml Apfelsaft, 400 g Rindergulasch, 100 g magerer roher Schinken, 200 g geräucherte Forelle, 2 Eier

Aus dem Vorrat

- 300 g Puy-Linsen, Weizenmehl Type 1050
- Kartoffeln, Zwiebeln
- Paprika edelsüß, Lorbeerblatt, Thymian, Koriander, Piment, Curry, Salbei, Gemüsebrühe
- weißer Balsamessig, Dijon-Senf, Zucker
- Olivenöl, Rapsöl

Mögliche Beilagen

- Endiviensalat, Feldsalat, Lauch
- Äpfel, Obst, Orangen
- Walnüsse, Kürbiskerne
- Tagliatelle, Wildreismischung
- Schokoladenpudding, Vanillesauce, Weihnachtskekse
- rotes Fleisch zum Kurzbraten
- Orange Salatsauce (S. 31), Wintervinaigrette (S. 31)

Ballaststoffe in Pastinaken halten den Darm gesund

Pastinaken schmecken süßlich und mild, ihr Aroma wird aber erst richtig gut, wenn sie angeröstet werden. Sie dürfen bei keinem Schmorgericht fehlen und verleihen Saucen einen herrlich nussigen Geschmack.

Steckbrief Pastinaken

Die Wildform der Pastinake war bis in die Renaissance sehr beliebt, dann wurde sie von der Kartoffel verdrängt. In Deutschland ist die Pastinake nur in jungen Familien bekannt, wenn Babys ihre ersten Breie bekommen. Denn sie galt und gilt immer noch fälschlicherweise weniger allergen als die Möhre. In England, Frankreich und den Niederlanden ist die Pastinake auch bei Erwachsenen ein viel und gern gegessenes, gut sättigendes Gemüse. Die Pastinake hat die Form einer Möhre, die Farbe eines Selleries, sie ist größer als die Petersilienwurzel und deutlich kleiner als der Rettich. Ihr Geschmack ist einzigartig süßlich und dennoch würzig und leicht nussig und hat die gleiche Konsistenz wie der Sellerie. Sie ist reich an Kalium und Vitamin C sowie an dem wasserlöslichen Ballaststoff Pektin. Ist die Haut straff und fest, lässt sich die Pastinake lagern wie Kartoffeln: dunkel, luftig und kühl.

Schmortopf mit Pastinaken

400 g Rindergulasch, Butterschmalz zum Anbraten, Salz, Pfeffer, Paprika, 150 ml Gemüsebrühe, 800 g Kartoffeln, 400 g Pastinaken, 2 Zwiebeln, 300 ml Crème fraîche, 100 ml Milch

▮ Das Fleisch waschen, trocknen, säubern und jeden Würfel in ca. 3 Scheiben schneiden. Butterschmalz in einem Topf erhitzen, das Fleisch darin kräftig rundherum anbraten und mit Salz, Pfeffer und Paprika würzen. Die Gemüsebrühe angießen und das Fleisch bei mittlerer Hitze und geschlossenem Deckel ca. 10 Min. garen.

▮ Kartoffeln schälen, Pastinaken bürsten, evtl. dünn schälen, Zwiebeln abziehen, alles in sehr feine Scheiben schneiden bzw. hobeln. Butterschmalz in einer Pfanne erhitzen und Kartoffeln, Pastinaken und Zwiebeln darin anbraten. Backofen auf 200 Grad vorheizen.

▮ Fleisch und Kartoffeln, Pastinaken-Zwiebel-Mischung abwechselnd in einer Auflaufform mit Deckel (es geht auch mit Alu-Folie) schichten. Crème fraîche mit Milch und Salz, Pfeffer, Paprika verquirlen und gleichmäßig über den Auflauf gießen. Zugedeckt ca. 1 Stunde schmoren.

Das passt dazu
Endiviensalat mit Äpfeln, Walnüssen mit Wintervinaigrette (S. 31).

Zeit sparen
Am Abend vorher: Schmortopf zubereiten, 45 Min. backen, herunterkühlen, abgedeckt im Kühlschrank aufbewahren. Am nächsten Tag abgedeckt ca. 25–30 Min. erwärmen.

Linsengemüse

150 g Sellerie, 150 g Möhren, 2 Zwiebeln, 100 g magerer roher Schinken, 2 EL Olivenöl, 300 g Puy-Linsen, 650 ml Gemüsebrühe, 100 ml Apfelsaft, 2 Lorbeerblätter, 30 g Butter, Salz, Pfeffer, Thymian

▮ Sellerie bürsten, putzen, evtl. schälen. Möhren bürsten, putzen, beides sehr fein würfeln. Zwiebeln abziehen, fein würfeln. Schinken fein würfeln.

▮ Öl in einem großen Topf mit 2 EL Wasser erhitzen, das Gemüse und den Schinken darin anschwitzen, die Linsen hinzufügen und Gemüsebrühe und Apfelsaft angießen, Lorbeerblätter dazugeben und bei kleiner Hitze zugedeckt ca. 25–30 Min. köcheln lassen.

▮ Die Linsen abgießen, das Kochwasser auffangen und mit 3 EL Linsen und der Butter pürieren, unter die Linsen ziehen, die Lorbeerblätter entfernen und mit den Gewürzen abschmecken.

Das passt dazu
Tagliatelle und Endiviensalat mit Lauch und Apfel mit Wintervinaigrette (S. 31).

Zeit sparen
Am Abend vorher: Linsengemüse zubereiten, herunterkühlen, abgedeckt im Kühlschrank aufbewahren.

DEZEMBER

4 WOCHE

Rheinische Reibekuchen auf Schwarzbrot mit Apfelmus

1 kg Boskoop-Äpfel, Saft von 1 Zitrone, 50 g Zucker, ca. 1 kg Kartoffeln, 2 Zwiebeln, 3 Eier, 2 – 3 EL Weizenmehl Type 1050, Salz, Butterschmalz zum Ausbacken, 4 – 6 Scheiben Schwarzbrot

- Äpfel waschen, vierteln, entkernen und in mundgerechte Stücke schneiden, mit Zitronensaft beträufeln. 150 ml Wasser mit dem Zucker zum Kochen bringen, die Äpfel dazugeben und 5 Min. köcheln lassen. Anschließend fein pürieren.
- Kartoffeln schälen und fein, aber nicht musig, raspeln, etwas ausdrücken. Zwiebeln abziehen, ebenfalls raspeln. Eier, Mehl, Kartoffeln, Zwiebeln und Salz verkneten. Butterschmalz in einer großen Pfanne erhitzen.
- 1 Saucenlöffel voll mit Kartoffelteig in das heiße Fett geben und den Reibekuchen von beiden Seiten goldbraun backen. Auf ein Küchenpapier legen, das Fett etwas abtupfen, und im Backofen bei 60 Grad warm stellen. Reibekuchen auf das Schwarzbrot legen und mit Apfelmus servieren.

Das passt dazu
Feldsalat mit Oranger Salatsauce (S. 31).

Zeit sparen
Am Abend vorher: Apfelmus zubereiten, herunterkühlen, abgedeckt im Kühlschrank aufbewahren, 1 Stunde vor dem Essen aus dem Kühlschrank nehmen.

Birnen mit Blauschimmelkäse

1 Zweig Thymian, 1 Schalotte, 150 g Blauschimmelkäse (z. B. Roquefort), 150 g Frischkäse, 150 g Crème fraîche, Olivenöl für die Formen, 250 g Feldsalat, 2 EL weißer Balsamessig, 3 EL Olivenöl, Salz, Pfeffer, 3 reife Birnen, Zitronensaft, 60 g Preiselbeerkompott, 1 Vollkornbaguette, grober Pfeffer aus der Mühle

- Thymian waschen, trocknen, zupfen, Schalotte abziehen, sehr fein würfeln, beides mit dem Blauschimmelkäse, Frischkäse und Crème fraîche verkneten. 4 Förmchen, z. B. Espressotassen, mit Öl einpinseln, die Käsemasse einfüllen, glatt streichen und abgedeckt für mindestens 2 Stunden kalt stellen.
- Feldsalat waschen, trocknen, putzen. Essig, 3 EL Öl, Salz und Pfeffer verquirlen, und den Salat damit anmachen. Birnen waschen, halbieren, entkernen, in dünne Spalten schneiden und mit Zitronensaft beträufeln. Backofen auf 240 Grad vorheizen.
- Auf einer großen Platte den Feldsalat anrichten, den Käse vorsichtig aus der Form gleiten lassen und auf den Salat setzen, die Birnenspalten dazulegen und mit einem Klecks Preiselbeerkompott dekorieren. Mit viel Pfeffer aus der Mühle bestreuen. Das Baguette der Länge nach halbieren, mit 1 EL Olivenöl bestreichen und 2 Min. rösten, zu den Birnen servieren.

Das passt dazu
Schokoladenpudding mit Vanillesauce und den ersten Weihnachtskeksen zum Nachtisch.

Zeit sparen
Am Abend vorher: Blauschimmelkäsecreme zubereiten und im Kühlschrank abgedeckt aufbewahren. Für morgen: Vanillesauce für den Obstsalat zusätzlich zubereiten, kühl abgedeckt aufbewahren.

Grünkohl-Kartoffel-Suppe mit geräuchertem Forellenfilet

1 kg Grünkohl, 400 g Kartoffeln, 2 Zwiebeln, 20 g Butter, 1,3 l Gemüsebrühe, Salz, Pfeffer, Koriander, Piment, Zitronensaft, 100 ml Crème fraîche, 200 g geräuchertes Forellenfilet

■ Grünkohl gut waschen, die Blätter von den Rippen zupfen und fein schneiden. Kartoffeln schälen, Zwiebeln abziehen, beides würfeln. Butter mit 2 EL Wasser in einem großen Topf erhitzen, Zwiebeln, Kartoffeln und Grünkohl (bis auf 2 EL) darin andünsten, die Brühe angießen. Zugedeckt bei mittlerer Temperatur 15 – 20 Min. garen.

■ Die Suppe pürieren, mit den Gewürzen, dem Zitronensaft und der Crème fraîche abschmecken. Forellenfilets in mundgerechte Stücke schneiden und auf der Suppe verteilen, kurz ziehen lassen und mit 2 EL Grünkohl bestreut servieren.

Das passt dazu
Kräftiges Brot und ein winterlicher Obstsalat mit Vanillesauce zum Nachtisch.

Zeit sparen

Am Abend vorher: Grünkohl waschen, putzen, in einer Dose oder Tüte im Kühlschrank aufbewahren.

Pastinaken-Möhren-Mus mit gebratenen Zwiebeln

500 g Pastinaken, 500 g Möhren, 40 g Butter, ½ TL Curry, Salz, Pfeffer, 100 g Crème fraîche, 2 Gemüsezwiebeln, 2 Äpfel, Pfeffer aus der Mühle

■ Pastinaken und Möhren bürsten, putzen, würfeln. 20 g Butter in einem Topf mit 2 EL Wasser erhitzen, Curry einrühren und das Gemüse darin 2 Min. unter Wenden anschwitzen, 100 ml Wasser angießen und bei kleiner Hitze ca. 5 Min. dünsten, pürieren, mit Salz und Pfeffer abschmecken und mit der Crème fraîche verfeinern.

■ Zwiebeln abziehen, in Ringe schneiden. Apfel waschen, mit einem Apfelausstecher entkernen und in sehr dünne Scheiben schneiden. 20 g Butter in einer Pfanne mit 2 EL Wasser erhitzen, Zwiebeln und Äpfel darin anbraten und zu dem Pastinaken-Möhren-Mus servieren, mit grobem Pfeffer aus der Mühle bestreuen.

Das passt dazu
Kurz gebratenes rotes Fleisch, Feldsalat mit Orangenfilets mit Wintervinaigrette (S. 31).

Kleinigkeit
Kürbissalat

200 g Hokkaido-Kürbis, 100 g Möhren, 1 Apfel grob raspeln und mit dem Reis vermengen. 1 EL Rapsöl, 1 EL Kürbiskernöl mit 1 TL Curry, 1 Prise Zimt, ½ TL Honig verrühren, 2 EL weißer Balsamessig, 50 ml Wasser, 1 EL Sojasauce einrühren und über den Reis geben. 30 Min. ziehen lassen. 1 EL Kürbiskerne rösten und den Salat damit dekorieren.

Rosenkohl in Currysauce

800 g Rosenkohl, 150 g Petersilienwurzeln, 150 g Möhren, 1 Gemüsezwiebel, 2 EL Rapsöl, 2 TL Curry, mild, ½ TL Salbei, Saft von 1 Zitrone, 150 ml Sahne, 1 TL Dijon-Senf, Salz

■ Rosenkohl putzen und waschen. Petersilienwurzeln und Möhren bürsten, in 2 cm dicke Scheiben schneiden. Zwiebel abziehen, sehr fein würfeln.

■ Rapsöl mit 2 EL Wasser erhitzen, Curry und Salbei darin leicht anbraten, das Gemüse hinzufügen, unter Wenden anschwitzen und mit 150 ml Wasser und dem Zitronensaft ablöschen, ca. 6 Min. bissfest dünsten. Die Sahne angießen, weitere 4 Min. köcheln lassen. Mit Senf und Salz abschmecken.

Das passt dazu:
Wildreismischung und Feldsalat mit Äpfeln, gerösteten Kürbiskernen und Oranger Salatsauce (S. 31).

Zeit sparen

Am Abend vorher: Rosenkohl waschen, putzen und in einer Dose bzw. Tüte kühl aufbewahren. Am Morgen: Wildreismischung 20 Min. garen, zugedeckt ohne Hitzezufuhr ausquellen lassen. Für die Kleinigkeit: 50 g Wildreismischung zusätzlich garen.

Festliche Rezepte für die Feiertage

Lachsflan auf Feldsalat

500 g Lachsfilet, 200 g Crème fraîche, 1 Ei, 1 Eigelb, Salz, grüner Pfeffer, Zitronensaft, Zitronenabrieb, 1 EL Olivenöl, 150 g Feldsalat, 1 Petersilienwurzel, 2 EL Walnussöl, 2 EL weißer Balsamessig, 1 Schalotte, grober Pfeffer aus der Mühle

- Backofen auf 180 Grad vorheizen. Fischfilet von der Haut lösen, waschen, trockentupfen, säubern, würfeln und mit Crème fraîche, Ei, Eigelb und den Gewürzen pürieren. 4 Förmchen, z. B. Tassen (200 ml) mit Olivenöl ausstreichen, die Masse gleichmäßig einfüllen und glatt streichen.
- Eine Auflaufform mit heißem Wasser füllen, die Tassen hineinstellen und mit Untertassen abdecken. 45–50 Min. backen. Herausnehmen, die Untertasse entfernen und abkühlen lassen. Feldsalat waschen, trocknen, putzen. Petersilienwurzel bürsten, grob raspeln.
- Öl und Essig verquirlen, die Schalotte abziehen, sehr fein würfeln und mit den Gewürzen unterziehen. Feldsalat mit Petersilienwurzel und Sauce vermengen, auf 4 Teller verteilen. Den Flan stürzen, evtl. mit einem Küchenmesser am Rand entlang schneiden und mittig auf den Salat setzen. Mit viel grobem Pfeffer aus der Mühle bestreut servieren. Dazu passt Baguette. Lachsflan hält sich 3 Tage gut abgedeckt im Kühlschrank.

Putenbrust mit Orangenöl und Kartoffeln

1 große Orange, 80 ml Olivenöl, 600 g Kartoffeln, 600 g Sellerie, 1 EL Olivenöl, ca. 600 – 700 g Putenbrust, Salz, Pfeffer, Rosmarin, Saft von ½ Orange und ½ Limette, Butterschmalz zum Anbraten, Honig, grober Pfeffer aus der Mühle

- Die Orange heiß abwaschen, trocken reiben und mit einem Sparschäler fein schälen, es sollte keine weiße Haut an der Schale sein. Schale in feine Streifen schneiden und langsam mit dem Olivenöl auf maximal 60 Grad erwärmen, sofort in ein Schraubglas füllen und mindestens 2 Tage ziehen lassen.
- Backofen auf 200 Grad vorheizen. Kartoffeln bürsten, der Länge nach achteln. Sellerie bürsten, putzen, evtl. schälen, in Spalten schneiden, beides mit 1 EL Olivenöl vermischen. Putenbrust waschen, trockentupfen, in die Mitte von einem Blech legen, mit Salz, Pfeffer und Rosmarin würzen. Kartoffeln und Sellerie um das Fleisch herum legen und ca. 35 – 40 Min. backen.
- Das Orangenöl abgießen, die Orangenschalen aufbewahren, mit Orangen- und Limettensaft verquirlen, mit Salz abschmecken, über das Gemüse und das Fleisch träufeln. Butterschmalz in einer Pfanne erhitzen, die Orangenschalen darin braten, Honig dazugeben, leicht karamellisieren und das Gericht damit dekorieren. Mit viel grobem Pfeffer aus der Mühle bestreut servieren.

Italienischer Käsekuchen mit Himbeersauce

2 Eier, 40 g Zucker, 500 g Ricotta (ungesalzen), 1 EL Honig, 40 g Weizenmehl Type 1050, 1 TL Limettenabrieb, Saft von einer Limone, 100 g Joghurt, Vanille, Ingwer

- Backofen auf 180 Grad vorheizen. Eier trennen, Eiweiß mit dem Zucker halb steif schlagen. Restliche Zutaten zu einer glatten Masse verrühren, den Eischnee vorsichtig unterheben und in eine mit Backpapier ausgelegte Springform (Ø 24 cm) füllen. 40 Min. backen, etwas auskühlen lassen, anschließend aus der Form nehmen.

Himbeersauce

150 g tiefgekühlte Himbeeren, 30 g Himbeerfruchtaufstrich

- Zutaten miteinander pürieren und zum Käsekuchen servieren.

Rezeptverzeichnis

Rezeptverzeichnis

Liebe Leserin, lieber Leser,
hat Ihnen dieses Buch weitergeholfen? Für Anregungen, Kritik, aber auch für Lob sind wir offen. So können wir in Zukunft noch besser auf Ihre Wünsche eingehen. Schreiben Sie uns, denn Ihre Meinung zählt!

Ihr TRIAS Verlag

E-Mail Leserservice: heike.schmid@medizinverlage.de

Adresse:
Lektorat TRIAS Verlag, Postfach 30 05 04,
70445 Stuttgart
Fax: 0711-8931-748

Bibliografische Information
der Deutschen Nationalbibliothek
Die Deutsche Nationalbibliothek verzeichnet diese Publikation in der Deutschen Nationalbibliografie; detaillierte bibliografische Daten sind im Internet über http://dnb.d-nb.de abrufbar.

Programmplanung: Uta Spieldiener

Redaktion: Anja Fleischhauer
Bildredaktion: Christoph Frick, Anja Fleischhauer

Umschlaggestaltung und Layout:
Cyclus · Visuelle Kommunikation, 70186 Stuttgart

© 2009 TRIAS Verlag in MVS Medizinverlage Stuttgart GmbH & Co. KG
Oswald-Hesse-Straße 50, 70469 Stuttgart

Printed in Germany

Satz: Cyclus · Media Produktion, 70186 Stuttgart
gesetzt in: InDesign CS4
Druck: Offizin Andersen Nexö Leipzig GmbH, 04442 Zwenckau

Gedruckt auf chlorfrei gebleichtem Papier

Umschlagfoto vorn: Chris Meier, Stuttgart
Umschlagfotos hinten: Karin Engels, Westend61 (oben)
Fotos im Innenteil: Karin Engels, Köln: Seite 5, S. 6, S. 7, S. 8, S. 32, S. 36, S. 43, S. 51, S. 59, S. 64, S. 66, S. 68, S. 72, S. 79 unten, S. 82, S. 88, S. 95, S. 99, S. 107, S. 109, S. 114, S. 118, S. 131 unten, S. 151 unten, S. 155, S. 157, S. 159, S. 160, S. 161, S. 164, S. 173, S. 174, S. 178, S. 182 unten, S. 189, S. 194 unten, S. 199, S. 201, S. 203; Westend61: Seite 10, S. 19, S. 20, S. 23, S. 24, S. 37 oben, S. 40 unten, S. 45, S. 48, S. 54, S. 70, S. 71, S. 85, S. 86, S. 91, S. 113, S. 120, S. 124, S. 129, S. 132, S. 138, S. 149 oben, S. 153, S. 156, S. 163, S. 177, S. 188, S. 191; Fancy Healthy Food: Seite 12, S. 35, S. 75, S. 83 unten, S. 89, S. 92, S. 94, S. 100 unten, S. 104 oben, S. 121, S. 147, S. 151 oben, S. 166 unten, S. 169, S. 176 oben, S. 179, S. 194 oben, S. 200; Image Source: Seite 14, S. 17, S. 31; Frank Kleinbach: Seite 25 oben, S. 76 oben, S. 139, S. 141, S. 185, S. 204; Fridhelm Volk: Seite 25 unten, S. 26, S. 27, S. 28, S. 29, S. 30, S. 37 unten, S. 47, S. 50, S. 58, S. 60, S. 67, S. 74, S. 76 unten , S. 79 oben, S. 80, S. 83 oben, S. 98, S. 103, S. 105, S. 117, S. 123, S. 126, S. 131 oben, S. 144, S. 148, S. 149 unten, S. 172, S. 176 unten, S. 182 oben, S. 187, S. 190, S. 193, S. 206; Pitopia: Seite 33, S. 87, S. 180, S. 192
Photodisc: Seite 38, S. 57, S. 78, S. 93, S. 100 oben, S. 116, S. 125, S. 134, S. 140, S. 143, S. 150, S. 165, S. 168, S. 183, S. 198; Shotshop: Seite 39, S. 42, S. 52, S. 69, S. 84, S. 96, S. 130, S. 133, S. 154, S. 195, S. 202, S. 205; R. Stockinger: Seite 40 oben, S. 55; Creativ Collection: Seite 41, S. 46, S. 62, S. 77, S. 81, S. 90, S. 106; Photo Alto: Seite 49, S. 56, S. 63 oben, S. 65, S. 97, S. 102, S. 104 unten, S. 111, S. 112, S. 115, S. 119, S. 122, S. 135, S. 137, S. 146, S. 158, S. 175, S. 186; Stockbyte: Seite 63 unten, S. 196; Teamfoto Eppingen: Seite 73; Corbis: Seite 145, S. 166 oben; Mev: Seite 171

ISBN 978-3-8304-3462-7   1 2 3 4 5 6

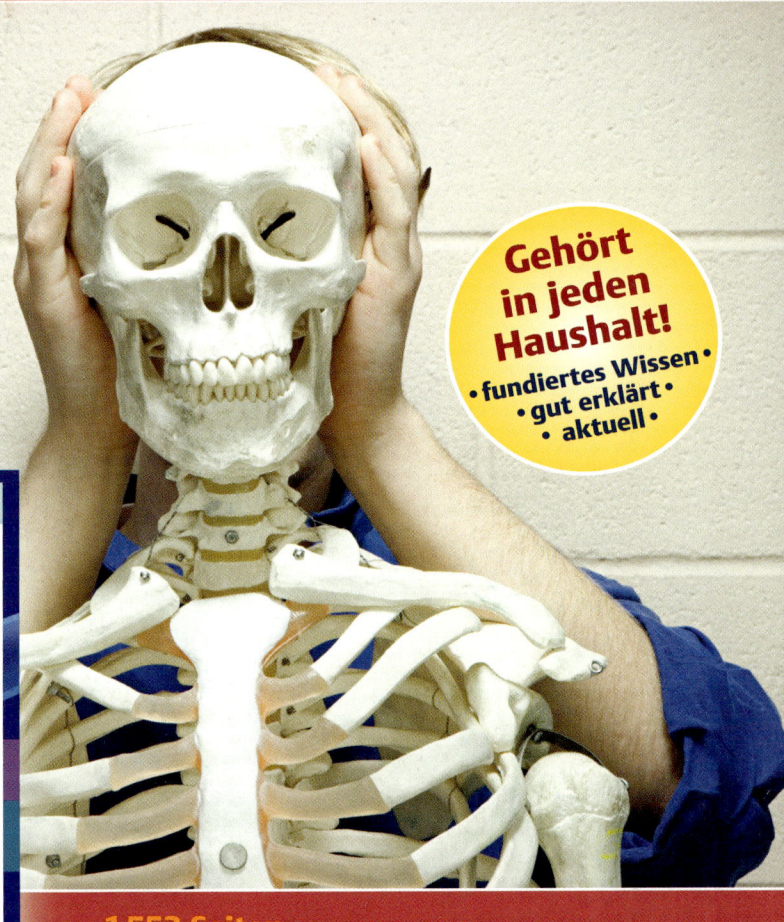